Carlos Solé Bravo

NORMAN Y WENDY FOSTER EN HAMPSTEAD
El sueño de la casa tecnológica

Solé Bravo, Carlos
  Norman y Wendy Foster en Hampstead. El sueño de la casa tecnológica / Carlos Solé Bravo. - 1a ed . - Ciudad Autónoma de Buenos Aires : Diseño, 2019.
  334 p. ; 21 x 15 cm. - (Textos de arquitectura y diseño / Marcelo Camerlo)
  ISBN 978-1-64360-032-1

  1. Arquitectura . 2. Investigación. 3. Teoría de la Arquitectura. I. Título.

Textos de Arquitectura y Diseño

Director de la Colección:
Marcelo Camerlo, Arquitecto

Diseño de Tapa:
Liliana Foguelman

Diseño gráfico:
Cecilia Ricci

Imagen de portada:
Fotomontaje por Carlos Solé Bravo

Imagen contraportada:
Fotografía por Carlos Solé Bravo

Hecho el depósito que marca la ley 11.723

La reproducción total o parcial de esta publicación, no autorizada por los editores, viola derechos reservados; cualquier utilización debe ser previamente solicitada.

© de los textos, Carlos Solé Bravo
© de las imágenes, sus autores
© 2018 de la edición, Diseño Editorial

I.S.B.N. 978-1-64360-032-1

Mayo de 2019

Carlos Solé Bravo

NORMAN Y WENDY FOSTER EN HAMPSTEAD
El sueño de la casa tecnológica

NORMAN Y WENDY FOSTER EN HAMPSTEAD
El sueño de la casa tecnológica

A Alex

ÍNDICE

10   **ENTRA EL ESPECTRO** por Luis Fernández-Galiano

14   **INTRODUCCIÓN**

22   **EUFORIA TECNOLÓGICA**
23   "Fostersculpt"
25   El piloto del futuro
28   Utopías tecnológicas
31   La segunda Era de la Máquina
33   Tecnología en América

42   **BANCO DE PRUEBAS**
43   Un marco para el cambio
45   El refugio tecnológico
47   Tecnología y tradición
52   Vivienda y prefabricación
56   La vivienda flexible

62   **COMUNIDAD Y PRIVACIDAD**
63   Versión 1 (julio de 1978)
68   Segregación de dominios
70   Anatomía de la privacidad
75   El dominio de las máquinas
79   Forma y necesidad

82	**LA CASA BIEN SERVIDA**
83	Versión 2 (julio de 1978)
85	La casa del arquitecto
90	La nave bien servida
99	Monumentalización de la nave bien servida
101	Expresionismo estructural
107	Estilismo tecnológico
112	**INTEGRACIÓN DE SISTEMAS**
113	Versión 3 (agosto de 1978)
117	Integración
118	Pensamiento sistémico
120	Pioneros de la integración de sistemas
129	El arquitecto tecnológico
134	Arquitectura e ingeniería
138	**LA CABAÑA TECNOLÓGICA**
139	Versión 4 (octubre de 1978)
142	Vivienda e industria
138	La cabaña de Jean Prouvé
152	La cabaña de Paul Rudolph
155	El cascarón habitable

160	**KIT DE COMPONENTES**
161	Versiones 5 y 6 (noviembre de 1978)
165	Las casas del mañana
170	El juego de los Eames
175	Chermayeff en Cabo Cod
179	Evolución del kit de componentes
186	**SOCIEDAD DE ESTANCIAS**
187	Versión 7 (enero de 1979)
192	Sociedad de estancias
196	Piedras huecas
199	La nave-paraguas
201	La Yacht House
204	**PLUG-IN**
205	Versión 8 (marzo de 1979)
217	El núcleo mecánico
221	Utopías enchufables
228	Crecimiento orgánico
231	La casa como megaestructura
234	La megaestructura de los Foster

238	**TECNOLOGÍA, MOBILIARIO Y DOMESTICIDAD**
239	Versión 8 (junio de 1979)
242	La casa y el mueble
246	El mueble tecnológico
252	El hogar despersonalizado
255	Estilismo industrial
258	**¿POR QUÉ NO CONSTRUYÓ SU CASA, SR. FOSTER?**
259	(Julio de 1979)
261	El edificio más caro del mundo
263	Un vecino entrometido
265	Wendy Foster
266	Arquitectura del riesgo
268	Un debate irresoluto
269	La casa urbana
275	Esteta de la máquina
280	**CONVERSACIONES ENTORNO A UNA CASA**
281	Airships: una conversación con Norman Foster
293	Meccano Man: una conversación con Tony Hunt
307	La junta imposible: una breve conversación con Peter Busby
313	Light-Tech: una conversación con Richard Horden
324	**BIBLIOGRAFÍA**
332	**AGRADECIMIENTOS**

ENTRA EL ESPECTRO

En algunas obras de Shakespeare los fantasmas intervienen decisivamente en el relato, y así occure en *Hamlet, Macbeth, Julio César, Ricardo III* o *Cimbelino*. En la obra de Norman Foster, los espectros de algunos proyectos no construidos definen puntos de inflexión en su trayectoria, y de ello son buenos ejemplos el concurso de Newport en 1967, el Climatroffice con Buckminster Fuller en 1971 o la sede de la BBC en Portland Place entre 1982 y 1985. La casa familiar de Hampstead, proyectada en 1978-79, es uno de esos fantasmas cuya existencia inmaterial se extiende sobre muchas otras obras materiales, y sin cuya intervención en el desarrollo de la trama es imposible explicar el itinerario de exploración del arquitecto.

Localizada cronológicamente en el periodo de charnela entre la terminación del Sainsbury Centre y el comienzo del proyecto de la sede del banco de Hong Kong y Shanghái, Hampstead se ha interpretado convencionalmente como una extensión de la doble piel del Sainsbury y como una anticipación del expresionismo estructural del rascacielos de Hong Kong, del Renault Distribution Centre en Swindon o de los prototipos de mobiliario que darían lugar al sistema Nomos, pero la investigación exhaustiva de Carlos Solé Bravo multiplica por ocho las presencias fantasmagóricas de esta casa soñada, y exponencialmente su influencia en los trabajos de Foster durante los años siguientes.

La difícil relación entre la técnica y lo doméstico —que manifiesta igualmente otro proyecto no realizado, la casa autónoma y geodésica que el británico imaginó con Fuller en 1982— impregna de diferente forma las ocho versiones que Solé ha extraído de su inmersión en los archivos de la firma y de la Fundación, así como de sus conversaciones con los que intervinieron en aquellos doce meses —entre el verano de 1978 y el de 1979— de exigente esfuerzo experimental. Actuando con la libertad del que es su propio cliente, y con el riesgo del médico que usa su propio cuerpo como campo de pruebas, Foster alumbró ocho propuestas, fantasmagóricamente materiales en sus maquetas y fragmentos, que dialogan entre sí y con la obra posterior del arquitecto.

Ninguna de ellas llegó a adquirir cuerpo en el solar de Hampstead, pero la búsqueda que las fue dando a luz les otorgaría también su propia voz, y sus acentos se oirían alto y claro en multitud de obras que entrarían más tarde en el escenario, de igual manera que en sus palabras hay ecos de las ideas y las formas de Charles y Ray Eames o de Ezra Ehrenkrantz, personajes del drama en su acto americano. Philip Roth utilizó una acotación de *Macbeth* —*Exit ghost,* que aquí se tradujo como *Sale el espectro*— para cerrar su saga de Nathan Zuckerman, y Carlos Solé ha enriquecido la saga del arquitecto con ocho nuevos figurantes fantasmáticos que hacen más complejo el argumento de la historia, multiplicando las sombras soñadas del matrimonio entre tecnología y vida cotidiana en la casa non nata de Norman y Wendy Foster: entran los espectros.

Luis Fernández-Galiano

INTRODUCCIÓN

El proyecto de la casa de Norman y Wendy Foster en Hampstead es, en realidad, muchos proyectos. La abundante documentación, en su mayoría inédita, existente en los archivos de Foster + Partners, así como el testimonio directo de sus principales protagonistas a través de conversaciones, permiten reconstruir la evolución del proceso de diseño. Un proceso que no sigue un proceso lineal sino que abre vías simultáneas de exploración, que evolucionan en paralelo al resto de la producción del estudio, nutriéndose de ella y, al mismo tiempo, contaminándola.

Sin embargo, tras doce meses de intenso trabajo durante los que se elaboran múltiples versiones de la casa, con sus correspondientes bocetos, planos, maquetas y prototipos estructurales a escala real, y habiendo iniciado los trabajos de construcción, el proyecto es misteriosamente abandonado.

El interés de este pequeño proyecto inacabado va más allá de su valor arquitectónico y de su significación en el conjunto de la producción de los Foster. A su valor testimonial para analizar las influencias y obsesiones recurrentes en la obra de sus autores, hay que añadir su capacidad para abrir múltiples vías de exploración que encuentran aplicación en proyectos posteriores, en una época de profundos cambios en el estudio.

Las distintas versiones de la casa permiten, además, vislumbrar la evolución posterior de la obra de sus arquitectos. Constituye un verdadero campo de pruebas en el que ensayar ideas para su posterior aplicación en proyectos de mayor entidad. Al mismo tiempo, se caracteriza por la adopción y radicalización de ideas previamente exploradas en edificaciones industriales y comerciales, que son trasladas, por primera vez, al ámbito doméstico. El proyecto refleja, por tanto, la problemática conciliación de los conceptos de tecnología y domesticidad, derivada del conflicto entre la aplicación de parámetros de diseño estrictamente cuantificables y la idea de confort tradicionalmente asociada al hogar.

Al mismo tiempo, concebida a semejanza de un mueble, la casa anticipa también ideas que serán posteriormente trasladadas por los Foster al ámbito del diseño industrial.

Pero además, el análisis de esta obra es pertinente por su relevancia al explorar temáticas comunes a la arquitectura contemporánea, como son la vinculación entre arquitectura, ingeniería e industria, y la conflictiva relación entre la experimentación tecnológica y la idea de domesticidad.

Como todo proyecto no construido, la casa de los Foster encierra, además, la historia de una frustración, es la expresión de un fracaso. Tal vez por este motivo, cuando en 1979 la exitosa pareja de arquitectos incluye el proyecto en su primera publicación monográfica de Foster Associates, lo oculta bajo el ambiguo título de "Housing System Studies".[1] Nada permite adivinar la verdadera naturaleza del proyecto más personal de los Foster, que se presenta como una obra huérfana, inacabada y sin emplazamiento. Lejos de mostrarla como un proyecto privado, la casa aparece como una suerte de experimento constructivo totalmente despersonalizado. El texto ofrece una breve explicación del sistema estructural y de las estrategias de integración de sistemas empleadas, y concluye subrayando la importancia de la estrecha colaboración entre arquitectura e industria. Ocupando las últimas páginas del libro, la casa en Hampstead parece adelantar el futuro del estudio, hacia una arquitectura de creciente complejidad tecnológica.

Breves artículos publicados en revistas, con motivo de la exposición monográfica de la obra de Foster Associates en la RIBA Heinz Gallery de Londres entre 1978 y 1979, destacan aspectos anecdóticos del proyecto que, más allá de su valor testimonial, no aportan nueva información sobre el mismo. Así, *Architect's Journal*[2] alerta sobre la presencia del prototipo estructural —bautizado como "Fostersculpt"— en la fachada del edificio neoclásico de Robert Adam; *L' Architecture d'Aujourd'hui*,[3] enfatiza el carácter experimental de la casa, centrándose en la descripción de su sistema estructural; *Architectural Record*[4] destaca el sistema de paneles modulares intercambiables y su acoplamiento al esqueleto estructural; mientras que en *Building Design* el arquitecto David Pearce emprende un breve recorrido por la obra de los Foster, que culmina con un fragmento de la sección constructiva de la casa en

---

[1] *Foster Associates: introduction by Reyner Banham* (London: RIBA Publications, 1979), 68. "House Systems Studies".
[2] "Foster at Home," *Architect's Journal* 31 (octubre 1979): 910--911.
[3] "Maison Test Rig," *L'Architecture d'Aujourd'hui* 212 (diciembre 1980): 72--73.
[4] "Test Rig House Re-Explores Panelization, Energy Use," *Architectural Record* (Agosto 1979): 64--65.

Hampstead. Fiel al estilo sensacionalista de dicha publicación, Pearce califica a James Stirling como "rey en el exilio", a Richard Rogers como "príncipe regente" y a Norman Foster como el principal exponente de la arquitectura británica de la época.[5]

Publicaciones posteriores, el segundo volumen de la monografía editada por Watermark[6] y su posterior reedición por Prestel,[7] presentan el proyecto de forma difusa y fragmentaria, no permitiendo reconocer una obra coherente sino una recopilación de dibujos e imágenes inconexas. La descripción del proyecto hace hincapié en su carácter experimental y en su condición de banco de pruebas. Se enumeran asimismo influencias remotas, como la villa imperial Katsura en Kioto, y modernas, como la Maison de Verre de Pierre Chareau y la unidad de aseo prefabricada de Buckminster Fuller.

El autor Deyan Sudjic, en su reciente biografía *Norman Foster: A Life in Architecture*, subraya el valor del proyecto como expresión personal de sus autores a la vez que, comparándolo con la casa de los Eames en Santa Mónica, lo define como "una especie de campo de pruebas donde experimentar nuevas ideas en condiciones de laboratorio, antes de adaptarlas al uso cotidiano".[8]

Ninguna de las publicaciones anteriores constituye, por tanto, un estudio completo y riguroso, siendo pertinente una labor de investigación documental.

La extensa documentación gráfica conservada en los archivos de Foster + Partners en Londres y en la Norman Foster Foundation en Madrid, han permitido reconstruir la evolución del proyecto e identificar hasta un total de ocho versiones, elaboradas entre julio de 1978 y julio de 1979. Dicha documentación demuestra además que, tras su abandono, el proyecto fue retomado entre los años 1982 y 1984, aunque con menor intensidad de trabajo y renunciando a sus planteamientos primigenios.

---

[5] David Pearce, "A Cautious Practice," *Building Design* (octubre 1979): 15--18.
[6] Ian Lambot, ed., *Foster Associates Buildings and Projects Volume 2: 1971-1978* (Surrey: Watermark, 1989).
[7] David Jenkins, ed., *Norman Foster: Works 1* (London: Prestel, 2002).
[8] Deyan Sudjic, *Norman Foster: A Life in Architecture* (London: Weidenfeld & Nicolson, 2010), 248.

En esta reconstrucción de la evolución de la casa en Hampstead ha sido indispensable la colaboración de algunos de sus principales protagonistas, como Norman Foster, sus antiguos arquitectos colaboradores Richard Horden y Peter Busby, y el ingeniero de estructuras Anthony Hunt, mediante una serie de conversaciones que se recogen en el capítulo final del presente texto.

La labor de documentación bibliográfica se ha iniciado con la consulta de la escasa literatura relativa al proyecto —tanto en revistas de la época como en libros—, así como el estudio de la abundante bibliografía disponible sobre la obra de los Foster. Cabe destacar la escasez de reflexiones teóricas por parte del propio Norman Foster quien, permaneciendo al margen de la teoría académica, sustenta principalmente su discurso en consideraciones eminentemente pragmáticas.

Esta carencia de discurso teórico se ha suplido con el estudio de los escritos de Reyner Banham, uno de los principales críticos, teorizadores, divulgadores e impulsores de la obra de Foster Associates durante los años sesenta y setenta. En sus libros y sus numerosos artículos, Banham, como ya hiciera su maestro Sigfried Giedion, centró su discurso teórico en la tecnología y en su impacto en la sociedad contemporánea. Asi, Banham declaró a Norman Foster heredero del legado de Buckminster Fuller e interpretó su obra como la verdadera continuación, en la segunda mitad del siglo XX, de la tradición iniciada por los arquitectos pioneros del Movimiento Moderno.

El optimismo tecnológico de Banham ha sido contrastado con el estudio de la obra de su coetáneo, Alan Colquhoun, cuyos escritos, influenciados por la obra del historiador de origen austríaco Ernst Gombrich, representan una crítica a la modernidad tecnocrática ensalzada por Banham. Como ha escrito Kenneth Frampton, "Colquhoun desafió la postura de Banham, quien despreciaba los mejores logros de la vanguardia de preguerra a la vez que reivindicaba a Buckminster Fuller como el profeta definitivo de una aproximación técnico-científica a la cultura edificatoria".[9]

---

[9] Kenneth Frampton, introducción a *Alan Colquhoun, Collected Essays in Architectural Criticism* (London: Black Dog, 2008), 5.

El libro de Serge Chermayeff y Christopher Alexander *Community and Privacy*,[10] constituye una de las principales fuentes bibliográficas consultadas, debido a su decisiva influencia sobre la obra y sobre el método de trabajo de los Foster. Una influencia que es especialmente notoria en las primeras versiones de la vivienda en Hampstead.

Asimismo, la obra *Architectural Systems*,[11] de Ezra Ehrenkrantz, contiene valiosa documentación sobre los prototipos del *School Construction Systems Development* (SCSD), que tanto fascinaron a Norman Foster durante su breve estancia en los Estados unidos. Ehrenkrantz ofrece en esta obra un método de aproximación al diseño basado en la integración de sistemas. Una estrategia que fue fundamental para el desarrollo de la denominada "nave bien servida", cuyo modelo los Foster pretendieron aplicar por primera vez al ámbito doméstico en su propia casa.

Cabe advertir que, a pesar del carácter personal del proyecto, las múltiples versiones desarrolladas denotan las decisivas aportaciones de los distintos colaboradores del estudio. Se trata de jóvenes arquitectos e ingenieros que, en muchos casos, tras abandonar Foster Associates emprendieron exitosas carreras profesionales al frente de sus propios estudios.

Por otro lado, el análisis de del proyecto en sus distintas etapas, proporciona una visión privilegiada del método de trabajo del estudio de los Foster. Un método eminentemente pragmático, encaminado a hallar la solución óptima a un determinado problema. Un método fundamentado en una aproximación multidisciplinar al diseño y en la apertura de múltiples vías de exploración que son desarrolladas hasta sus últimas consecuencias. Este exhaustivo proceso de diseño, apoyado en la elaboración de dibujos, maquetas y prototipos a escala real, permite a los Foster sopesar un abanico de resultados con el fin de identificar la solución óptima. Se trata, no obstante, de un proceso que, como admite el propio Norman Foster, "raramente constituye un recorrido simple y lineal, sino que resulta mucho más tortuoso de lo inicialmente esperado".[12]

---

[10] Serge Chermayeff y Christopher Alexander, *Community and Privacy: Toward a New Architecture of Humanism* (London: Anchor Books, 1965).
[11] Ezra D. Ehrenkrantz, *Architectural Systems. A Needs, Resources, and Design Approach* (New York: Mc Graw-Hill, 1989).
[12] Norman Foster, "With Wendy," en *On Foster...Foster On*, ed. David Jenkins (London: Prestel, 2000), 549.

Con el propósito de profundizar en esta arquitectura caracterizada por su aparente pragmatismo, el presente texto sigue una metodología análoga al proceso proyectual de los Foster: el análisis de cada una de las distintas versiones del proyecto, permite la apertura de vías de investigación interrelacionadas, que avanzan desde lo particular hasta lo general, desde lo concreto hasta lo teórico y desde lo analítico hasta lo crítico. De este modo, el estudio de la casa de los Foster en Hampstead permite extraer conclusiones que incumben, no sólo a la obra de sus autores, sino a buena parte de la arquitectura contemporánea.

Todas las temáticas abordadas, que están inevitablemente vinculadas, desembocan en el análisis de los motivos del abandono del sueño de la casa tecnológica de los Foster, tras los cuales suybacen los conflictos y las frustraciones propias de una obra fuertemente enraizada en el espíritu funcionalista del Movimiento Moderno y concebida como paradigma de la expresión tecnológica de su época.

EUFORIA TECNOLÓGICA

Norman Foster y John Harris en la exposición de Foster Associates en la RIBA Heinz Gallery, Londres 1979. © Geremy Butler Photography.

"Tecnología es el arte de fabricar cosas y alta tecnología es rendimiento".[1]

"Fostersculpt"

En pleno "Invierno del Descontento", expresión shakesperiana popularizada por la prensa británica para referirse al invierno de 1978-1979, castigado por interminables huelgas sindicales en contra de los recortes salariales anunciados por el gobierno laborista, Norman Foster organiza, bajo el título *Original Drawings*, una exposición retrospectiva de su obra en la Heinz Gallery de Londres. No corren buenos tiempos para su estudio: tras la disolución del Team 4, encabezado por Norman Foster, Richard Rogers y sus respectivas parejas Wendy y Su, la hasta entonces exitosa carrera profesional de Foster Associates se ve temporalmente truncada por la severa recesión económica de finales de los años setenta. El descenso del volumen de trabajo favorece, por otra parte, el desarrollo de proyectos de carácter experimental que, pese a haber sido concebidos bajo un clima social marcado por el miedo, la incertidumbre y por cierta sensación de fracaso, irradian un profundo optimismo.

Así, en dicha exposición comisariada por el historiador John Harris, junto a obras ya construidas como las oficinas piloto de IBM en Cosham (1970-1971), la sede de Willis Faber Dumas en Ipswich (1970-1975) y el recientemente terminado Sainsbury Centre en Norwich (1976-1978), se exhiben una serie de proyectos no realizados, como la escuela en Newport (1967), el polémico Hammersmith Centre en Londres (1977-1979), el London Gliding Club en Dunstable Downs (1978), el Open House en Cwmbran (1978), el centro de ocio Granada en Milton Keynes (1979), así como algunos de los proyectos elaborados en colaboración con Buckminster Fuller, como el Climatroffice (1971), y el teatro Samuel Beckett en Oxford (1971).

---

[1] Norman Foster en *How Much Does your Building weight, Mr. Foster?* Dirigida por Carlos Carcas y Norberto López Amado, producida por Elena Ochoa, escrita por Deyan Sudjic (Ivorypress, 2011).

Los medios especializados se hacen eco del acontecimiento, alertando sobre la presencia en el patio de la fachada principal de la Heinz Gallery de un elemento que perturba la solemnidad del edificio neoclásico de Robert Adam. Se trata del denominado "Fostersculpt": un prototipo estructural a tamaño real que, suspendido desde un armazón metálico, se exhibe como si de una obra de arte se tratara, anunciando a los transeúntes el contenido de la exposición.[2]

El "Fostersculpt" no es otra cosa que uno de los varios prototipos construidos para el proyecto, elaborado entre los años 1978 y 1979 por el estudio de Norman y Wendy Foster, para su propia casa en el exclusivo barrio londinense de Hampstead.

Es posible interpretar la exhibición de este artefacto compuesto por perfiles alveolados de aluminio y tensores de acero, como una provocación al conservadurismo arquitectónico de la época, pero ante todo, denota un interés por presentar la tecnología como algo bello, por exhibir la máquina como una obra de arte. No es, por tanto, posible comprender el proyecto de la casa de los Foster sin atender al clima de euforia tecnológica en la que se desenvuelve el trabajo de sus autores. Una fascinación tecnológica compartida por toda una generación de arquitectos que, formados tras la Segunda Guerra Mundial, fueron testigos de los importantes logros tecnológicos de la época, en gran medida debidos al desarrollo de la industria bélica y al del denominado complejo industrial-militar americano y soviético. Se trata de auténticas revoluciones en múltiples disciplinas del conocimiento científico que propiciaron avances en campos tan diversos como la industria aeronáutica, la electrónica, la informática, las telecomunicaciones o la exploración espacial. Un clima de euforia tecnológica que fue especialmente intenso en aquellos países que, como Inglaterra, fueron la cuna de la Revolución Industrial.

---

[2] "Foster at Home," *Architect's Journal* 31 (octubre 1979): 910--911.

El piloto del futuro

La repercusión social de los mencionados avances científicos y tecnológicos se tradujo en un creciente interés en el progreso tecnológico y en el futuro. Este interés propició el nacimiento de un nuevo género artístico: la ciencia ficción, término acuñado por el escritor americano de origen luxemburgués Hugo Gernsback en 1929, quien la definiría como "narraciones en las que el interés novelesco se entremezcla con datos científicos y visiones proféticas del futuro".[3] Otros pioneros del género, como el autor americano Robert A. Heinlein, lo definieron como "la especulación realista sobre posibles acontecimientos futuros, sólidamente fundamentados en un adecuado conocimiento del mundo real, pasado y presente, y un minucioso conocimiento de la naturaleza y significado del método científico".[4] El atractivo de la ciencia ficción estriba, por tanto, en esa tensión entre la capacidad del hombre para fantasear con posibles universos futuros y la verosimilitud del método científico, es decir, en la tensión entre imaginación y pensamiento racional.

Como muchos otros jóvenes de la época, Norman Foster tomó contacto con el mundo fantástico, futurista y tecnológico de la ciencia ficción a través de las páginas del semanario británico *Eagle*. Concretamente gracias a las tiras cómicas de Dan Dare —"piloto del futuro, jefe de la patrulla interplanetaria"— publicados en *Eagle* desde los años cincuenta. Ideado por el ilustrador británico Frank Hampson, Dan Dare presentaba las aventuras de un héroe de ciencia ficción que, al mando de su vehículo espacial, navega por el sistema solar, allá por el año 1993, acompañado de su fiel patrulla, batiéndose contra sus enemigos y descubriendo nuevos planetas habitados por extraterrestres.

Pero, a diferencia de gran parte de la ciencia ficción americana de la época, de contenido eminentemente bélico, Dan Dare —que contaba con el asesoramiento del escritor de ciencia ficción Arthur C. Clark— se centraba en la idea de la exploración y en la superación de retos

---

[3] Hugo Gernsback citado en Jacques Sadoul, *Historia de la Ciencia Ficción Moderna* (Barcelona: Plaza & Janés, 1975), 56.
[4] Robert A. Heinlein, Cyril Kornbluth, Alfred Bester, Robert Bloch, *The Science Fiction Novel: Imagination and Social Criticism* (Chicago: Advent Publishers, 1959).

gracias a la capacidad de liderazgo del protagonista, dotado de un profundo sentido del honor y del deber, y gracias también al uso de la tecnología más avanzada. El cuidado diseño de las naves espaciales, aparatos voladores, puertos espaciales, automóviles —cuya forma de gota recordaba al coche Dymaxion de Buckminster Fuller— y monorraíles, estaba en gran medida inspirado en diseños punteros de la época. Como recuerda Deyan Sujdic, "en el desplegable central se reproducía cada semana un diagrama seccionado que mostraba las complejidades internas de sucesivas conquistas de la ingeniería".[5] Además, la ciudad del futuro "reproducía fielmente el urbanismo de la última etapa de Frank Lloyd Wright".[6]

No es de extrañar que autores como Reyner Banham reivindicaran la importancia de la ciencia ficción como una legítima fuente de conocimiento y como campo de exploración. La ciencia ficción, escribía Banham, "es una de las grandes ampliadoras de mentes y destructoras de especializaciones de nuestros días. Es parte de la educación esencial de cualquier técnico".[7] Arquitectos como Peter Cook, lamentando la incapacidad de los arquitectos del primer Movimiento Moderno para hallar una estética acorde a su tiempo, reclamaron asimismo la pertinencia de la estética tecnológica de Dan Dare.

Fue también en las páginas centrales del *Eagle* donde el joven Norman Foster admiró por primera vez la perspectiva explotada de la Cúpula del Descubrimiento del Festival de Gran Bretaña de 1951: un edificio temporal de exposiciones que, diseñado por el arquitecto británico Ralph Tubbs y el ingeniero Ralph Freeman, consistía en una enorme estructura de hormigón y aluminio erigida a orillas del Támesis, bajo el lema "la iniciativa británica en la exploración y el descubrimiento es más fuerte que nunca".[8] El exhibicionismo tecnológico de la Cúpula del Descubrimiento —al igual que el de la vecina torre Skylon, diseñada por Moya, Powell y Samuely— no sólo contribuyó a popularizar la arquitectura

---

[5] Deyan Sudjic, *Norman Foster: A Life in Architecture* (London: Weidenfeld & Nicolson, 2010), 9.
[6] Ibid.
[7] Reyner Banham, "Space, fiction and architecture," en *The Independent Group: Postwar Britain and the Aesthetics of Plenty,* ed. David Robbins (Cambridge, MA: MIT Press, 1990), 61.
[8] Ian Cox, *The South Bank Exhibition: A guide to the story it tells* (H.M.S.O., 1951).

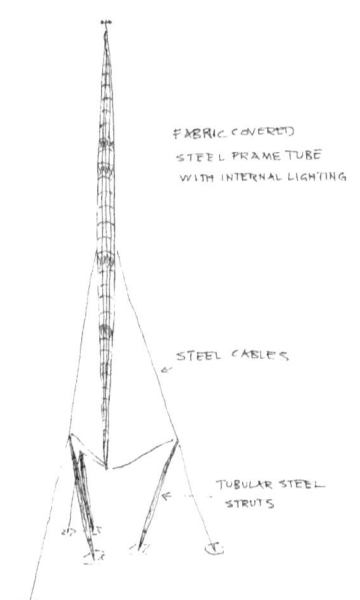

Croquis de Anthony Hunt para el Skylon, de los arquitectos Hidalgo Moya, Philip Powell y el ingeniero Felix Samuely, construido en el Southbank de Londres para el Festival de Gran Bretaña de 1951. Tony Hunt, *Tony Hunt's Structures Notebook* (Oxford: Architectural Press, 1997), 85. ©Tony Hunt.

moderna, sino también a fomentar una mirada optimista hacia el futuro de un país sumido en la recesión económica de postguerra. A pesar de su falta de contenido, las audaces estructuras del Festival de Gran Bretaña lograron cautivar la imaginación de toda una generación de futuros arquitectos e ingenieros británicos, que creyeron ver ante sus ojos la realización de sus sueños juveniles de ciencia ficción.

Pero, frente al optimismo tecnológico del Festival de Gran Bretaña, una nueva generación de arquitectos británicos -la denominada "tercera generación del Movimiento Moderno"— encabezados por Alison y Peter Smithson, y James Stirling, con el apoyo teórico del omnipresente Reyner Banham— se rebeló ante el simplismo de la modernidad de postguerra, promoviendo una arquitectura de fuerte compromiso social para la que la "sinceridad constructiva" constituía un imperativo moral. De este modo, el discurso de Banham, inicialmente centrado en la tensión entre tecnología y sociedad, pasó a enfocarse en la tensión entre ética y estética. Criticando la común simplificación de la arquitectura que dio cuerpo a la reforma social inglesa y el simplismo con que ésta interpretaba las necesidades sociales, Banham escribía: "se ha convertido en algo demasiado fácil asumir que si la estructura y la función están satisfechas, entonces el resultado debe ser arquitectura".[9]

Cabe destacar la importancia de la escuela en Hunstanton, de 1954 —paradigma del movimiento bautizado por Banham como "el Nuevo Brutalismo"—,[10] con la que los Smithson pervirtieron el estilizado clasicismo del Instituto de Tecnología de Illinois de Mies van der Rohe, exhibiendo sin pudor los equipamientos e instalaciones del edificio y mostrando la crudeza su sistema constructivo. En palabras de Peter Smithson: "lo que queríamos era encontrar la forma de utilizar los métodos de Mies evitando manierismos".[11] La influencia de Hunstanton en las primeras obras residenciales de los Foster con el Team 4, es reconocible en el uso de materiales en bruto y en la exhibición de las instalaciones de la fábrica de Reliance Controls en Swindon, de 1967. Si bien, estas primeras obras de los Foster, alejadas de la aparente despreocupación formal de los Smithson, resultan más cercanas al refinamiento estético de los primeros edificios de James Stirling.

Utopías tecnológicas

Uno de los más claros productos del optimismo tecnológico británico de los años sesenta, cuya influencia es apreciable en la arquitectura de los Foster, fue la obra del grupo Archigram. Apoyadas y divulgadas por Reyner Banham, las propuestas utópicas de Archigram constituyen una celebración del poder de la tecnología como herramienta de liberación. Están claramente emparentadas con la obra de los metabolistas japoneses, la del grupo francés Urbanisme Spatiale de Yona Friedman y la de los italianos Città-Territorio. Con influencias del movimiento futurista italiano, Cedric Price, Buckminster Fuller, la estética pop y los cómics de ciencia-ficción, las propuestas de Archigram surgieron como una reacción juvenil a la hipocresía funcionalista del Movimiento Moderno y a su falta de compromiso social.

---

[9] Reyner Banham, "The New Brutalism," *The Architectural Review* (1955).
[10] Reyner Banham, *The New Brutalism: Ethic or Aesthetic* (New York: Reinhold Publishing Corporation, 1966).
[11] Peter Cook, "Regarding the Smithsons," *The Architectural Review* (julio 1982): 37.

Frente a esto, Archigram predicó una arquitectura indeterminada, antiformal, de edificios nómadas, producidos en masa, capaces de crecer, de reconfigurarse y de desaparecer, en los que la tecnología actúa como un medio, nunca como un fin en sí mismo. Las nuevas tecnologías constructivas, ligeras y de altas prestaciones —estructuras tensadas, estructuras neumáticas, materiales plásticos, mallas espaciales— eran puestas de este modo al servicio de las necesidades cambiantes de la sociedad de la nueva era. Pero las propuestas de Archigram —a diferencia de las de los Foster— eran meramente gráficas. Como reconoce Banham: "Archigram es corto en teoría, largo en delineación y artesanía. Ellos trabajan en el campo de lo gráfico y han sido bendecidos con el poder de crear algunas de las más irresistibles imágenes de nuestro tiempo".[12] Uno de los principales miembros de Archigram, Peter Cook, autor del célebre alzado de la Plug-in City (1962-65), se enorgullece al considerar a Archigram como el líder ideológico de la obra de Foster y Rogers cuando relata como "volviendo de América, algunos jóvenes arquitectos ingleses sabían que podían y debían hacer una arquitectura que era del futuro — Archigram emergió como el portavoz de esta filosofía, Richard Rogers y Norman Foster emergieron como sus diseñadores y los ingenieros Peter Rice y Anthony Hunt emergieron como sus ingenieros. No había tiempo para una vanguardia aislada: no se podía perder el tiempo si el futuro iba realmente a ocurrir ahora".[13]

Sin embargo, poco se ha señalado la influencia del que fuera el principal instigador de muchas de las ideas exploradas por el grupo Archigram: el excéntrico arquitecto Cedric Price. A pesar de que la mayoría de sus proyectos quedaron también en el papel, los conceptos de indeterminación, flexibilidad, movilidad y obsolescencia programada alejan a las propuestas de Cedric Price del preciosismo utópico cultivado por Archigram. La contextualidad de la obra de Price, cuyos proyectos surgen de las condiciones físicas, sociales, políticas, económicas y culturales del lugar, la dotan de una verosimilitud de la que carecen las propuestas de Archigram. Tal vez por ello la influencia de los proyectos de

---

[12] Reyner Banham, "A comment from Peter Reyner Banham," *Archigram*, ed. Peter Cook (New York: Princeton Architectural Press, 1999), 5.
[13] Peter Cook, *The Architectural Review* vol. 174, no. 1037 (julio 1983).

Price sobre generaciones posteriores de arquitectos británicos haya sido más notoria. Así, la "aformalidad" de la obra de Price, contiene la semilla de muchas obras posteriores de Foster y Rogers. Mucho del andamio neutro del Fun Palace (1961-1964) subyace en el Centro Pompidou de Renzo Piano y Richard Rogers, pero también en algunos de los proyectos más atrevidos de los Foster, desde la Escuela de Newport en Gales, hasta la casa en Hampstead, y las primeras propuestas para el banco de Hong Kong.

Una muestra de la influencia de Price en la primera etapa de los Foster, es el modo como éstos respondieron a su petición de un dibujo del proyecto de la Escuela de Newport, para su publicación en una edición especial de la revista *Architectural Design*,[14] con el que Price quería ilustrar la verosimilitud de un modelo de escuela flexible. La perspectiva frontal que los Foster enviaron a Price, en su esfuerzo por destilar la esencia del proyecto en una sencilla imagen, resultaba en el más puro estilo Price.

Pero, a diferencia de Norman Foster, Cedric Price —cuyos edificios pretendían ser meras instalaciones temporales de equipamiento industrial— estaba más interesado en la "constructibilidad" de sus edificios, en su adaptación a las demandas sociales y en su interacción con el contexto, que en la apariencia física de los mismos. El InterAction Centre —una versión reducida y simplificada del Fun Palace—, construido en Londres en 1976, cuya expresión es consecuencia del apilamiento de contenedores prefabricados sobre un andamio estructural, evidencia la despreocupación formal de la arquitectura de Price que, sin embargo, inspiró gran parte de la producción del denominado movimiento High-Tech. De acuerdo con sus ideas de obsolescencia programada, el edificio fue demolido en el año 2003.

Peter Cook resumía de la siguiente manera el singular panorama de la arquitectura británica en los años sesenta y setenta: "existen dos tradiciones de buenos arquitectos ingleses. Aquellos que son básicamente artistas, y para quienes la excentricidad natural y singularidad de nuestra cultura ha conducido a una serie de curiosas distorsiones de las tradiciones europeas. Los otros son técnicos o mecánicos.

---

[14] Cedric Price, *Architectural Design* (mayo 1968).

Cedric Price, Potteries Thinkbelt, Staffordshire, Inglaterra 1966. © Collection Centre Canadien d'Architecture.

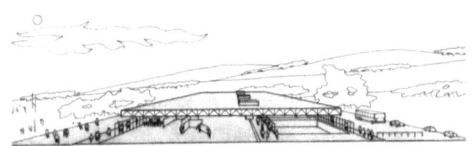

Foster Associates, escuela en Newport. Dibujo de Norman Foster para *Architectural Design* (mayo 1968). © Norman Foster Foundation Archive.

Existe esta corriente de entusiastas de los coches, constructores de barcos, o destripadores de máquinas y gente que siempre parece descubrir otro modo de utilizar una pieza de modo distinto al esperado. En años recientes, la originalidad de los Smithsons, Cedric Price, Norman Foster y el equipo de Rogers parece haber tenido más que ver con este último instinto".[15]

La segunda Era de la Máquina

La influencia ejercida por el ingeniero británico convertido en crítico de arquitectura, Reyner Banham, tanto a través de sus numerosos artículos on *Architectural Review*, como en sus libros, fue decisiva, hasta el punto que su obra literaria parecía guiar la evolución de la arquitectura inglesa durante los años sesenta y setenta. En *Theory and Design in the First Machine Age* —en línea con las ideas expuestas por Giedion en *Mechanization Takes Command*—, Banham identificó la llegada de la

---

[15] Peter Cook en *Architectural Monographs: Richard Rogers + Architects*, eds. Barbie Campbell Cole y Ruth Elias Rogers (London: Academy Editions, 1985), 5.

electricidad y, posteriormente, la de los electrodomésticos al hogar, como el punto decisivo en el desarrollo de la arquitectura moderna. Un privilegio que inicialmente –en una primera era- estaba reservado a una élite y que posteriormente –en la segunda- se situó al alcance de las masas: "ya hemos entrado en la Segunda Era de la Máquina, la era de los electrodomésticos, la química sintética, y podemos mirar atrás a la Primera —la era de las redes eléctricas y de la reducción de las máquinas a la escala humana— como un período del pasado".[16]

Banham situó los orígenes teóricos de esta arquitectura de la "Era de la Máquina", que se nutre del aprovechamiento de las transformaciones de la ciencia y la tecnología, en las propuestas teóricas nacidas en el seno de la École des Beaux-Arts, en el París de la segunda década del siglo XIX. Banham presentó a autores como Julien Gaudet, J. N. L. Durand y Auguste Choisy, como pioneros en la consideración del edificio como composición racional de elementos constructivos. La *Histoire de l'Architecture*, de Choisy, al que Le Corbusier se refirió como "el más valioso libro nunca escrito sobre arquitectura",[17] da buena cuenta, a través de sus numerosas perspectivas analíticas de arquitecturas del pasado, de un modo de entender la evolución de la arquitectura, no como una sucesión de modas o estilos arbitrarios, sino como la consecuencia lógica de la evolución de los métodos constructivos disponibles en cada época.

Esta lectura "racionalista" de la arquitectura, palpable en la obra de los Foster, nos remite nuevamente a su interés por las perspectivas seccionadas de John Batchelor, destinadas a destripar los más variados productos de la "Era de la Máquina" en un afán por mostrarlos como el resultado de la integración de sus componentes. Es precisamente en esta concepción de la arquitectura entendida a partir de sus elementos constituyentes, donde Reyner Banham encontró la semilla que posibilitó el advenimiento del denominado Movimiento Moderno en los años veinte. Así, en la primera edición de su *Theory and Design in the First Machine Age*, Banham acusa a Le Corbusier de pervertir la Era de la Máquina, señalando como, en su afán por lograr formas bellas y

---

[16] Reyner Banham, *Theory and Design in the First Machine Age* (London: Architectural Press, 1960), 10.
[17] Le Corbusier, "La Modénature," (1925): 116.

perfectas, éste había cerrado las puertas a la evolución natural de las formas mecánicas y maquinistas.

Con su particular visión tecnocrática de la arquitectura, Banham abandonó la lectura simbólica de la técnica propia de la "Primera Era de la Máquina", para proclamar a Buckminster Fuller como el verdadero continuador de esta tradición en el siglo XX. Para Banham "la estructura de la Dymaxion House no deriva de imponer una estética perretiana o elementalista a un material que ha sido elevado al nivel de símbolo de 'la máquina'; por el contrario, se trata de una adaptación de los métodos empleados en esa época por la industria aeronáutica para el trabajo con aleaciones ligeras".[18] En el prólogo a la edición de 1980, Banham no dudó en proclamar a Norman Foster y Richard Rogers sucesores de la obra de Fuller, y en elevarlos, por tanto, a la cúspide de la arquitectura de la "Era de la Máquina": "esas eclosiones de creatividad siguen proviniendo de hombres inspirados por el entusiasmo de la Era de la Máquina –uno piensa en los diseñadores del Centro Pompidou en París o el Sainsbury Centre en la Universidad de East Anglia. Pero esos entusiasmos son ahora plenamente cualificados; han perdido la inocencia de la amplitud de miras propia de los años veinte y treinta".[19]

Tecnología en América

Pero fue su experiencia americana la que abrió los ojos de Norman Foster al escenario de la arquitectura moderna. Tras la Segunda Guerra Mundial, los Estados Unidos habían pasado a ejercer el liderazgo, antaño ostentado por Europa, en los ámbitos del diseño y de la arquitectura y ofrecían, por tanto, un panorama educativo extremadamente atractivo para un joven arquitecto formado en la Inglaterra de posguerra. En palabras de Allan de Botton, Foster "se mostraba más entusiasmado con América que los propios americanos".[20]

---

[18] Reyner Banham, *Theory and Design* (London: Architectural Press, 1960), 326.
[19] Ibid., 10.
[20] Allan de Botton en *How Much Does your Building weight, Mr. Foster?*

Así, en 1961, Norman Foster decidió cursar sus estudios de máster en la universidad de Yale,[21] liderada por el arquitecto Paul Rudolph —entonces famoso por sus viviendas en Florida y por el Jewett Art Center del Wellesley College en Boston—, y por el profesor de historia de la arquitectura Vincent Scully, tan conocido por su célebre monografía sobre Frank Lloyd Wright,[22] como por sus apasionadas conferencias. como Como reconoce el propio Foster, "Yale abrió mis ojos y mi mente. En el proceso me descubrí a mí mismo. Todo lo positivo que he logrado como arquitecto está conectado de un modo u otro con mi experiencia en Yale".[23]

La dominante figura de Paul Rudolph, quien dirigió la escuela de arquitectura de Yale desde 1958, imprimió a dicha escuela un carácter renovado, que la llevó a ocupar un lugar prominente entre las más reputadas del momento. Sus métodos pedagógicos, estrechamente vinculados a la práctica proyectual, junto a una férrea disciplina de trabajo y un fuerte compromiso moral, causarían un profundo impacto en Norman Foster quien, en su breve paso como delineante en el estudio de Rudolph, aprendió a imitar su forma de trabajar y, sobre todo, su forma de dibujar. Foster pasó largas horas en el estudio de Rudolph aplicando múltiples capas de tinta a las enormes e intrincadas perspectivas para la Escuela de Arte y Arquitectura de Yale.[24] Dibujos de los que Rudolph se servía para evaluar infinidad de alternativas para sus diseños. Ninguna opción era descartada hasta que era llevada a sus últimas consecuencias. Un método de trabajo que Norman Foster aplicaría posteriormente en su propio estudio. Como recuerda Norman Foster, "en 1961 Paul Rudolph fue el principal motivo por el que escogí ir a la universidad de Yale para cursar el máster en arquitectura. Como estudiante conocía sus primeras obras a través de

---

[21] Entre las otras posibles universidades americanas del momento destacaban Harvard —cuyo decano era el español José Luis Sert—, Pensilvania —liderada por Louis Kahn— y Princeton —dirigida por Stan Allen—.
[22] Vincent Scully, *Frank Lloyd Wright: Masters of World Architecture* (New York: George Braziller, 1960).
[23] Norman Foster en *Advanced Studies: The Post-Professional Program at the School of Architecture* (Yale University School of Architecture, New Haven, 1994), citado en Robert A M Stern, "The Impact of Yale," en *On Foster...Foster On* (London: Prestel, 2000) 345.
[24] Finalazada en 1963, la Escuela de Arte y Arquitectura de Yale de Paul Rudolph, se convirtió en uno de los primeros edificios brutalistas construidos en los Estados Unidos.

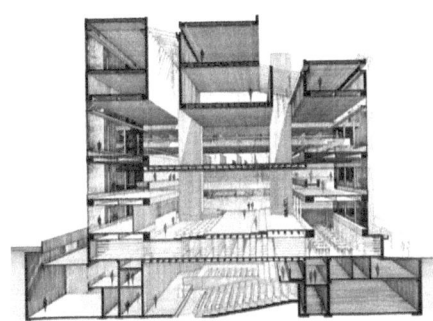

Paul Rudolph, Art and Architecture Building en Yale.
The Paul Rudolph Archive, Library of Congress.

ilustraciones en revistas de la época. Sus dibujos ejercían una particular fascinación sobre mí —a diferencia de los de otros arquitectos, no eran únicamente seductores desde un punto de vista gráfico, sino que también eran rigurosos en la forma en la que revelaban la anatomía y las cualidades espaciales de sus edificios".[25]

Rudolph, discípulo de Walter Gropius, pertenecía a esa segunda generación de arquitectos que habían dejado atrás la presunta estética maquinista del primer Movimiento Moderno. Buen conocedor de las técnicas constructivas navales y de los procesos industriales del acero y pionero de las denominadas "megaestructuras",[26] transmitía a sus alumnos su fascinación por las nuevas posibilidades materiales ofrecidas por la industria, por la modularidad y por la prefabricación. Sin embargo, Rudolph se mostraba escéptico ante el exhibicionismo estructural de las obras del ingeniero-arquitecto Buckminster Fuller, tan admirado por Foster. A pesar del interés de Rudolph por la tecnología, ésta carecía para él de valor en sí misma, ya que siempre debía estar subordinada a la arquitectura: "tenemos exhibicionistas estructurales. A pesar de lo excitantes que las cúpulas de Buckminster Fuller nos puedan parecer, o las últimas mallas espaciales, éstas son mera-

---

[25] Norman Foster, prólogo a Tony Monk, *The art and architecture of Paul Rudolph* (Chichester: Wiley-Academy, 1999), 4.
[26] El proyecto de Paul Rudolph para el Lower Manhattan Expressway (1967) en la portada de Reyner Banham, *Megastructure: Urbane Futures of the Recent Past* (London: Thames and Hudson, 1976).

mente medios para un fin y no arquitectura. Por supuesto, estos elementos pueden ser utilizados para producir gran arquitectura".[27]

Pero por encima de todo Paul Rudolph encarnaba lo más parecido al tipo de arquitecto que Norman Foster aspiraba a ser. Foster lo admiraba no sólo por el rigor de su obra, por su grafismo o por anteponer el pragmatismo a cualquier consideración teórica, sino por ser uno de los líderes de la arquitectura de su tiempo, un auténtico héroe de la modernidad que comenzó construyendo viviendas unifamiliares y terminó recibiendo monumentales encargos internacionales.

El segundo tutor de Foster en Yale, Serge Chermayeff, de origen ruso, antiguo colaborador de Erich Mendelsohn y proveniente de la escuela de arquitectura de Harvard, ofrecía un interesante contrapunto al enfoque pragmático de Rudolph. Como ha escrito Robert A M Stern, "para Chermayeff el debate y la teoría primaban sobre la imaginería [...] el análisis dominaba a la acción".[28] Pero Chermayeff, 18 años mayor que Paul Rudolph, se mostraba mucho menos optimista ante los efectos de los nuevos avances tecnológicos sobre el bienestar de este mundo de "cultura de masas": "los formidables problemas creados por la electrónica, la revolución de los sistemas de comunicación, la educación, el empleo y el recreo siguen siendo, a todas luces, no reconocidos por los diseñadores".[29] Chermayeff advertía sobre la necesidad de un nuevo tipo de arquitectura capaz de responder a los profundos cambios acaecidos como consecuencia de los novedosos procesos de producción de la sociedad industrializada. Para Chermayeff la arquitectura era una disciplina obsoleta, que demandaba una renovación desde las universidades. Muy influenciado por las teorías de Lewis Mumford, el discurso de Chermayeff se centraba en el papel de la tecnología en el diseño: "los diseñadores tienen que afrontar las realizaciones de la ciencia y la tecnología; si abrigan esperanzas de restaurar un verdadero humanismo, deben ser capaces de explotar la técnica hasta sus últimas consecuencias".[30]

---

[27] Ibid, 15.
[28] Robert A M Stern, "The Impact of Yale," en *Norman Foster: Works 1* (London: Prestel, 2002), 27.
[29] Serge Chermayeff, Christopher Alexander, *Community and Privacy: Toward a New Architecture of Humanism* (London: Anchor Books, 1965), 19--29.
[30] Ibid., 111.

En muchos sentidos Rudolph y Chermayeff, a pesar de su admiración mutua, representaban personajes antagónicos en su concepción de la arquitectura: mientras que el primero era conocido por su desprecio a los puros teóricos, el segundo criticaba abiertamente el formalismo de Rudolph.

La obra de Rudolph estaba fuertemente influenciada por la de Louis Kahn, en particular por su interés en la relación entre estructura e instalaciones y por el carácter monumental de su arquitectura. A pesar de que Louis Kahn ejercía por aquel entonces la docencia en la escuela de arquitectura de Pensilvania, su influencia en Yale era notable, a través de sus frecuentes visitas como profesor invitado, gracias a las conferencias de Vincent Scully y, sobre todo, por el edificio de la galería de arte para la universidad de Yale que, terminado en 1953, fue el lugar de trabajo de los estudiantes Norman Foster y Richard Rogers.

Por otro lado, la dimensión moral que Buckminster Fuller —a quien Foster conoció en 1971— imprimió al uso de la tecnología y su capacidad para universalizar las cuestiones sociales, ejercieron una influencia directa en la obra de Foster. Como recuerda Norman Foster, "Bucky era un verdadero maestro de la tecnología, en la tradición de héroes como Eiffel o Paxton".[31] Pero, a diferencia de los mencionados Eiffel y Paxton, cuyas audaces estructuras monumentales resultaban en alardes tecnológicos, Fuller puso la más avanzada tecnología de su época al servicio de consideraciones sociales, económicas, ambientales y de ahorro energético. Como afirma Norman Foster, "para mí, Bucky era la esencia de una consciencia moral, constantemente advirtiéndonos de la fragilidad de nuestro planeta y de la responsabilidad del hombre para protegerla".[32] Sin embargo, concebidos de acuerdo al lema funcionalista de "the most with the least", el fracaso comercial de los innovadores proyectos residenciales de Fuller, quien cultivaba lo que denominaba "el arte de la ciencia del diseño",[33] se debió en gran parte a su sometimiento a estrictos parámetros científicos, omitiendo toda consideración no cuantificable.

---

[31] Norman Foster, "Bucky and Beyond," en *Norman Foster: Works 1* (London: Prestel, 2002), 548.
[32] Ibid.
[33] Joachim Krausse y Claude Lichtenstein, eds., *Richard Buckminster Fuller, Your Private Sky: The Art of Design Science* (Zürich: Lars Müller, 1999).

Así, el concepto de eficiencia, a pesar de la engañosa ambigüedad del término en su aplicación a la arquitectura, se convirtió en el motivo conductor de la obra de Foster. No en vano, Banham utilizó la preciada bicicleta amarilla de Norman Foster, apoyada contra la fachada acristalada de su estudio en Fitzroy Street, como paradigma de la pasión de los Foster por la elegancia de la alta tecnología al servicio de los más estrictos requisitos funcionales.[34] Los inevitables conflictos fruto de esta concepción ingenieril de la arquitectura, estrictamente fundamentada en parámetros objetivos y, por tanto, medibles, son asimismo apreciables en las primeras obras de los Foster y, muy especialmente, en el proyecto de su casa en Hamsptead.

Fue también en Yale, donde Norman Foster conoció por primera vez a James Stirling, cuyo apoyo contribuyó decisivamente al desarrollo de la fulgurante carrera profesional de los Foster. En su afán por superar el modernismo minimalista de Gropius y Mies van der Rohe y el cubismo de las primeras obras de Le Corbusier, Stirling se servía de la historia para justificar el formalismo romántico de proyectos como la facultad de ingeniería de Leicester, de 1959. El título de su ensayo "The Functional Tradition and Expression",[35] resume claramente los intereses de su obra.

Curiosamente, la influencia de los Smithson —principalmente debida a sus escritos, exposiciones y a su escuela en Hunstanton— también llegó a Norman Foster a través de Yale. A pesar de que no coincidieron en dicha universidad, los Smithson dejaron su impronta en Yale en 1960, un año antes de la llegada de Norman Foster.

Por otra parte, las afamadas clases magistrales de Vincent Scully, que incluían continuas alusiones a las Case Study Houses de Raphael Soriano, Pierre Koening, Craig Ellwood, Richard Neutra y Charles y Ray Eames, abrió los ojos de sus estudiantes a América, y animaron a Norman Foster a viajar por los Estados Unidos, junto a sus compañeros Richard Rogers y Carl Abbott. Como recuerda Richard Rogers, "Vin-

---

[34] Reyner Banham, "Beyond the Yellow Bicycle: Technology, Imagery and Foster Associates," conferencia pronunciada en la Universidad de East Anglia el 27 de junio de 1985, publicada en *Norman Foster: Works 1* (London: Prestel, 2002), 450-463.
[35] James Stirling, "The Functional Tradition and Expression," *Perspecta*, Vol 6 (1960).

Cartel de la conferencia de Banham "Beyond the Yellow Bicycle: Technology, Imagery and Foster Associates," impartida en la Universidad de East Anglia el 27 de junio de 1985.

cent Scully enfatizaba las diferencias entre Europa y los Estados Unidos, abriendo nuestros ojos a América, a Richardson, Sullivan, Kahn y especialmente Frank Lloyd Wright".[36] Durante estos viajes, además de entusiasmarse con los voladizos imposibles de la Case Study House 22 de Koening, el ensamblaje de componentes de catálogo de la casa de los Eames o la integración de sistemas del School Construction System Development (SCSD) de Ezra Ehrenkrantz, Foster y Rogers se sintieron profundamente impresionados por las variadas formas adoptadas por la tecnología americana en su pleno apogeo: las autopistas, la caravana Airstream, el Ford Country Squire, los cohetes aeroespaciales, las plataformas de lanzamiento en Cabo Cañaveral, el Boeing 747 o la estación eléctrica de Huntington Beach en California, citada por Banham como referente para el Centro Pompidou de Piano y Rogers.[37]

---

[36] Richard Rogers, "Team 4," en *On Foster...Foster On* (London: Prestel, 2000), 271.
[37] Reyner Banham, "Beyond the Yellow Bicycle: Technology, Imagery and Foster Associates," conferencia pronunciada en la Universidad de East Anglia el 27 de junio de 1985, publicada en *Norman Foster: Works 1* (London: Prestel, 2002), 457.

Vertical Assembly Building en Cabo Cañaveral fotografiado por Norman Foster. © Foster + Partners.

El servicio militar de Norman Foster en la Royal Air Force británica le llevó a familiarizarse con el mundo de la aviación y a admirar diseños pioneros como el Boeing 747 y el helicóptero Bell Ranger. Norman Foster ha cultivado desde entonces esta pasión por todo tipo de manifestaciones tecnológicas externas a la arquitectura. Manifestaciones cuya belleza, lejos de ser el resultado de una invención artística y personal, constituyen el producto de una aproximación al diseño puramente ingenieril y objetiva.

Cabe también destacar la fascinación de Norman Foster, desde su época de estudiante en Manchester, por la yuxtaposición de imágenes de edificios de la Grecia clásica y de artefactos tecnológicos, ofrecida por Le Corbusier en *Vers une Architecture*. En "Ojos que no ven", comparando el Partenón con el hidroplano Caproni[38], Le Corbusier establecía una sugerente relación entre los órdenes clásicos y los componentes tecnológi-

---

[38] Le Corbusier, "Eyes which do not see," en *Toward a New Architecture* (New York: Dover Publications, 1985). Originalmente publicado como *Vers une architecture* (Paris: G. Crès & Cie, 1923).

cos de aeroplanos, con la que ilustraba la capacidad de sistematización de los elementos constructivos para dar lugar a tipos formales perfeccionados.

La euforia tecnológica de los Foster queda asimismo patente en la multitud de imágenes de diseños icónicos de los años cincuenta y sesenta, como el cazabombarderos Vulcan (1952), la bicicleta Moulton (1961), el planeador Caproni A-21S (1969), el Apollo Lunar Lander (1969) o el Vertical Assembly Building en Cabo Cañaveral (1968), que adornaban las paredes del estudio de Foster Associates en Fitzroy Street, en el que los Foster gestaron su vivienda en Hampstead.

BANCO DE PRUEBAS

Casa Foster en Hampstead: croquis de Norman Foster. © Norman Foster Foundation Archive.

"La casa es quizás el más grande, más complicado, caro y personal de todos los productos de consumo. Por ello, es uno de los más difíciles de organizar conforme a una producción en masa".[1]

Un marco para el cambio

Lejos de plantearse como un ejercicio teórico, el proyecto de la casa de los Foster en Hampstead responde a un programa real y a un emplazamiento concreto. Una parcela de unos 1.600 metros cuadrados que los Foster adquirieron en el exclusivo barrio londinense de Hampstead, con el propósito de construir una vivienda familiar, que planeaban habitar junto a sus dos hijos: Cal y Ti.

Entre las tranquilas calles de Well Walk, Cannon Lane y Christchurch Road, en las proximidades del parque de Hampstead Heath, la parcela forma parte de un solar originalmente destinado a dos viviendas que compartían un acceso común. La elección de este emplazamiento que, dado el importante desnivel existente, se encuentra flanqueado por altos muros de ladrillo que bloquean parcialmente la visión de la casa desde la calle, refleja la voluntad de privacidad de sus ocupantes. Constituye, además, el escenario idóneo para una edificación experimental, sin concesiones formales a una determinada ubicación y que evita cualquier referencia la arquitectura circundante.

Con acceso a través de un vaciado preexistente, la vivienda se adapta a la pendiente del terreno escalonándose, dando lugar a un porche semienterrado de hormigón, bajo el cual se sitúan el acceso y el aparcamiento. El volumen edificado, desarrollado principalmente en una planta, se posa sobre esta base de hormigón como un contenedor ligero, caracterizado por la regularidad de su estructura portante expuesta al exterior, y por la variedad de sus fachadas, en las que no es posible reconocer una composición de llenos y vacíos, sino un mosaico de cerramientos de distintas cualidades y texturas.

[1] Karl Koch, *At Home With Tomorrow* (Toronto: Clarke, Irwin & Co, 1958), 50.

Casa Foster en Hampstead: fotografías del emplazamiento tomadas el 22 de enero de 1979.
© Norman Foster Foundation Archive.

Esta aparente despreocupación formal evoca la idea de un edificio inacabado, en permanente estado de transformación. Contrastando con el carácter permanente de las viviendas georgianas y victorianas aledañas, la casa ofrece un aspecto industrial, propio de una construcción despreocupada por cualquier responsabilidad representativa, en la que la envolvente, concebida como un sistema, surge como la respuesta adecuada de cada uno de sus componentes a las necesidades de sus habitantes en cada momento.

En 1978 el propio Norman Foster describió su proyecto en los siguientes términos: "la idea es crear un marco flexible, un marco que englobe el suelo, las paredes y el techo para que, en ese marco, la planta sea completamente cambiable".[2] Este afán de los Foster por crear una vivienda transformable fue quizás fruto de su experiencia en Hampstead Hill Gardens: el pequeño apartamento —propiedad de Wendy Foster— que servía a la vez de residencia de la pareja de arquitectos y de oficinas del Team 4, desde su formación en 1963 hasta su disolución en 1967.[3] Los Foster transformaban cada mañana su apartamento en un estudio de arquitectura: el comedor se disfrazaba de sala de conferencias y la cama, oculta bajo grandes cajones de contracha-

---

[2] Norman Foster, "Frontiers of Design," conferencia pronunciada en el RIBA en Londres, el 28 de septiembre de 1978, citada en Ian Lambot ed., Foster Associates Buildings and Projects Volume 2: 1971-1978 (Surrey: Watermark, 1989), 127.
[3] Estudio fundado en 1963, integrado por Norman Foster, Richard Rogers y sus respectivas esposas Wendy y Su, y disuelto en 1967.

pado cubiertos con revistas y maquetas, simulaba ser un expositor. Las frecuentes visitas de clientes y colaboradores planteaban, sin embargo, serios problemas de privacidad.

No fue hasta que el estudio creció, que los Foster se permitieron el lujo de segregar su vida doméstica del trabajo. Primero en el estudio de Bedford Street, en Covent Garden, que ocuparon entre 1969 y 1971, y posteriormente en Fitzroy Street, entre 1971 y 1981, donde se fraguó el proyecto de su vivienda en Hampstead.

Por su carácter experimental y por su firme voluntad de aplicación de la tecnología al ámbito doméstico, la casa en Hampstead constituye un proyecto sin precedentes en la obra residencial de los Foster, cuyas anteriores obras residenciales, que marcaron el inicio de su andadura junto a Richard Rogers en el Team 4, reflejaban todavía la tensión entre el empleo de métodos constructivos tradicionales y la alta tecnología.

El refugio tecnológico

El Cockpit —un pequeño refugio-mirador construido en Cornwall en 1964— es, a pesar de su modesto tamaño, el proyecto más radical de los diseñados por el Team 4 y el que con mayor claridad anticipa muchas de las inquietudes presentes en la obra posterior de los Foster. Con este proyecto se inició la fructífera colaboración con el ingeniero de estructuras Anthony Hunt quien, desde entonces, participó en todos los proyectos del estudio. El trabajo con Hunt, basado en la colaboración bilateral entre arquitectura e ingeniería, mediante el intercambio de ideas desde las primeras etapas de diseño, fue un factor decisivo en la consecución de las primeras obras de los Foster.

Si bien no se trata de un proyecto estrictamente residencial, éste constituye un complemento al programa doméstico de la casa Creek Vean, diseñada previamente por el Team 4 para los padres de Su Rogers. La simplicidad del programa funcional del Cockpit, concebido como un pequeño refugio para pícnics, ofreció a sus jóvenes arquitectos una oportunidad inigualable para la experimentación. Definido por Reyner

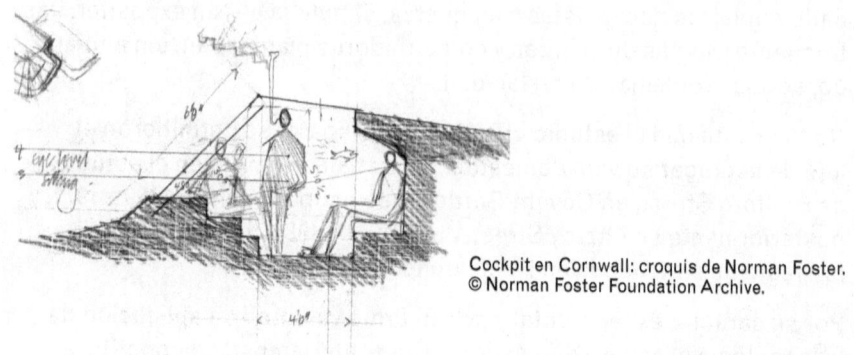

Cockpit en Cornwall: croquis de Norman Foster.
© Norman Foster Foundation Archive.

Banham como "un mirador semisubterráneo,"[4] el Cockpit consiste en una construcción semienterrada que emerge al exterior como un cuerpo totalmente acristalado, ofreciendo a sus moradores vistas panorámicas del estuario del río Fal. La ligereza del cerramiento acristalado contrasta con la solidez de la base de hormigón. Esta dualidad será un motivo recurrente en muchas de las obras posteriores del estudio, como el Sainsbury Centre o la propia casa de los Foster en Hampstead.

A pesar del uso del hormigón armado y pese a que las limitaciones presupuestarias obligaron a construir las carpinterías correderas en madera, el Cockpit emerge entre el paisaje arbolado como una construcción altamente tecnológica, que recuerda a la cabina de un cazabombardero en la que envolvente, estructura y mobiliario se funden en un único gesto: la base de hormigón se moldea para formar unos bancos corridos que recuerdan a los de un barco, pequeños armarios, una austera cocina y un lavamanos. Como ha escrito Brian Hatton, "podría afirmarse que esta cabaña, definitivamente no primitiva, desempeña en la obra de Norman Foster el mismo papel arquetípico que el edificio mitológico del abad Laugier: una celda idílica, descendida del edén para constituir un prototipo del paraíso".[5]

---

[4] Reyner Banham, introducción a *Foster Associates* (London: RIBA Publications, 1979), 5.
[5] Brian Hatton, "The Cockpit," en *Norman Foster: Works 1* (London: Prestel, 2002), 41.

Por su parte Reyner Banham, en 1979, comparó la dualidad tecnológico-vernácula del Cockpit con la arquitectura rural inglesa, al afirmar que "en la historia abundan los ejemplos de construcción tradicional ligera —especialmente en las zonas este y sur de Inglaterra donde Foster Associates ha trabajado principalmente hasta la fecha—: galpones, cabañas y hangares. Lo sano de tener tanto edificio vernáculo es su habilidad para combinar la construcción masiva y la ligera, en el mismo terreno o incluso en el mismo edificio, reconociendo que distintas funciones requieren distinto cobijo".[6]

Podemos por tanto leer en el Cockpit toda una declaración de intenciones. Un lugar de refugio y de contemplación en el que se funden lo vernáculo y lo contemporáneo, lo liviano y lo pesado, y lo tecnológico y lo vernáculo.

Tecnología y tradición

Las viviendas en Murray Mews en Londres, las casas Creek Vean en Cornwall y la casa Skybreak en Radlett, caracterizadas por la concatenación de estancias de diversa entidad, dispuestas en varios niveles y con distintas alturas de techo, representan interesantes desarrollos del "raumplan loosiano", que poco tienen que ver con el esquematismo del proyecto de la casa en Hampstead. No obstante, en estos primeros proyectos residenciales es posible rastrear las inquietudes que originan el diseño de la vivienda de los Foster, el cual cabe interpretar como una consecuencia de sus anteriores experiencias domésticas.

Estas viviendas denotan además la influencia de los mentores de Foster y Rogers en Yale: los arquitectos Serge Chermayeff, Paul Rudolph y James Stirling.[7] La obsesiva gradación de los espacios domésticos en función de sus niveles de privacidad está en consonancia con las ideas expuestas por Chermayeff y Christopher Alexander en *Community and*

---

[6] Reyner Banham, introducción a *Foster Associates* (London: RIBA Publications, 1979), 4-5.
[7] Si bien James Stirling no era profesor titular en la universidad de Yale, en 1961 Norman Foster y Richard Rogers tuvieron oportunidad de disfrutar de sus enseñanzas como profesor visitante de dicha universidad.

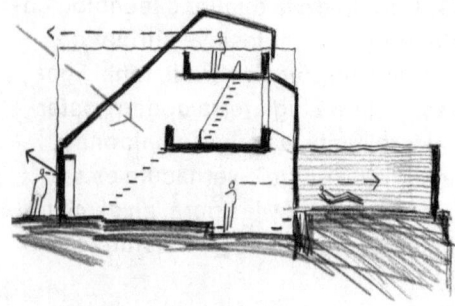

Murray Mews: croquis de Norman Foster.
© Norman Foster Foundation Archive.

Privacy; mientras que la importancia concedida al trabajo en sección, remite a las primeras obras de James Stirling.

Estos proyectos residenciales se caracterizan además por la combinación de materiales tradicionales —como el ladrillo visto, el bloque de hormigón y el hormigón armado— utilizados a la manera brutalista de Alison y Peter Smithson, con sistemas constructivos tecnológicos. La disposición de extensas superficies acristaladas inclinadas en forma de ventanales y lucernarios con delgadas carpinterías —en vivo contraste con la masividad de los muros de ladrillo rojo de las casas en Murray Mews o con los bloques de hormigón color miel y los forjados de hormigón visto, en la casa Creek Vean— augura un interés por la sistematización de las soluciones constructivas.

En las viviendas en Murray Mews, de 1965, los Foster afrontaron, en el seno del Team 4, su primer proyecto residencial urbano, consistente en dos viviendas en una manzana de casas en hilera en el barrio londinense de Camden. Atendiendo a las enseñanzas de *Community and Privacy*, publicado dos años antes, la búsqueda de privacidad determinó la solución adoptada: hermética hacia la calle, la vivienda se abre al jardín trasero a través de un acristalamiento que recorre todo el ancho de la misma. En la fachada a la calle, los muros de ladrillo rojo visto —única referencia a las viviendas colindantes— protegen las grandes aberturas de la planta superior, cubiertas con acristalamientos inclinados a 45 grados, destinados a llevar la luz natural al interior de la vivienda, a favorecer la ventilación cruzada y a obtener vistas lejanas sobre las casas de enfrente.

El patio, la zona de estar, la cocina y el altillo forman un continuo espacial que magnifica la amplitud del interior de la vivienda. Mientras que, el aspecto exterior es el de una secuencia abstracta de superficies sólidas salientes y retranqueadas, formando un volumen hermético cuyas aberturas son prácticamente invisibles desde la calle. La sistematización de estos grandes acristalamientos contrasta con la arquitectura tradicional predominante en el barrio, basada en el uso de la "sash window". Esta aproximación al problema del cerramiento acristalado comulga con las ideas expuestas por Chermayeff, quien sostenía que "el término 'ventana' no describe el problema de diseñar un sistema funcional de fenestración. Sólo un escrupuloso examen de las necesidades obvias y el abandono de la palabra 'ventana' permitirán el replanteo del problema".[8]

La atención prestada a la sección, como elemento definidor de la totalidad del edificio, denota la influencia de la obra de James Stirling de principios de los años sesenta. Pero a diferencia de Stirling, para quien la manipulación de la sección se convierte en muchos casos en un recurso expresivo —que a menudo entra en conflicto con la funcionalidad del edificio—, para los Foster el trabajo en sección constituye principalmente una herramienta encaminada a controlar la coherencia global del conjunto.

En las primeras propuestas para la casa Creek Vean en Cornwall, de 1964, reaparece la importancia del trabajo en sección, así como el empleo de grandes superficies inclinadas. El trabajo en sección estaba dirigido, en este caso, al aprovechamiento de las dramáticas vistas: el programa funcional, protegido por un gran cerramiento acristalado, se organiza en altura, en una serie de losas escalonadas que, en prolongación con la ladera, permiten conectar todos los espacios interiores con el paisaje. En la propuesta finalmente construida, tecnológicamente menos atrevida pero más integrada en el paisaje, el programa se dispuso en dos niveles conectados por una escalinata ajardinada —con reminiscencias de Alvar Aalto en Säynätsalo—, que surge como extensión de la ladera. Los muros estructurales de bloque de hormigón visto, reforzados mediante un entramado estructural

---

[8] Serge Chermayeff y Christopher Alexander, *Community and Privacy: Toward a New Architecture of Humanism* (London: Anchor Books, 1965), 152.

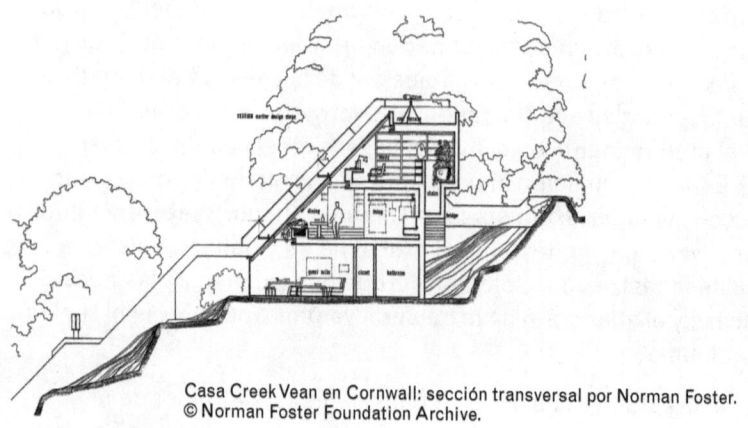

Casa Creek Vean en Cornwall: sección transversal por Norman Foster.
© Norman Foster Foundation Archive.

de hormigón, permitieron la apertura de grandes acristalamientos en las salas de estar, con carpinterías completamente ocultas. Los acristalamientos en cubierta se reducen a un lucernario que, recorriendo toda la longitud de la casa, ilumina el pasillo interior de distribución. Las anguladas geometrías de la planta de la vivienda, obligaron a la laboriosa operación de cortar bloques de hormigón en la obra, hecho que parece transgredir la honestidad constructiva predicada por los Foster. Por otro lado, las sofisticadas carpinterías de aluminio con juntas de neopreno, constituyen el elemento tecnológicamente más ambicioso de la casa.

La casa Skybreak, también conocida como casa Jaffe, construida entre 1965 y 1966 en Radlett está, asimismo, claramente influenciada por la obra de James Stirling. A la demanda de la familia Jaffe de disponer de una casa adaptable, capaz de albergar diversos usos familiares y sociales y de permitir un futuro crecimiento, los Foster respondieron con una edificación alargada y escalonada, que se adapta a la suave pendiente del terreno. Así, la vivienda surge de la concatenación de distintas plataformas que descienden desde el acceso hasta la terraza inferior. La cubierta se fragmenta para permitir la entrada de luz natural

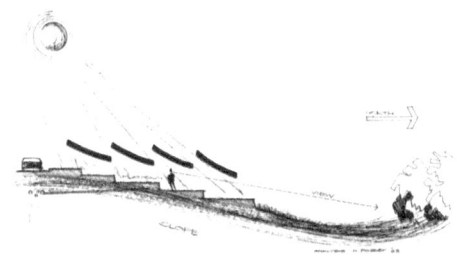

Casa Jaffe en Radlett: croquis de Norman Foster. © Norman Foster Foundation Archive.

Casa Jaffe en Radlett fotografiada por Richard Einzig. © Richard Einzig / Arcaid. Norman Foster Foundation Archive.

en los distintos niveles, a través de unos grandes lucernarios que, nuevamente, recorren todo el ancho de la vivienda.

La estructura consiste en muros de carga paralelos que dan lugar a tres crujías, las cuales —una vez más en sintonía con *Community and Privacy*— definen los distintos grados de privacidad en el interior de la vivienda. De este modo, la crujía más estrecha contiene el programa más privado —los dormitorios y los aseos— mientras que las otras dos alojan las zonas de estar, comedor cocina y zona de juegos, concebidas como un espacio continuo, en el que las plataformas se interconectan mediante cortos tramos de escalera. El escalonamiento de los niveles y la abundante entrada de luz cenital dotan al espacio interior, a pesar de sus limitadas dimensiones, de una acusada sensación de profundidad. Stanley Kubrick aprovechó las cualidades escenográficas del interior de la casa Skybreak, al rodar en ella una de las escenas más dramáticas de su película *A Clockwork Orange*, estrenada en 1971.

Al igual que en las viviendas anteriores del Team 4, al margen de los característicos grandes acristalamientos inclinados, el resto de la casa se sirve de sistemas constructivos tradicionales. Pero a pesar de lo convencional de la estructura, formada por muros medianeros de ladrillo visto, la vivienda se exhibe en su fachada más pública como un volumen totalmente acristalado que, asemejando a un invernadero, parece reclamar —con mayor claridad que ninguna otra obra anterior del estudio— su voluntad de expresión tecnológica, en vivo contraste con el vocabulario formal de ladrillo visto y cubierta a dos aguas de las construcciones aledañas.

En la casa Skybreak los Foster emplearon por primera vez el que sería uno de los principales motivos conductores del diseño de su casa en Hampstead: la aplicación del concepto de flexibilidad al ámbito doméstico. No en vano, antes de emprender el proyecto en Hampstead, los Foster se plantearon seriamente la posibilidad de adquirir la casa Skybreak para convertirla en su propia vivienda.

Vivienda y prefabricación

La utilización de materiales en bruto, propia de las anteriormente mencionadas obras del Team 4, estaba acorde con la "legibilidad constructiva" promulgada por los Smithson. No obstante, el éxito de la honestidad constructiva, aplicada al uso de materiales tradicionales dependía excesivamente del buen oficio artesanal. Algo que, con la desaparición del sistema de enseñanza maestro-aprendiz durante los años cincuenta y sesenta, resultaba cada vez más difícil de obtener en el mundo industrializado.

El obsesivo interés por la perfección técnica de sus obras, los problemas de infiltración de agua, la mala calidad de los acabados y las dificultades en las uniones entre elementos, experimentados durante la construcción de las viviendas en Murray Mews —propios de la imperfección de los sistemas constructivos tradicionales in situ—, propiciaron que los Foster exploraran métodos alternativos que evitaran los inconvenientes de las técnicas constructivas anticuadas. De ahí el interés en la utilización de sistemas prefabricados ligeros, listos para ser ensamblados en obra en el mínimo plazo de tiempo.

Los dos únicos proyectos residenciales proyectados por los Foster en el seno de Foster Associates tras la disolución del Team 4: el High-Density Housing en Radlett y el Bean Hill Housing en Milton Keynes, consti-

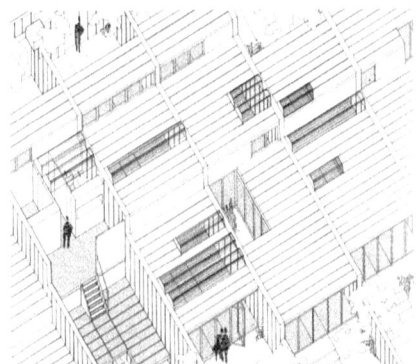

High-Density Housing en Radlett:
axonometría por Norman Foster.
© Norman Foster Foundation Archive.

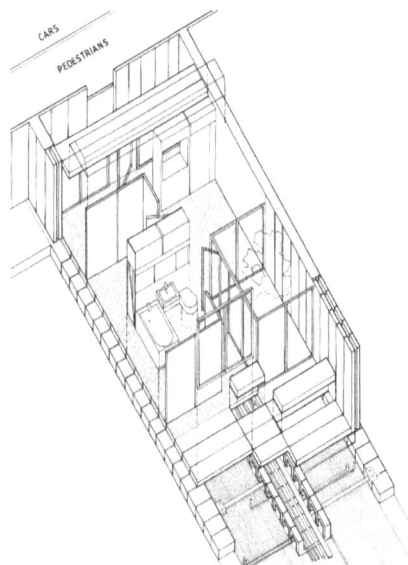

High-Density Housing en Radlett:
axonometría por Russell Clayton.
© Norman Foster Foundation Archive.

tuyen los primeros intentos de aplicación de las ideas exploradas por el estudio en el campo de la edificación pública, al ámbito residencial.

El proyecto, no construido, para el High-Density Housing, de 1967, contiene once unidades residenciales en planta baja que se aterrazan siguiendo la pendiente del terreno, abriendo sus vistas hacia el norte. De modo análogo a la casa Skybreak, la luz natural se filtra a través

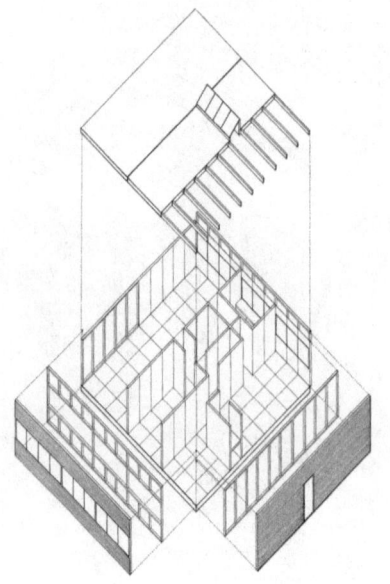 

Bean Hill Housing en Milton Keynes: perspectiva por Fank Peacock. © Norman Foster Foundation Archive.

Bean Hill Housing en Milton Keynes. © Norman Foster Foundation Archive.

de los acristalamientos dispuestos entre los escalonamientos de la cubierta.

La segregación de tráfico rodado y circulación peatonal, y la transición entre espacio público y espacio privado a través de galerías cubiertas, anticipan la solución para el acceso de la vivienda en Hampstead, y representan —una vez más— un desarrollo de las teorías sobre densidad y privacidad, expuestas en *Community and Privacy*. Cabe asimismo mencionar la influencia de las "siedlung" alemanas y, en concreto la Siedlung Halen de Atelier 5 en Berna —que los Foster visitaron personalmente—, en la que la separación de circulaciones peatonales y rodadas y la integración paisajística son utilizadas para atenuar los problemas de privacidad propios de una intervención de alta densidad.

Pero la principal innovación introducida en este proyecto es su sistema constructivo, integrado enteramente por componentes estructurales prefabricados y sistemas de tabiquería y de cerramiento ligeros. Las medianeras de hormigón prefabricado y el suelo técnico, que alojan todas las instalaciones, representan los únicos elementos fijos del conjunto, permitiendo un amplio grado de variación en la distribución de las viviendas, así como en la ubicación de patios y lucernarios.

En su primera obra residencial construida con elementos prefabricados: el Bean Hill Housing en Milton Keynes, completada en 1975, a pesar de lo convencional del esquema, reaparecen las nociones de privacidad, flexibilidad y adaptabilidad enunciadas por Chermayeff y Alexander. Por motivos económicos y, dada la escasez de ladrillo local en el momento de su construcción, los Foster adoptaron el sistema de entramado estructural de madera "Quick-Build", desarrollado por Walter Llewellyn. Este sistema permitió configurar, a partir de la combinación de elementos estándar, distintas tipologías de vivienda. El revestimiento de las fachadas de contrachapado mediante paneles ondulados de aluminio respondía, sin embargo, al único propósito de conferir al conjunto un aspecto tecnológico. Este hecho anticipa el creciente interés de los Foster por servirse de la tecnología no sólo como un medio sino también como un recurso expresivo.

Lamentablemente, el Bean Hill Housing sufrió severas modificaciones durante su construcción que, sumadas a las alteraciones introducidas a posteriori por sus ocupantes, provocaron que el proyecto original terminara siendo prácticamente irreconocible. Como lamenta Nigel Dale, "el resultado fue una decepción para todas las partes involucradas. Las cubiertas planas fueron sustituidas por incongruentes cubiertas inclinadas en un pseudo-estilo Tudor y el revestimiento industrial nunca fue popular entre los residentes".[9] Hasta la fecha los Foster y los Rogers sólo habían logrado aplicar exitosamente su arquitectura tecnológica a tipos muy determinados de edificios, para determinados clientes, vinculados a la producción industrial o a la investigación tecnológica. La amarga experiencia del Bean Hill Housing evidenciaba la resistencia que el ámbito doméstico ofrece a la experimentación tecnológica, pero a la vez representaba un reto que los Foster se propusieron afrontar en su propia vivienda en Hampstead.

---

[9] Nigel Dale, *Connexions: The Unseen Hand of Tony Hunt* (Dunbeath, Whittles Publishing, 2012), 59.

La vivienda flexible

A diferencia de Norman Foster, quien tras la separación del Team 4 trabajó principalmente en edificios públicos, Richard Rogers continuó su andadura profesional en el campo de la arquitectura residencial proyectando viviendas, como las casas Spender y Rogers, ambas claramente deudoras de la casa de los Eames y precursoras de la casa tecnológica de los Foster en Hampstead. Como observa Anthony Hunt, ingeniero de estructuras tanto de estas casas como de la de los Foster en Hampstead, las casas Spender y Rogers supusieron un cambio importante respecto a las obras residenciales del Team 4, dado que en ellas se prescindió totalmente del trabajo de albañilería en favor de la utilización de componentes industriales.

La casa Spender en Essex, de 1967, proyectada para el arquitecto convertido en artista, Humphrey Spender, fue la primera casa construida por Richard y Su Rogers tras la disolución del Team 4. Responde a un esquema parecido al de la casa de los Eames en Santa Mónica, formado por dos volúmenes diferenciados que contienen respectivamente el espacio doméstico y el espacio de trabajo, ambos articulados por un patio intermedio. Cabe interpretar esta casa, cuya estructura metálica exteriorizada da lugar a un interior totalmente diáfano, como una traducción directa de la fábrica de Reliance Controls al ámbito doméstico. Así, la casa Spender está formada por la repetición de pórticos metálicos idénticos, constituidos por perfiles estándar de acero soldados, salvando una luz estructural de 14 metros. Pero, huyendo del monocromatismo de la fábrica Reliance Controls, los Rogers pintaron todos los elementos estructurales en amarillo, anticipando su interés por la legibilidad constructiva de sus edificios y por enfatizar la expresividad de la estructura.

Además del interés por la eficiencia, la economía y la rapidez de ejecución, derivada del uso de materiales industriales de catálogo, la casa Spender representa también un primer intento por trasladar la idea de flexibilidad a la arquitectura doméstica. La independencia del sistema estructural, del sistema de cerramiento y de la tabiquería interior, se justifican por el propósito de facilitar la transformación de la casa a corto plazo en función de las necesidades de sus ocupantes. Así, el

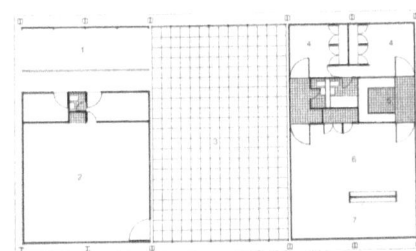

Richard Rogers: casa Spender en Essex,
en Nigel Dale, *Connexions*
(Dunbeath, UK: Whittles, 2012), 66

Richard Rogers: casa Spender en Essex,
en Nigel Dale, Ibid.

patio intermedio podía ser cerrado en el futuro y la fachada totalmente opaca del estudio, únicamente iluminado a través de un gran lucernario en la cubierta, podía alterarse introduciendo paneles acristalados para permitir la ampliación del programa doméstico.

Por su parte, la casa Rogers en Wimbledon, construida un año después para los padres de Richard Rogers, constituye un desarrollo de los mismos principios utilizados en la casa Spender. Los dos volúmenes, articulados mediante un patio intermedio, contienen, en este caso, la vivienda y un pabellón de invitados. Una vez más, los pórticos metálicos de 14 metros de luz, permitieron la segregación del sistema portante y del sistema de cerramiento y particiones interiores.

Pero a pesar de las claras similitudes, la casa Rogers resultaba tecnológicamente mucho más sofisticada: a diferencia de la casa Spender, cuyos cerramientos estaban constituidos por materiales industriales instalados en obra usando métodos tradicionales, los cerramientos de la casa Rogers resultan de la aplicación de componentes estándar, originalmente desarrollados para la fabricación de camiones frigoríficos:

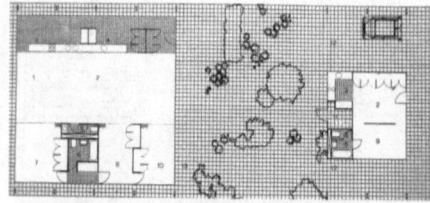

Richard Rogers: casa Rogers en Wimbledon: planta, en *Monographs: Richard Rogers + Architects* (London: Academy Editions, 1985), 36.

Casa Rogers en Wimbledon. Ibid., 37.

paneles sándwich de aluminio pintado, con núcleo de espuma plástica, y un sistema de juntas de neopreno que aseguraban la estanqueidad entre módulos. Este sistema constructivo, totalmente industrializado, ofrecía unas tolerancias de construcción milimétricas, y permitía una gran precisión en el control de la calidad del producto final. Además, con el objetivo de mitigar el problema de los puentes térmicos sufrido en la casa Spender, reducir el mantenimiento de la estructura de acero y para simplificar las uniones entre estructura y envolvente, en la casa Rogers la estructura permanecía oculta tras la fachada.

La casa Rogers muestra, además, la preocupación de sus arquitectos por el control térmico de la vivienda y la voluntad de integración de las instalaciones. Los módulos acristalados de fachada consisten en dobles acristalamientos con carpinterías de acero con rotura de puente térmico. Además, la vivienda cuenta con un sistema de techo radiante con agua caliente, oculto tras los paneles de techo, en los cuales se empotran además las luminarias. Sin embargo, esta mayor sofisticación de la casa Rogers resulta en una pérdida de la legibilidad constructiva, dado que la visibilidad de la estructura, pintada en amarillo pero parcialmente oculta tras la fachada y sobre el falso techo —únicamente son visibles las alas inferiores de las vigas—, es mucho menor. Además, debido a que, para prescindir de estructura secundaria y de diagonales de arriostramiento, tanto la chapa de cubierta como los cerramientos, actuaban de diafragma estructural, la separación entre sistema portante y sistema de cerramiento no resulta tan radical como en la casa Spender.

La casa Rogers representa, asimismo, un ejemplo de cómo el deseo de aparente ligereza y la búsqueda de la repetición, propia de una arquitectura industrializada, está a menudo reñida con la eficiencia estructural y la "honestidad" constructiva. Como observa Angus Macdonald,[10] para mantener la misma sección de las vigas en "I", a pesar de que los pórticos intermedios recibían casi el doble de la carga que los de los extremos, el ingeniero Anthony Hunt tuvo que recurrir a acero de alta resistencia y pletinas que, soldadas a las alas superiores de las vigas y, ocultas en el espesor de la cubierta, daban la ilusión de elementos estructurales idénticos.

Las poco conocidas viviendas realizadas por Richard Rogers en colaboración con Renzo Piano en Cusago, cerca de Milán, entre 1971 y 1974, inciden sobre la idea de una vivienda de planta libre. Su estructura está formada por vigas puente que, salvando luces de 15 metros, descansan sobre los muros de los testeros. Los pórticos de acero con vigas trianguladas, que se expresan en las fachadas principales y actúan de cámara de ventilación al tiempo que alojan las instalaciones, parecen anticipar la solución adoptada por los Foster en el edificio del Sainsbury Centre en Norwich. Estas cuatro viviendas experimentales, aparentemente idénticas, permitían la adaptación de su espacio interior a las necesidades de sus ocupantes. El propio Renzo Piano aludía no sólo a la flexibilidad de la casa, sino también a la necesidad casi filosófica de personalización de la misma, cuando afirmaba: "vistas desde fuera las cuatro casas aparecen absolutamente idénticas. Dentro, sin embargo, la planta libre llama a unas soluciones de habitación diferentes, personalizadas del todo. Y aquí está la cuestión: para crear una cultura de la casa no se puede limitar la intervención sólo sobre lo decorativo, que

---

[10] Angus MacDonald, *The Engineer's Contribution to Contemporary Architecture: Anthony Hunt* (London: Thomas Telford, 2000), 96.

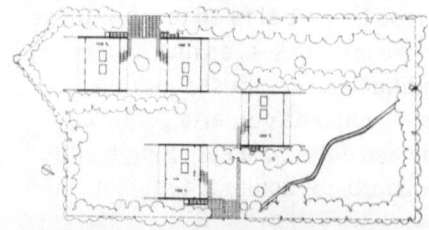

Renzo Piano: casas en Cusago, Milán: planta de emplazamiento y fotografía exterior.
© Fondazione Renzo Piano - ph. Richard Einzig.

es de una dimensión marginal, se debe ampliar a la distribución, al programa, a la modificación del lenguaje 'edilicio'. Si el habitante no puede manipular el espacio, no pudiendo apropiarse de él, manipulará el objeto, haciéndolo a través de 'elementos mitológicos" de un 'falso estilo'".[11]

Tanto la aplicación de las técnicas constructivas industriales, como la flexibilidad doméstica, ensayada por los Rogers y Renzo Piano en estas viviendas, fueron —como veremos— las principales inquietudes que impulsaron el proyecto de los Foster en Hampstead.

[11] Peter Buchanan, *Renzo Piano Building Workshop: Complete Works Volume One* (London: Phaidon, 1993), 51.

COMUNIDAD Y PRIVACIDAD

Casa Foster en Hampstead: croquis de Norman Foster. © Norman Foster Foundation Archive.

"Privacidad: ese maravilloso espacio de retiro, autosuficiencia, solitud, tranquilidad, contemplación y concentración".[1]

Versión 1 (julio de 1978)

Los primeros planos de la vivienda, delineados a lápiz por Norman Foster en julio de 1978, destinados a obtener la licencia de obras, describen un volumen perfectamente prismático que, apoyado sobre el lindero con el vecino y ocupando toda la profundidad de la parcela, se asienta sobre un plano horizontal ajardinado que oculta un aparcamiento semienterrado. Dos escaleras, dispuestas a ambos lados de la vivienda, procuran el acceso desde la cota del aparcamiento hasta el nivel de la casa.

Una vez más el aterrazamiento —como en las viviendas Skybreak y Creek Vean— y el contenedor ligero sobre una base de hormigón —como en el Cockpit en Cornwall— constituyen las estrategias básicas de implantación de la vivienda en la parcela. Así, mientras que la base de hormigón queda oculta bajo el terreno, el programa doméstico emerge en la forma de un contenedor tecnológico.

Los escuetos alzados muestran un edificio rectangular, cuyas fachadas están compuestas a partir de la estricta modulación de montantes y travesaños de acero, siguiendo una malla de 1,2 metros x 1,2 metros. La ambigüedad del tratamiento de la fachada no permite distinguir entre paredes opacas y transparentes.

La horizontalidad del conjunto, contrarrestada por la presencia de unos grandes paneles de protección solar inclinados a 45 grados, contrasta con el frondoso arbolado que rodea la vivienda. La fragilidad del cerramiento contrasta asimismo con la solidez del ladrillo visto de las edificaciones aledañas y con la pesadez de los muros de ladrillo que delimitan la parcela y ocultan la visión de la casa desde la calle.

[1] Serge Chermayeff y Christopher Alexander, *Community and Privacy: Toward a New Architecture of Humanism* (London: Anchor Books, 1965), 37.

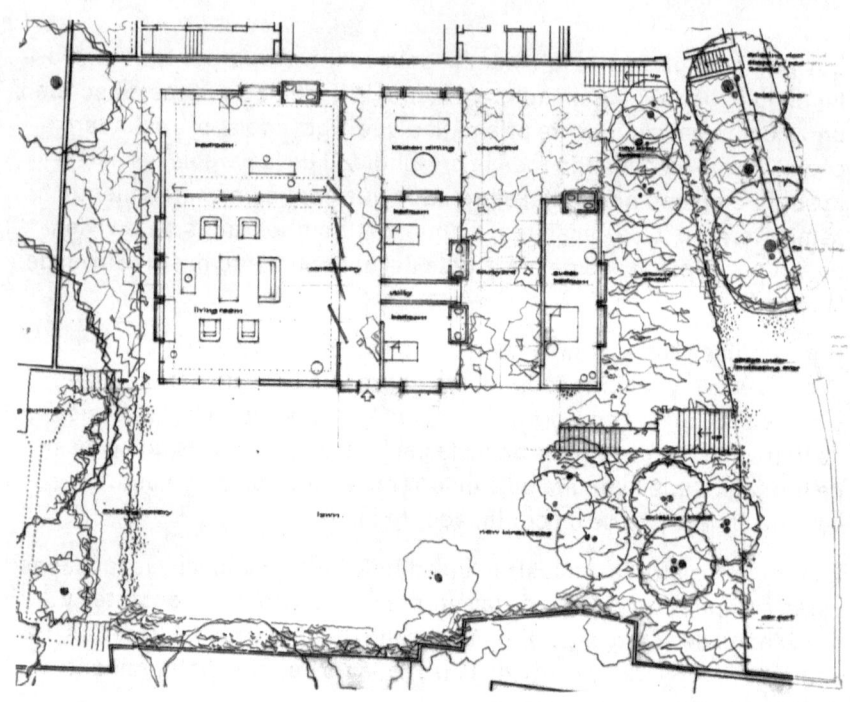

Casa Foster en Hampstead: planta dibujada por Norman Foster. © Norman Foster Foundation Archive.

Estos paneles de proteccón solar se interrumpen frente a algunos de los módulos de fachada, revelando las cerchas trianguladas de la estructura de la cubierta y manifestando la presencia de vegetación en el interior de la vivienda. Se trata de dos patios lineales que, recorriendo todo el ancho de la casa, fragmentan la vivienda delimitando tres ámbitos diferenciados: el dormitorio y estar de la pareja de arquitectos, los dormitorios de los hijos junto a una cocina-comedor, y el pabellón de invitados.

La ausencia de pasillos de conexión entre estos pabellones pone de relieve la doble función desempeñada por los patios, que actúan a la vez de separación visual entre los distintos ámbitos de la vivienda y de vestíbulos de comunicación. Sin embargo, el vestíbulo de acceso, situado entre el pabellón principal y el de los hijos es, a pesar de la ambigüedad del grafismo en planta, un vestíbulo completamente cerrado, de fachadas acristaladas, que los Foster identifican en los planos como "invernadero".

La planta carece de la complejidad formal y espacial de las obras residenciales del Team 4, haciéndose evidente la influencia de los modelos organizativos domésticos propuestos por Serge Chermayeff y Christopher Alexander en *Community and Privacy*. A medio camino entre la teoría del urbanismo y de la arquitectura, y un manual práctico de proyectación, este libro, cuyo borrador el propio Chermayeff puso a disposición de Norman Foster antes de su publicación en 1963,[2] es crucial para comprender tanto este proyecto, como la base teórica sobre la que se cimienta buena parte de la obra de los Foster.

---

[2] La universidad de Yale ofreció al joven Norman Foster una beca de investigación para continuar los estudios emprendidos por Chermayeff en Yale, que posteriormente se materializarían en el libro *A Pattern Language: Towns, Buildings, Construction*. Sin embargo, Foster prefirió regresar a Inglaterra para iniciar su actividad profesional junto a su compañero de estudios, Richard Rogers, en el Team 4.

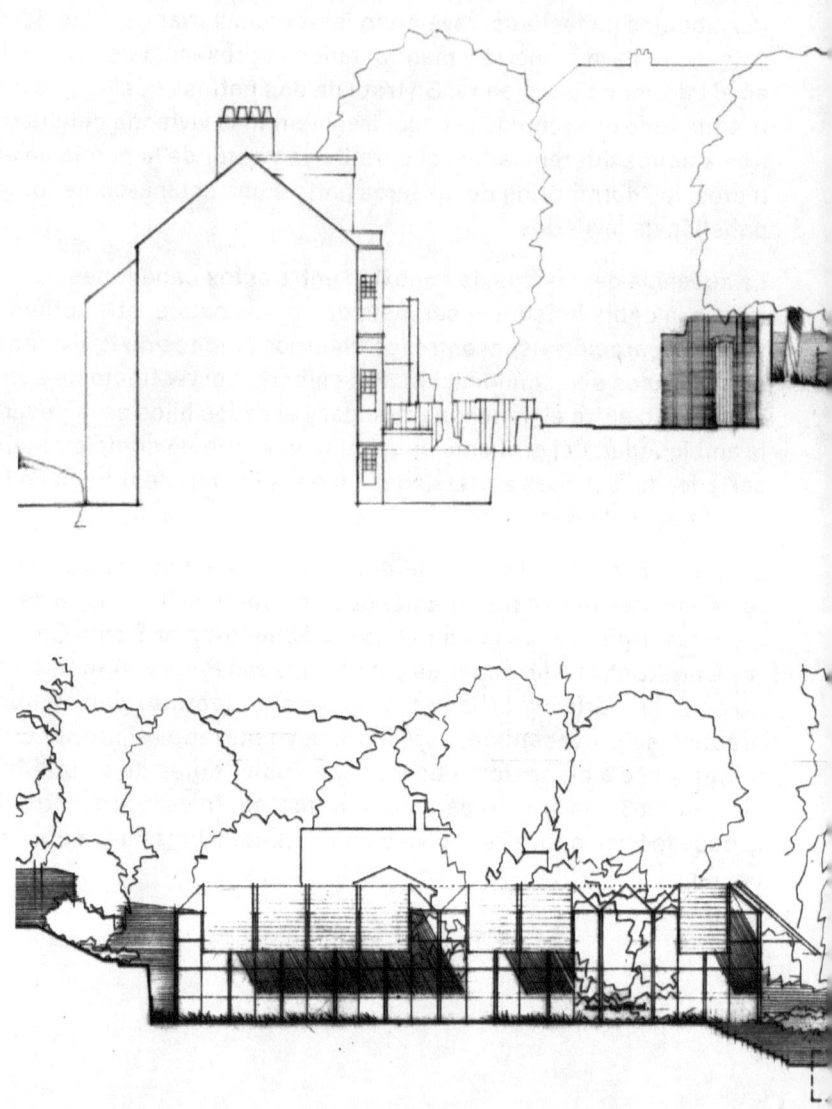

Casa Foster en Hampstead: sección y alzado dibujados por Norman Foster.
© Norman Foster Foundation Archive.

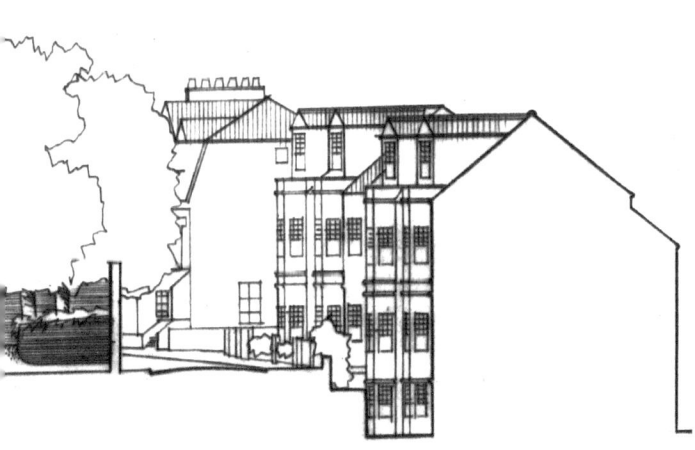

Ilustración de Saul Steinberg, en Serge Chermayeff y Christopher Alexander, *Community and Privacy* (London: Anchor Books, 1965), 38.

Segregación de dominios

Community and Privacy parte de una lectura del mundo contemporáneo claramente influida por el mensaje catastrofista lanzado por Lewis Mumford en *The City in History*.[3] Así, Chermayeff atribuía a la explosión demográfica del "baby boom" de postguerra la erosión del hábitat humano en el que — según afirmaba— se encontraba sumido el mundo moderno. Para Chermayeff, el desarrollo tecnológico, fruto de la prosperidad económica de después de la Segunda Guerra Mundial, comportó múltiples beneficios a la humanidad, como la mejora de los sistemas de transporte y de comunicación. Pero acarreó también muchos de los males que acosan a la humanidad, tales como la ubicuidad de altavoces, coches, aparatos y ruidos mecánicos, que el autor consideraba de consecuencias catastróficas para el mundo civilizado. La pérdida de la privacidad es, por tanto, para Chermayeff, el principal síntoma del caos propio de la cultura de masas. El dibujo encargado por Chermayeff al afamado caricaturista del *The New Yorker*, Saul Steinberg, ilustra, de forma peculiar, la lucha del hombre por recobrar esta privacidad arrebatada.

Por tanto, *Community and Privacy* deriva, en gran medida, de las teorías de Mumford sobre el planeamiento urbano, entendido como disciplina

---

[3] Lewis Mumford, *The City in History: Its Origins, Its Transformations, and Its Prospects* (New York: Harcourt, Brace & World, 1961).

humanística capaz de definir la relación orgánica entre las personas y su hábitat. Si para Mumford "el diseño físico de las ciudades y sus funciones económicas están subordinadas a su relación con el entorno natural y con los valores espirituales de la comunidad humana",[4] Chermayeff centró sus esfuerzos en la búsqueda de un nuevo orden urbano fruto de la clara jerarquización de los dominios propios de la vida en comunidad, para restablecer el equilibrio urbano entre comunidad y privacidad: "sólo una vez hayamos ordenado el hábitat urbano del hombre podremos, tal vez, devolver a la vida urbana el fructífero equilibro entre comunidad y privacidad".[5]

De este modo, el correcto planeamiento de los espacios abiertos entre edificios resultaba, para Chermayeff, tan o más importante para el hábitat humano que el diseño de los edificios mismos. Pero a diferencia de Mumford, cuyo discurso —más teórico que pragmático— se restringía a los ámbito del urbanismo y de la filosofía tecnológica, Chermayeff trasladó los mismos parámetros operativos definidos para el urbanismo, al campo de la arquitectura y, en especial, al del diseño del hogar entendido como forma elemental de agrupación social.

Chermayeff reclamaba con urgencia la resolución del problema de la vulnerabilidad de la vivienda moderna frente a estos nuevos invasores de la cultura de masas que amenazaban la privacidad del individuo: "la vivienda es un pequeño entorno, y dentro de él se están introduciendo cada vez más profundamente las tensiones y desgastes que hoy corroen al mundo exterior. Para servir a los intereses de la privacidad, dos de estas tensiones en particular, el tránsito y el ruido, deben ser tratadas como si fueran invasores".[6] Así, tras proponer modelos de disposición de la vivienda en la ciudad y de relación de las viviendas entre ellas, Chermayeff concluía su libro analizando la configuración de la vivienda misma, en lo que —estableciendo una analogía orgánica— denominaba la "anatomía de la privacidad".[7]

Así, del mismo modo que reclamaba un nuevo urbanismo capaz de establecer distintas jerarquías de privacidad, que van desde lo más íntimo

---

[4] Ibid., 91.
[5] Chermayeff y Alexander, *Community and Privacy* (London: Anchor Books, 1965), 37.
[6] Ibid., 37.
[7] Ibid., 209.

hasta lo más público, Chermayeff demandaba la articulación de las jerarquías de privacidad en la vivienda, mediante lo que denominaba la segregación de dominios: "la zonificación funcional de la vivienda depende de una separación adecuada de los dominios socialmente definidos".[8] Apoyándose en la organización jerárquica de la *Ville Radieuse* y la ciudad de Chandigarh de Le Corbusier, Chermayeff subrayaba la importancia de la integridad de dichos dominios, en los que "cada actividad debe estar contenida en una zona física tangible, y cada forma debe, a través de su claridad formal y de su integridad, inducir, reflejar y sostener la actividad para la que ha sido diseñada".[9] De este modo, estableció seis categorías organizativas —urbano-pública, urbano-semipública, grupo-pública, grupo-privada, familia-privada, individual-privada— identificando las dos últimas como la casa y la habitación respectivamente.

Anatomía de la privacidad

Podemos por tanto asimilar los pseudopatios de esta primera versión de la casa de los Foster, con lo que Chermayeff denominó las "articulaciones entre jerarquías",[10] es decir, espacios de separación entre dominios, compuertas destinadas a garantizar la integridad de cada espacio y sus características ambientales, proporcionando los adecuados grados de aislamiento, acceso y transferencia controlada entre los dominios de hijos y padres, y entre los de huéspedes y anfitriones. El patio constituye para Chermayeff una "habitación exterior",[11] destinada no sólo a mediar entre la naturaleza y la vida doméstica, sino también a jerarquizar distintos grados de privacidad visual y acústica dentro de la casa en función de las diferencias de edad, sexo e intereses de sus habitantes.

Con el fin de ilustrar su obsesiva preocupación con la privacidad, en su "crítica de los estereotipos"[12] Chermayeff sometió diversas vivien-

---

[8] Ibid., 218.
[9] Ibid., 118.
[10] Ibid., 213.
[11] Ibid., 214.
[12] Ibid., 218.

das —como la casa Techbuilt de Carl Koch, las casas con patio de Mies van der Rohe, las casas en hilera de Philip Johnson o las Case Study Houses de Pierre Koenig— a un severo análisis desde el punto de vista de la privacidad y de la segregación de dominios, tras el que concluyó que ninguna de ellas satisface los parámetros fundamentales de privacidad de acceso, segregación del acceso de los hijos, separación entre padres e hijos, posibilidad de aislamiento de las zonas de estar y privacidad de los espacios exteriores.

El bagaje profesional de Chermayeff, más centrado en el campo edificatorio —y en particular en el de la edificación residencial—, que en el del planeamiento urbano, propició que fuera precisamente en el diseño del hogar, y no en el urbanismo, donde expuso sus ideas de forma más explícita y casi dogmática, llegando a imponer como modelos ideales sus propios trabajos y, en particular, su proyecto para una casa con patio en Harvard, realizada junto a Robert Reynolds. En esta vivienda lineal de una sola crujía, Chermayeff segregó el programa funcional, mediante la inserción de patios, en tres pabellones diferenciados que contienen las zonas de estar de la familia, el ámbito de los hijos y el de los adultos respectivamente. Estos dos últimos dominios, dispuestos en ambos extremos de la vivienda, cuentan con sendos accesos separados a través de las fachadas opuestas.

Pese a que las influencias de los modelos residenciales de Chermayeff sobre estas primeras versiones de la casa en Hampstead son evidentes, los Foster radicalizaron la idea de la "articulación entre jerarquías" utilizando estos patios interiores también como vestíbulos, evitando la necesidad del largo pasillo de conexión entre dominios. Sin embargo, aplicando el método analítico de Chermayeff a esta primera versión de la vivienda de los Foster en Hampstead, resulta obvio que la segregación de dominios no está resuelta satisfactoriamente: si bien los dominios de hijos y de padres están claramente diferenciados, el acceso a los mismos se produce a través de un territorio intermedio, común a ambos. Este espacio ambiguo, denominado "invernadero", es de dudosa utilidad, dada su estrechez y la cantidad de puertas que dan acceso al mismo. Pero es sobre todo la configuración del "dominio" principal: el dormitorio de los padres, que puede abrirse totalmente a la sala de estar mediante particiones correderas y que, por tanto, carece del adecuado grado de aislamiento, el que transgrede la separación de

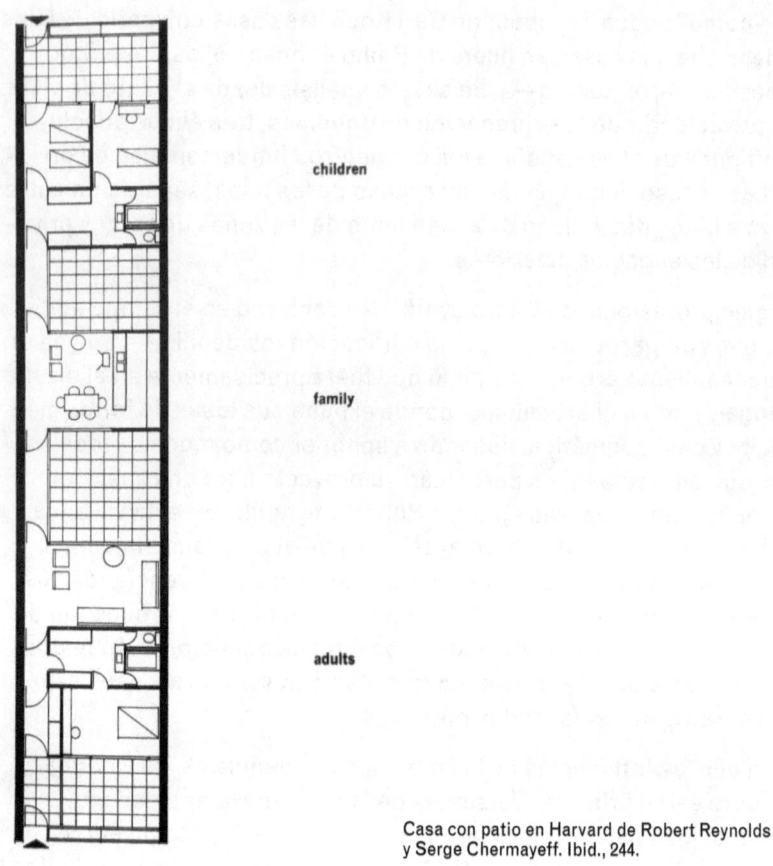

Casa con patio en Harvard de Robert Reynolds y Serge Chermayeff. Ibid., 244.

dominios demandada por Chermayeff. Solamente la segregación del pabellón de invitados, concebido como un pabellón anexo, vinculado al resto de la casa mediante la cubierta pero con acceso independiente, garantiza la privacidad de huéspedes y anfitriones.

Años después, Serge Chermayeff y su esposa Bárbara hallaron, en New Haven, el lugar adecuado para aplicar las ideas expuestas en *Community and Privacy*. El antiguo jardín lateral de una vivienda existente resultó, por su forma inusualmente alargada, ideal para implantar el modelo de vivienda con patios predicado por Chermayeff. Realizada entre 1962, con motivo de su empleo como profesor en la universidad de Yale —y coincidiendo con los estudios de postgrado de Norman Foster en dicha universidad—, la casa de los Chermayeff en New Haven fue la última gran obra del arquitecto de origen ruso y, a pesar de que Norman Foster nunca la visitó, ésta ejerció una influencia directa en el proyecto de su casa en Hampstead, tal como reconoce el propio arquitecto.

En esta vivienda Chermayeff implementó, casi literalmente, el esquema de su casa con patio en Harvard. Las únicas diferencias destacables son el pabellón originalmente concebido para los niños —posteriormente sería ocupado por su suegra—, la utilización de la cocina como zona de paso entre el estar y el cuerpo principal de dormitorios, y la provisión de accesos segregados a sendos volúmenes de dormitorios.

Destaca en esta vivienda la generosidad de los patios, en los que se conservó la vegetación prexistente y que por su tamaño —similar al de los distintos pabellones—, su geometría y su amueblamiento, pueden considerarse como auténticas estancias al aire libre. Pero, a diferencia de las viviendas proyectadas por Chermayeff durante los años cincuenta, en las que desarrolló un sistema constructivo derivado del kit de componentes de los Eames en Santa Mónica, en New Haven Chermayeff utilizó un sistema constructivo tradicional, consistente en sencillos muros de bloque de hormigón visto, de una sola planta. Sólo en la sala de estar, la cubierta se eleva dando lugar a un claristorio que enfatiza la importancia de lo que Chermayeff consideraba el espacio principal de relación de la casa.

En 1972 Chermayeff, muy satisfecho con el resultado, se refirió a su propia casa como "la casa más vivible que hemos tenido".[13] A raíz de su publicación en las páginas de *Architectural Design,* esta vivienda suscitó además gran interés entre miembros destacados del panorama arquitectónico británico. El arquitecto Leslie Martin, tras visitarla en 1963, la definió como un auténtico "oasis".[14]

---

[13] Carta de Serge Chermayeff a Mary Adams, 25 de abril de 1972, Avery Library, en Alan Powers, *Serge Chermayeff: Designer, Architect, Teacher* (London: Riba Publications, 2001), 245.
[14] Carta de Leslie Martin a Chermayeff, 25 de julio de 1963, Avery Library, en Alan Powers, *Serge Chermayeff: Designer, Architect, Teacher* (London: Riba Publications, 2001), 245.

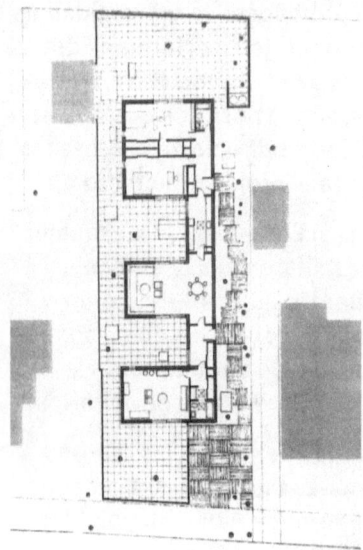

Casa Chermayeff en Lincoln Street, New Haven. Alan Powers, *Serge Chermayeff: Designer, Architect, Teacher* (London: Riba Publications, 2001), 242--245.

La importancia concedida por Chermayeff a los patios y el uso de la cocina como "esclusa" de conexión entre dominios, denotan asimismo la influencia de la casa de Josep Lluís Sert en Cambridge, Massachusetts, construida en 1957, con motivo de su empleo como decano de la Escuela de Arquitectura de Harvard. No obstante, Sert entendía el patio no como separación entre los dominios, sino como un espacio vertebrador que fomenta —como en el caso de las casas patio de Mies van der Rohe— conexiones visuales oblicuas entre distintas estancias de la vivienda, enriqueciendo así la experiencia espacial.

Pero frente a los patios de la vivienda de Chermayeff —concebidos como estancias sin techo— o los de la casa de Sert —entendidos como espacios organizativos—, el patio de los Foster en Hampstead surge simplemente como la ausencia de estancia. En definitiva, a pesar de concebir su vivienda partiendo de los diagramas de organizativos de Chermayeff, los Foster parecen olvidar los preceptos que las originan, resultando una planta en que, a pesar de su fragmentación, no se logra una clara segregación entre dominios.

El dominio de las máquinas

En esta primera versión de la vivienda de los Foster, los elementos accesorios como armarios y aseos, reducidos a su mínima expresión, son desplazados al perímetro, empotrados en las fachadas, llegando a proyectarse hacia el exterior. Con esta idea, los Foster parecen atender a la importancia otorgada por Chermayeff a la localización estratégica de los denominados "núcleos mecánicos", cuando afirma: "debe concederse también la importancia que les corresponde a las nuevas zonas, casi totalmente inhabitadas, que forman actualmente parte esencial de la organización de la casa contemporánea; los controles mecánicos, el lugar de almacenamiento, los servicios y las comunicaciones se han vuelto vitales en una sociedad tecnológicamente avanzada".[15]

En *The Place of Houses*, de 1974, Charles Moore, Gerald Allen y Donlyn Lyndon desarrollaron también la idea de la segregación del "domino de las máquinas" y del "domino de las personas", afirmando que "es útil concebir los espacios que rodean las máquinas, no como habitaciones sino como 'dominios de las máquinas'. Las máquinas y sus dominios existen para servirnos en nuestra casa, no para dominarnos, y nos sirven mejor cuando no infringen el fin más general de las habitaciones".[16] Así, Moore, Allen y Lyndon distinguían dos tipos de máquinas: las que operan por sí mismas (aparatos de aire acondicionado, calderas de agua, etc.) y las que requieren personas para operarlas. Para ambos grupos reivindicaban espacios propios que denominaron "el domino de las máquinas", y para su correcta disposición en la vivienda propusieron cuatro posibles soluciones: configurar las habitaciones alrededor de las máquinas, disponer las máquinas dentro de las habitaciones, situar las máquinas fuera de las habitaciones o emparedar las máquinas entre las habitaciones.

Por su parte, Reyner Banham, en su *The Architecture of the Well-tempered Environment*,[17] incidió en la idea expuesta por Giedion en *Mechanization*

---

15 Chermayeff y Alexander, *Community and Privacy* (London: Anchor Books, 1965), 215.
16 Charles Moore, Gerald Allen y Donlyn Lyndon, *The Place of Houses* (New York: Henry Holt & Co, 1979), 82.
17 Reyner Banham, *The Architecture of the Well-Tempered Environment* (Chicago: The University of Chicago, 1969).

Takes Command, al enfatizar la importancia que desde el punto de vista humano tienen los servicios mecánicos como configuradores de los espacios arquitectónicos. Banham celebraba las bondades del núcleo central de las casas Dymaxion y Wichita, de Buckminster Fuller, ambas organizadas alrededor de un mástil central eficiente que integra estructura, instalaciones y todo el equipamiento fijo de la vivienda. Un esquema que corresponde a la primera categoría de las descritas por Moore, Allen y Lyndon. No obstante, en *Mechanization Takes Command*, Siegfried Giedion ya advirtió acerca de los problemas del "núcleo mecanizado fulleriano", al observar que "la idea de que la casa descansara en un puntal central se remonta al siglo XIX y en ciertos casos puede tener encanto y significado, pero como forma estándar, multiplicada por millones, estas chozas autónomas se convierten en la pesadilla del urbanista. Desde el punto de vista del habitante, se nota una cesión similar en el confort humano (...) el factor decisivo —la libertad para alterar el plano— queda abolido, con el habitante encerrado en su concha rígida y uniforme. ¿Por qué? Porque en el centro, dentro del mástil, radica un robot —el núcleo mecánico— que tiraniza a toda la estructura".[18]

Este problema es aún más evidente en la *American Woman's Home*[19] de la educadora Catharine Beecher, a quien Banham consideraba pionera en la concepción de la vivienda con núcleo central que aglutina comunicación vertical, almacenaje, aseos y cocina. Tal como demuestran las plantas propuestas por Beecher en 1869, el núcleo central ocasionaba una fragmentación excesiva de la planta, que quedaba segregada en dos ambientes claramente diferenciados.

Por este motivo, el propio Fuller acabó abandonando la centralidad de sus anteriores prototipos en su *Dymaxion Deployment Unit* (DDU), de 1940. Esta vivienda familiar —concebida a partir de la reutilización de los silos de acero ondulado de una fábrica de grano— se convirtió, en el curso del desarrollo del proyecto, en un alojamiento de emergencia para miembros del ejército durante la Segunda Guerra Mundial. Dadas las reducidas

---

[18] Siegfried Giedion, *Mechanization Takes Command: A Contribution to Anonymous History* (Oxford: Oxford University Press, 1948), 720.

[19] Catharine E. Beecher and Harriet Beecher Stowe, *The American Woman's Home* (New Brunswick, NJ: Rutgers University Press, 2002), edición original (New York: J.B. Ford and Co, 1869).

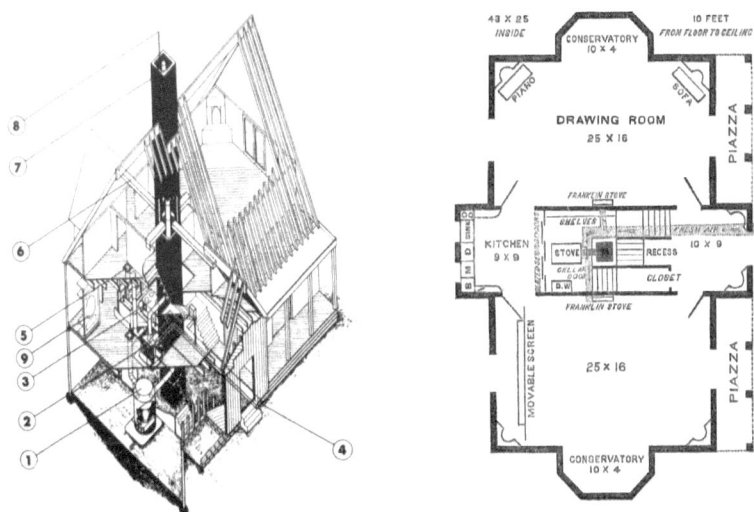

American Woman's Home de Catharine Beecher. Reyner Banham, *The Architecture of the Well-Tempered Environment* (Chicago: The University of Chicago, 1969), 98--99.

dimensiones del espacio, Fuller se vio obligado a alojar la cocina y el baño en un silo contiguo, de menor dimensión. Una solución que, alejada de la idea del mástil central, anticipaba sus posteriores proyectos de envolventes autoportantes, como sus célebres cúpulas geodésicas. Como afirmaba Giedion, el reto de la mecanización del núcleo mecánico doméstico consiste en conciliar la flexibilidad de las estancias con la concentración de los servicios: "a partir de 1927, Buckminster Fuller trabajó en la idea del núcleo mecánico. Incorporó el núcleo en un mástil que a su vez soporta el peso de su casa. Esto resultó en casas circulares o poligonales, cuya planta cerrada está en contradicción con la inherente tendencia de la arquitectura contemporánea ¿cómo puede resolverse el problema del núcleo mecánico sin limitar la libertad de la planta?".[20]

La casa de Chermayeff en New Haven responde, en cambio, a la tercera de las anteriores categorías, al conceder a las máquinas su propio dominio, fuera de las habitaciones. De acuerdo con la organización

---

[20] Ibid., 625--626.

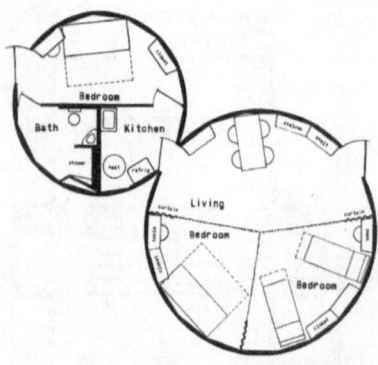

Buckminster Fuller, Dymaxion Deployment Unit.
Planta y anuncio publicitario, en *Your Private Sky:
R. Buckminster Fuller: The Art of Design Science*
(Zürich: Lars Müller Publishers, 1999), 214--215.

jerárquica de los sistemas que teorizó en *Community and Privacy*, Chermayeff agrupó las zonas de servicio —aseo, cocina y almacenaje— a lo largo de una espina central, bajo la cual, por una zanja subterránea, discurren las conducciones de fontanería y calefacción. En este sentido la casa Chermayeff en New Haven representa un importante avance respecto a su casa con patio en Harvard, cuyas zonas de servicio se encuentran esparcidas en la planta. Además, en New Haven todos los circuitos eléctricos, expuestos y fácilmente accesibles desde el interior, se desvinculan de los muros portantes para integrarse en una moldura que resuelve el encuentro entre la pared de bloque visto y el entramado de madera del techo. La idea de la integración de sistemas fue, como veremos, una de las estrategias principales en el desarrollo de las últimas versiones de la vivienda de los Foster en Hampstead, así como en el de gran parte de la obra de los Foster.

Siguiendo una estrategia diametralmente opuesta a la del núcleo central "fulleriano", los Foster elaboraron en esta primera versión de su vivienda un esquema descentralizado, que permite liberar el centro de la casa de todo aquello que pueda entorpecer la flexibilidad del espacio interior. Así, los equipamientos, pese a estar alojados en el interior de las estancias, no pierden su autonomía dado que están emparedados en el espesor de los muros limítrofes. La miniaturización y estandarización de estas cápsulas accesorias —empotradas en los muros pero que, al quedar diseminadas por toda la planta dificultan el tránsito de las instalaciones— sugieren su posible prefabricación. Se trata de una idea que el propio Chermayeff parece intuir cuando advierte sobre la naturaleza efímera de las máquinas: "los equipos mecánicos se gastan rápidamente a través del uso intensivo, y con la misma rapidez se vuelven obsoletos como resultado de la investigación y el desarrollo tecnológico".[21]

Esta descentralización de las instalaciones y de la estructura fue una idea recurrente en la obra posterior de los Foster y, en especial, en la serie de edificios en altura proyectados por el estudio. Así, en el banco de Hong Kong (1970-1985) —el primer rascacielos proyectado por los Foster— los núcleos de servicio y comunicación vertical, desplazados a las fachadas este y oeste del edificio, permiten obtener grandes plantas diáfanas de oficinas, así como una planta baja pública, libre de pilares. Las vigas puente de doble altura, expuestas en ambas fachadas, transfieren las cargas de las plantas de oficinas a los laterales del edificio, en los que se integran estructura portante, núcleos de servicio y transporte vertical. Las torres del Century Tower en Tokio (1987-91), el Commerzbank en Frankfurt (1991-97) o, la más reciente Torre Caja Madrid (2002-2009), constituyen evoluciones de esta misma idea.

Forma y necesidad

Pero, la influencia de las teorías expuestas por Chermayeff en *Community and Privacy* va más allá de la mera organización funcional de la vivienda. Sus ideas sobre la forma y la tecnología son clave para com-

---

[21] Chermayeff y Alexander, *Community and Privacy* (London: Anchor Books, 1965), 138.

prender no sólo el proyecto en Hampstead, sino en general la filosofía que subyace en toda la arquitectura de los Foster.

El discurso funcionalista de Chermayeff resulta, en buena medida, de la simple aplicación del método cartesiano a la práctica proyectual. Así, para Chermayeff "cada problema tiene una configuración estructural que le es propia. El buen diseño depende de la habilidad del diseñador para actuar de acuerdo con esta estructura y no oponérsele arbitrariamente".[22] De este modo, equiparando la actividad proyectual a la resolución de un problema científico, Chermayeff desvinculaba al arquitecto de cualquier voluntad de expresión personal o artística. Aplicando las reglas fundamentales del método científico —evidencia, análisis y síntesis—, Chermayeff entendía el planteamiento del problema como parte integral de la resolución del mismo. Por ello, propuso como método operativo la fragmentación del problema en etapas, sin por ello perder la visión del conjunto: "el problema debe fragmentarse de acuerdo con sus intersticios. La mayoría de las partes de un problema están tan estrechamente vinculadas entre sí que de nada sirve considerarlas en forma independiente. Debemos intentar hallar partes que se configuren con tanta integridad que puedan ser consideradas como unidades aisladas".[23]

Consciente de que "el hombre no ha desarrollado hasta ahora una estrategia que le permita organizar grandes cantidades de elementos, aun cuando ha perfeccionado ya técnicas que le permiten computarlas",[24] Chermayeff advertía asimismo sobre la importancia de la computadora como herramienta para la resolución de problemas complejos, una ayuda capaz de acelerar el proceso. Entendía por tanto los beneficios de la tecnología como un "complemento al talento creador del hombre y no su sustituto".[25]

No hay que olvidar que Chermayeff quien, en colaboración con Eric Mendelsohn, proyectó en la Inglaterra de los años treinta, edificios como el De La Warr Pavilion en Bexhill y las casas Shann en Rugby y Cohen en Londres —a la que en los años setenta los Foster agregarían un conservatorio totalmente acristalado—, se mantuvo siempre fiel al

---

[22] Ibid., 152--153.
[23] Ibid., 160.
[24] Ibid., 33.
[25] Ibid., 160.

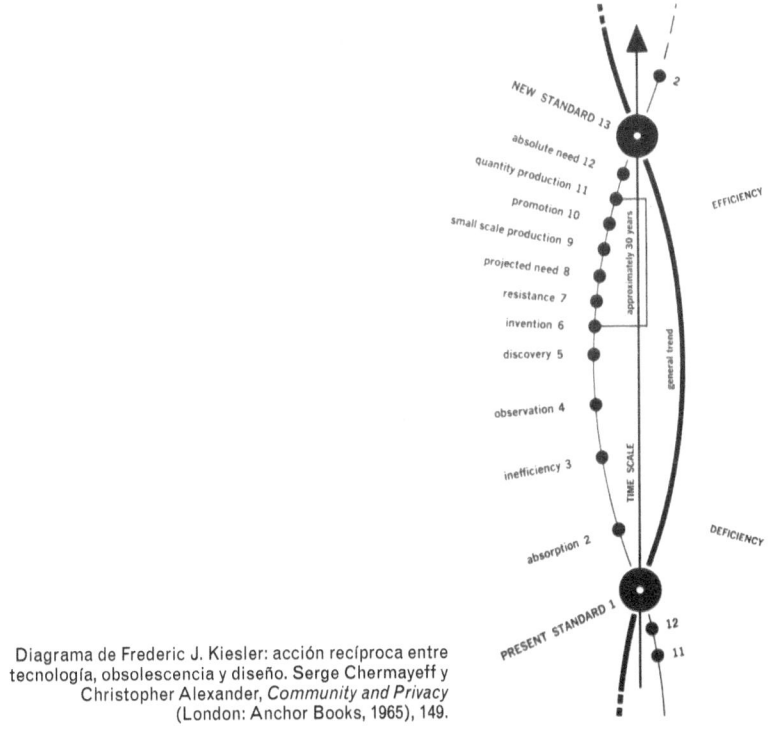

Diagrama de Frederic J. Kiesler: acción recíproca entre tecnología, obsolescencia y diseño. Serge Chermayeff y Christopher Alexander, *Community and Privacy* (London: Anchor Books, 1965), 149.

funcionalismo de la primera generación del Movimiento Moderno. En un intento por conciliar necesidad y expresión, Chermayeff definía la forma como "la expresión ordenada de una necesidad; el producto final de un proceso de respuesta a tensiones".[26] Dependiendo de la complejidad de dicho proceso, la búsqueda de la "forma apropiada" podía resolverse de forma inmediata o podía llegar a requerir la ayuda de la más avanzada tecnología disponible. Pero el desarrollo de la ciencia y la tecnología, a la vez que permite solucionar viejos problemas, crea nuevos retos, por lo que para Chermayeff los diseñadores "deben ser capaces de explotar la técnica hasta sus últimas consecuencias",[27] algo que sería, sin duda, el motivo conductor del proyecto de los Foster en Hampstead.

[26] Ibid., 108.
[27] Ibid., 111.

LA CASA BIEN SERVIDA

Casa Foster en Hampstead: croquis por Norman Foster. © Norman Foster Foundation Archive.

"La fábrica ha sustituido a la casa como la tipología edificatoria moderna por antonomasia".[1]

Versión 2 (julio de 1978)

En los planos de la segunda versión del proyecto de los Foster en Hampstead, delineados por el joven arquitecto Tony Meadows, la vivienda se reduce a un escueto contenedor prismático cuya estructura de grandes luces ofrece total libertad en la distribución interior del programa funcional. Entre la documentación gráfica elaborada —que incluye alzados, secciones, esquemas estructurales y croquis—, sorprende la ausencia de plantas.

Atendiendo a la descripción ofrecida en la monografía de Foster Associates, la vivienda se plantea como "un esqueleto estructural combinado con una serie de unidades modulares intercambiables que contienen desde instalaciones de almacenamiento y sanitarios, hasta paneles solares y sistemas de protección solar",[2] una nave diáfana de pórticos bidireccionales de acero, formados por esbeltos pilares en celosía y vigas trianguladas, arriostrados mediante cruces de San Andrés que se exhiben al exterior. La intrincada estructura constituye, por tanto, el elemento preponderante en la composición de la casa.

Tal como muestran las maquetas de trabajo, la vivienda está configurada a partir de una estricta retícula de 1,2 x 1,2 metros, que determina la ubicación de los pórticos estructurales —que actúan a su vez de carpinterías—, y que modulan todo el espacio doméstico, incluyendo suelos, techos y paredes. Salvo el núcleo de servicio, que contiene el programa más privado y permanente de la casa, el resto de las estancias se distribuye libremente, delimitándose mediante livianos biombos articulados que permiten múltiples configuraciones. La geometría libre de dichos paneles divisorios contrasta con la rigidez de la retícula isótropa sobre la que se apoyan.

Esta versión de la vivienda denota la influencia ejercida por la *Maison de Verre* diseñada por Pierre Chareau y Bernard Bijvoet en París que, ese mismo año, Norman Foster visitó junto a su equipo a bordo de un avión pilotado por él mismo. Concebida como una auténtica máquina

---

[1] Colin Davies, *High Tech Architecture* (London: Thames and Hudson, 1991), 12.
[2] *Foster Associates* (London: RIBA Publications, 1979), 68.

Casa Foster en Hampstead: maqueta. © Norman Foster Foundation Archive.

Maison de Verre de Pierre Chareau y Bernard Bijvoet en París, fotografiada por Norman Foster en 1978. © Norman Foster Foundation Archive.

de habitar, la *Maison de Verre* está asimismo construida a partir de una trama que recorre todo el edificio y que organiza los distintos equipos domésticos: puertas, barandillas, estanterías, armarios, carpinterías, etc. La movilidad de sus variados componentes —ventanas correderas, escaleras retráctiles, espejos ajustables, armarios giratorios, bidets pivotantes, tabiques correderos, pantallas rotatorias y lamas motorizadas— origina una "poética del equipamiento" en la que la presencia de la estructura acentúa la tensión entre lo estático y lo dinámico.

Elementos como el muro-librería a dos niveles conectados por una escalera ligera, esbozado por Norman Foster, constituyen referencias directas a la *Maison de Verre*, a la que Kenneth Frampton se refirió como "la planta transformable por excelencia".[3] Al igual que Chareau en la *Maison de Verre*, los Foster utilizaron su casa como un banco de pruebas, "un laboratorio para el desarrollo de una hipotética arquitectura industrial",[4] destinado a inventar y perfeccionar nuevos prototipos de componentes.

La casa del arquitecto

Heredera de una larga tradición de casas de arquitectos modernos que, por diversos motivos y con diversos fines, adoptaron la vivienda unifamiliar propia como campo de elaboración de sus propuestas formales,

---

[3] Marc Vellay y Kenneth Frampton, *Pierre Chareau: Architect and Craftsman 1883-1950* (New York: Thames and Hudson, 1985), 240.
[4] Ibid., 240.

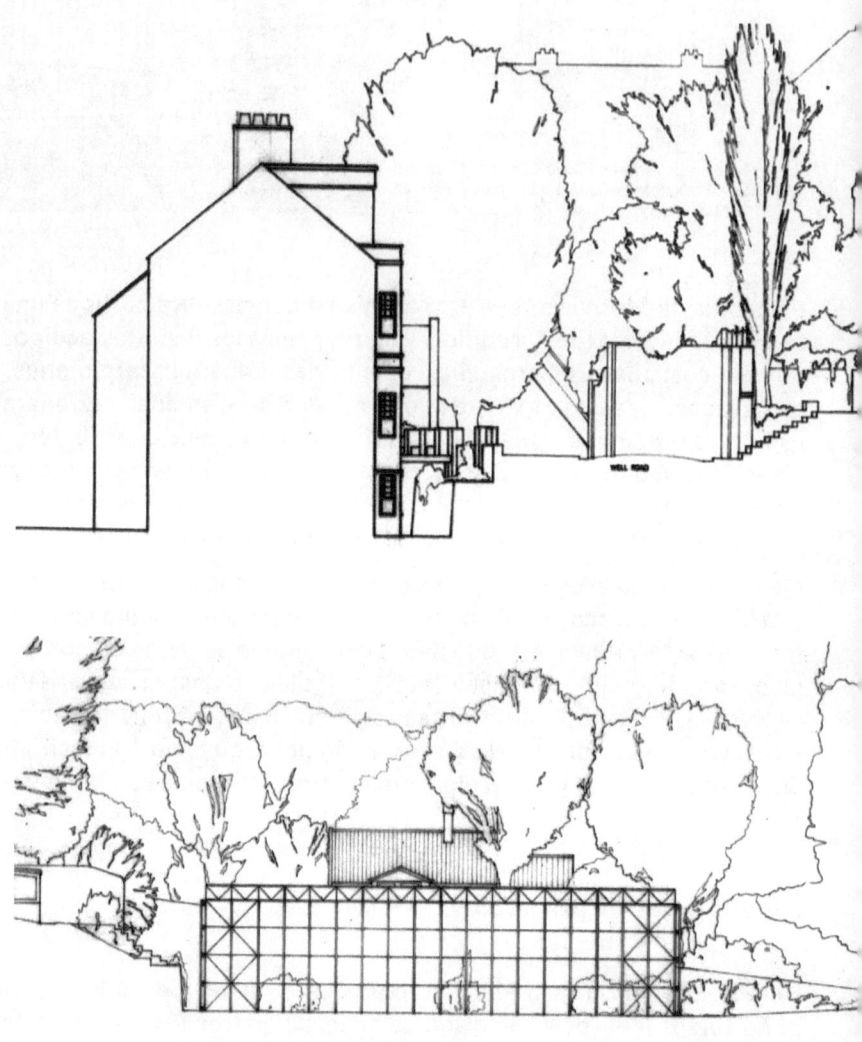

Casa Foster en Hampstead: sección y alzado dibujados por Tony Meadows.
© Norman Foster Foundation Archive.

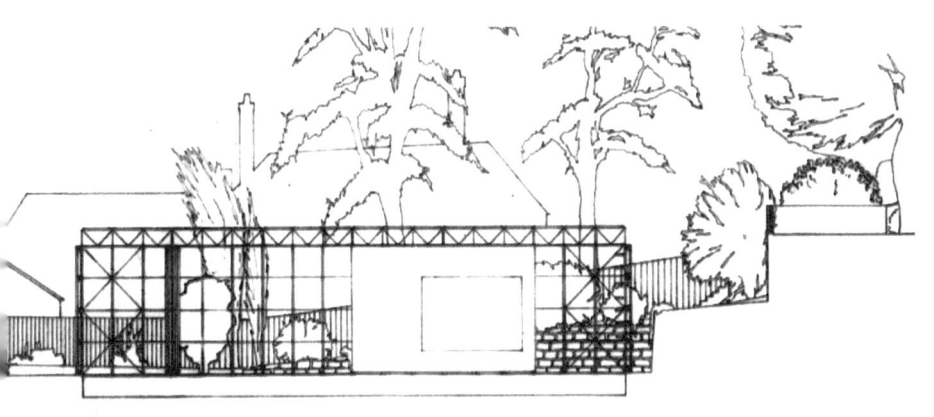

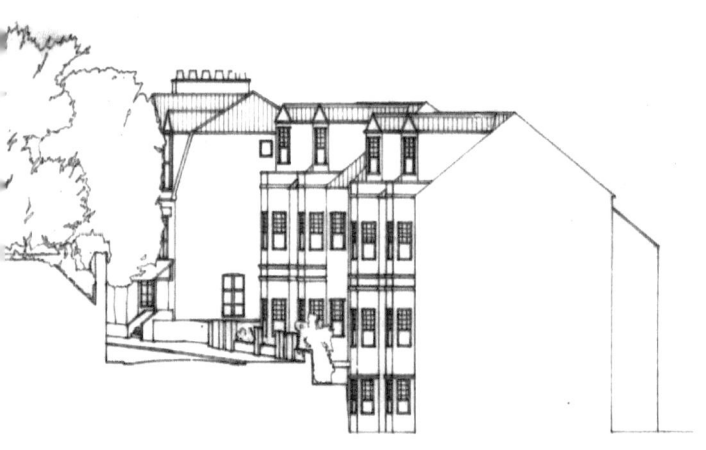

la casa de los Foster en Hampstead es un banco de pruebas nacido con una clara vocación experimental: "una serie de exploraciones privadas con potencial para ser utilizadas posteriormente en edificaciones públicas".[5]

Aunque esta tradición de casas experimentales de arquitectos se remonta a Sir John Soane y su casa-museo en Londres, es con el advenimiento de la Modernidad cuando las casas propias de los arquitectos adquieren verdadero protagonismo como laboratorio de ensayo, no solo de nuevos materiales y sistemas constructivos, sino también de nuevas formas de habitar. La casa particular del arquitecto representa un enunciado de una forma de entender y mostrar la arquitectura, permitiendo a su autor llegar hasta el final en la materialización del proyecto, definiendo y llevando a cabo hasta el último detalle, abarcando hasta el mobiliario e inventando objetos singulares destinados a resolver necesidades concretas.

Los ejemplos son tan diversos como numerosos: Rudolf Schindler en Los Ángeles (1921), Eileen Gray en Cap Martin (1924), Albert Frey en Palm Springs (1941), Ernö Goldfinger en Hampstead (1939), Marcel Breuer en New Canaan (1947), Alvar Aalto en Muuratsalo (1952), Serge Chermayeff en Cape Cod (1952), Kiyonori Kikutake en Tokio (1958), entre muchos otros; pero son las viviendas de Jean Prouvé y la casa de los Eames en Santa Mónica, a pesar de sus múltiples diferencias, los referentes más paradigmáticos a la hora de analizar la vivienda de los Foster. Tanto Prouvé como los Eames, ambos procedentes del mundo del diseño industrial, desarrollaron distintos modos de aproximación a lo doméstico desde preocupaciones tecnológicas que, en mayor o menor medida, reaparecen en la vivienda de los Foster.

En 1954 Jean Prouvé demostró la posibilidad de construir una vivienda prefabricada de bajo coste, realizando su propia casa en las afueras de Nancy, sirviéndose de materiales industriales procedentes de su recientemente clausurada fábrica en Maxéville, y poniendo en práctica las ideas elaboradas en prototipos previos como los de la *Maison Tropicale* en Níger (1949), que llevaron el tema de la prefabricación industrial

---

[5] Ian Lambot ed., *Foster Associates Buildings and Projects Volume 2: 1971-1978* (Surrey: Watermark, 1989), 126.

aplicada a la construcción a un grado de sofisticación sin precedentes. "Necesitamos hogares prefabricados", declaraba, "la construcción ha estado en suspenso; con excepción de una o dos obras, todo está siendo construido del mismo modo que se hacía hace un siglo, no solo con los mismos materiales, sino también con los mismos diseños residenciales, que no tienen ninguna relación con la vida actual".[6]

También la casa de los Eames, perteneciente al programa de las *Case Study Houses* —patrocinado por la revista *Arts & Architecture*, dirigida por John Entenza y respaldada por industriales de la construcción—, fue construida a partir de componentes prefabricados comerciales ensamblados desde el remolque de un camión en tan sólo día y medio. Reinterpretando el sistema constructivo americano del *balloon-frame* y sirviéndose de los materiales y métodos desarrollados para el ejército en la Segunda Guerra Mundial, los Eames concibieron una vivienda configurada a partir de componentes comerciales industriales estándar dispuestos sobre un armazón estructural metálico.

Sin embargo, en la casa de los Eames los aspectos meramente utilitarios se entremezclan con la consideración de la vivienda como un producto de consumo, dando lugar a una casa concebida no sólo como arquitectura para vivir sino también como arquitectura para ser mostrada. Ajena a las experimentaciones domésticas de Buckminster Fuller y de Jean Prouvé, la casa de los Eames no deja de ser un desarrollo del *raumplan* loosiano. Como escribe James Steele, "a pesar de su admiración por Buckminster Fuller y Jean Prouvé, en 1948 los Eames no estaban todavía listos para implementar principios totalmente modernos, y un raumplan casi convencional es el resultado. Como Loos, quien quería preservar lo mejor del pasado, haciendo uso de los avances tecnológicos, los Eames parecen haber sido inicialmente reticentes a abandonar las seductoras prerrogativas del 'diseño'".[7]

---

[6] *Jean Prouvé: La Maison Tropicale* (Paris: Centre Pompidou, 2009), 17.
[7] James Steele, *Eames House: Charles and Ray Eames* (London: Phaidon, 1994), 18.

La nave bien servida

Pero, además de inscribirse dentro de la mencionada tradición de casas experimentales de arquitectos, la casa de los Foster en Hampstead surge de la aplicación al ámbito doméstico de muchas de las ideas ensayadas en las primeras edificaciones industriales del estudio. Concebida a semejanza de una fábrica, la casa en Hampstead representa un primer y único intento de aplicación en el campo de la vivienda unifamiliar, de un modelo denominado por Reyner Banham "la nave bien servida". Un modelo que se inició con la fábrica para Reliance Controls Electronics en Swindon (1965-1966), última realización del Team 4, tras cuya disolución fue desarrollado con gran éxito comercial, tanto por Foster Associates —desde finales de los años sesenta—, como por el estudio de Richard Rogers —desde principios de los setenta—, en multitud de edificios destinados principalmente a empresas punteras en los campos de la producción industrial y de la investigación tecnológica.

El propio Norman Foster acepta sin rubor el término "nave" cuando afirma: "el uso del término 'nave' es interesante —para algunas personas es un término peyorativo—. Podemos identificar algunos de nuestros proyectos como 'naves' en el sentido más honorable de la palabra".[8]

Como ha señalado el arquitecto Chris Wilkinson,[9] el modelo de la "nave bien servida" se fundamenta en los conceptos de "funcionalidad, flexibilidad, economía, integración de estructura y servicios, velocidad de ejecución, extendibilidad y en el uso de la tecnología".[10] No obstante, la extrapolación de este modelo al ámbito doméstico no estará exenta de dificultades: a los conflictos inherentes a la "nave bien servida" se unen los inconvenientes de su aplicación al hogar, el género tradicionalmente menos receptivo a la implementación de innovaciones tecnológicas.

---

[8] Norman Foster entrevistado por Marc Emery en *L'Architecture D'Aujourd'hui* 243 (febrero 1986): LVIII.
[9] Chris Wilkinson, antiguo colaborador en los estudios de Denys Lasdun, Richard Rogers, Foster Associates y Michael Hopkins, en la actualidad dirige junto a Jim Eyre el estudio de arquitectura Wilkinson Eyre Architects, basado en Londres.
[10] Chris Wilkinson, *Supersheds: The Architecture of Long-Span, Large-Volume Buildings* (Oxford: Butterworth Architecture, 1991), 51.

Fábrica de Reliance Controls Electronics en Swindon fotografiada por Norman Foster.
© Norman Foster Foundation Archive.

Tan deudora de la arquitectura californiana de las *Case Study Houses*, como de la Escuela de los Smithson en Hunstanton (1954) —con su exteriorización de estructuras e instalaciones—, la "nave bien servida" de los Foster consiste en su origen en un contenedor ligero, barato, de estructura prefabricada de grandes luces y cerramientos estandarizados, capaz de alojar en su interior actividades diversas en un espacio único, con capacidad para crecer y reconfigurarse cuando sus usuarios lo deseen. Una arquitectura en la que conceptos tales como eficiencia, economía y prestaciones se anteponen a consideraciones estéticas.

Su origen fabril queda patente en el aspecto industrial de sus primeras realizaciones, consistentes en grandes contenedores modulares, cuya estructura de cubierta integra las instalaciones, dando lugar a profundos espacios interiores modulares, diáfanos, luminosos y flexibles, servidos por un suelo energético isótropo, en los que la distribución interior se confía a particiones ligeras y piezas de mobiliario.

La fábrica de Reliance Controls en Swindon (1965-1966) —última obra realizada junto a Richard Rogers en el seno del Team 4— marcó el ini-

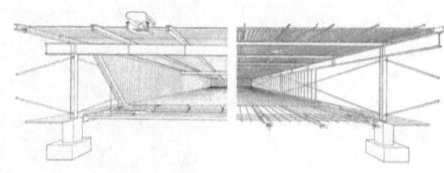

Fábrica Reliance en Swindon: sección fugada dibujada por Mark Sutcliffe.
© Norman Foster Foundation Archive.

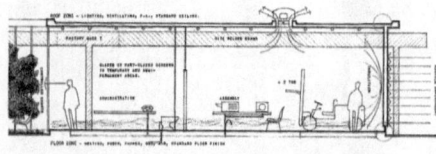

Fábrica Reliance en Swindon: sección dibujada por Norman Foster.
© Norman Foster Foundation Archive.

Escuela en Newport: sección fugada dibujada por Norman Foster.
© Norman Foster Foundation Archive.

cio de la colaboración con el ingeniero de estructuras Anthony Hunt. Se trata de un edificio fuertemente influenciado por la escuela de los Smithson —la torre del depósito de agua constituye, sin duda, una cita directa a Hunstanton— y por la "honestidad de los materiales" promulgada por la arquitectura brutalista.

Pero si en la fábrica de Reliance se encuentra la semilla de las realizaciones posteriores de la "nave bien servida" de los Foster, en ella también subyacen muchas de sus contradicciones. Los criterios de eficiencia, flexibilidad y economía con la que los Foster justifican sus decisiones, entra a menudo en conflicto con la expresividad del edificio, la legibilidad de sus componentes y su pretendida sinceridad constructiva. Así, a diferencia de la escuela de los Smithson, cuya estructura metálica muestra sus nudos atornillados sin pudor, los Foster optan por las más laboriosas y artesanales uniones soldadas en obra, anteponiendo así la continuidad visual de la estructura a consideraciones prácticas y económicas. Además, las cruces de San Andrés que adornan las fachadas ciegas del edificio son estructuralmente redundantes ya que, como admite el ingeniero Anthony Hunt, la estabilidad horizontal está garantizada por los miembros diagonales de las paredes laterales y por la chapa grecada de la cubierta.[11] Esta concesión a la estética industrial remite a las igualmente redundantes cruces de San Andrés de la casa de los Eames en Santa Mónica.

Asimismo, la exteriorización de las columnas metálicas y la prolongación de las vigas de cubierta, encuentran su justificación en la capacidad de ampliación del edificio. Sin embargo, además de incrementar los costes de mantenimiento, esta solución constructiva complica las uniones con las vigas y ocasiona la profusión de puentes térmicos a lo largo de la envolvente del edificio. Por otro lado, la excesiva simplificación con la que los Foster resolvieron el diseño de la fachada, a base de muros totalmente ciegos o totalmente acristalados, propició una serie de agresivas transformaciones introducidas por sus ocupantes, como la apertura de ventanas en la zona de oficinas, que desvirtuaron la pureza del contenedor neutro.

En Reliance se evidenciaron además las discrepancias entre los líderes del Team 4: mientras Rogers —en la línea de los Smithson en Hunstanton— abogaba por la legibilidad de los distintos componentes del edificio —es decir que la estructura debía leerse como estructura, la carpintería como carpintería y las instalaciones como instalaciones— Norman Foster concebía el edificio como un objeto preciso, exquisitamente detallado y con la aparente pureza clásica de la obra americana de Mies van der Rohe. Esta tensión entre dos formas de entender la arquitectura se manifestó también en la resolución de los detalles, como el ideado por Norman Foster para las luminarias empotradas en la chapa grecada de cubierta. Aunque es una solución estéticamente deseable, dado que la propia chapa actúa como reflector lumínico, ésta resultó ser del todo impráctica por la dificultad de mantenimiento y limpieza de las luminarias. Por este motivo Rogers abogaba por una solución de luminarias expuestas, más práctica y más acorde con su preferencia por la diferenciación entre los distintos elementos constructivos.

---

[11] Angus MacDonald, *The Engineer's Contribution to Contemporary Architecture: Anthony Hunt* (London: Thomas Telford, 2000), 54.

Factory Systems: sección fugada dibujada por Norman Foster.
© Norman Foster Foundation Archive.

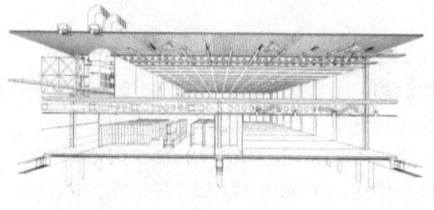

Fred Olsen Amenity Centre en Londres: sección fugada dibujada por Birkin Haward.
© Norman Foster Foundation Archive.

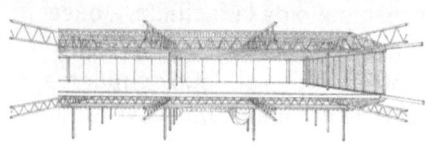

Oficinas de Fred Olsen en Vestby, Noruega: sección fugada dibujada por Birkin Haward.
© Norman Foster Foundation Archive.

Toda la obra realizada por Foster Associates durante los años setenta, tras la disolución del Team 4, está estrechamente vinculada a la experiencia en la fábrica de Reliance Controls. Así, en el proyecto no realizado para el concurso de la escuela de Newport, de 1967, los Foster propusieron reunir espacios de aulas, administración y recreo bajo el mismo contenedor fabril empleado en Reliance. En su búsqueda de la máxima flexibilidad en la configuración de los espacios, los Foster emplearon un sistema estructural muy similar, en el que las vigas de alma llena fueron remplazadas por cerchas trianguladas que permitían concentrar todas las instalaciones bajo el plano de la cubierta.

Idéntico concepto fue utilizado en proyectos como el Factory Systems (1969-1972)—una atrevida propuesta de sistema de edificio industrial multiusos, que permitía flexibilidad y crecimiento—, el Fred Olsen Amenity Centre en Londres (1968-1970) —esta vez con vigas alveoladas en lugar de cerchas—, y las oficinas de Fred Olsen en Noruega, de 1973.

Con la sede de Computer Technology en Hemel Hempstead (1969-1971), los Foster inauguraron la serie de proyectos para empresas tecnológicas, para las que la integración de la incipiente tecnología informática ofrecía nuevos retos. La concentración de las instalaciones eléctricas en las vigas alveoladas de cubierta obligó a una solución de cables descolgados desde el techo, que resulta más propia de una nave industrial que de un edificio administrativo. Cabe destacar como, a medida que las soluciones constructivas y la integración de las instalaciones se fue volviendo más compleja, la apariencia externa de los edificios de los Foster se hacía cada vez más austera. La preponderancia de la estructura dio paso a la expresividad de las pieles homogéneas de colores neutros, concebidas como fachadas y cubiertas tecnológicas de vidrio y paneles sándwich de aluminio con sofisticadas juntas de neopreno.

En Computer Technology, la redondez del encuentro entre los planos de fachada y cubierta subraya el carácter unitario y autónomo de la envolvente que, eliminando la tradicional distinción entre cubierta y fachada, enfatiza la pureza formal del edificio, concebido como un objeto industrial. Esta idea, derivada de las envolventes autónomas desarrolladas por Buckminster Fuller, fue adoptada por los Foster en numerosos proyectos posteriores.

El último y más sofisticado de los contenedores con instalaciones en cubierta y, el más exitoso, fue el de la sede piloto de IBM en Cosham, de 1971. El éxito del proyecto en la consecución de los preceptos de la "nave bien servida" se debió en gran medida a las estrictas constricciones del singular encargo, consistente en el diseño de un edificio temporal de oficinas para acomodar a los empleados durante la construcción de una nueva sede administrativa permanente. Una vez más, los Foster propusieron integrar en un único contenedor la diversidad programática, consistente en espacios destinados a alojar enormes computadoras, oficinas, restaurantes y un centro de comunicaciones. Las limitaciones presupuestarias, las exigencias de rapidez de ejecución y las malas condiciones del terreno, obligaron a la adopción de un sistema estructural que, aunque similar al de la fábrica Reliance, utiliza luces de menor dimensión, limitándose los componentes estructurales a dos tipos de vigas y a una única sección tubular cuadrada para las columnas, todos ellos estándar.

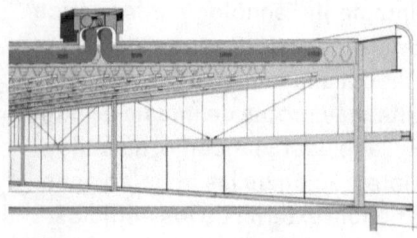

Computer Technology en Hemel Hampstead: sección fugada.
© Norman Foster Foundation Archive.

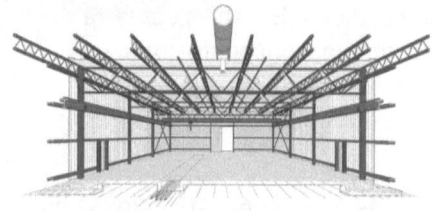

Fábrica Sapa en Tibshelf: sección fugada dibujada por Gregory Gibbons.
© Norman Foster Foundation Archive.

En la sede de IBM no hay alarde estructural, por primera vez el edificio surgió como un fiel reflejo de las necesidades. La ligereza y la modularidad de todos los elementos constructivos empleados, permitieron la erección del edificio por una pequeña cuadrilla de obreros que, sirviéndose de una carretilla elevadora, ensamblaron todos los componentes en un plazo de ocho meses. Cabe señalar que con este edificio se inició la colaboración de Foster Associates con el ingeniero de instalaciones Loren Butt, cuyas aportaciones en el campo de la integración de sistemas fueron decisivas en la evolución de la "nave bien servida" de los Foster. La configuración de este contenedor modular y flexible resulta considerablemente más compleja que la de proyectos anteriores: los conductos de climatización se alojan en las oquedades de las cerchas de cubierta, ocultos sobre un techo modular, y las unidades de aire acondicionado se disponen sobre el plano de cubierta. Los cables eléctricos y telefónicos, también distribuidos sobre el falso techo, descienden a las estaciones de trabajo aprovechando el interior hueco de las columnas tubulares de acero.

Por primera vez los Foster utilizaron el suelo técnico para la distribución eléctrica, una estrategia que fue fundamental para la supervivencia de un edificio edificio que, a pesar de su carácter efímero, ha demostrado su capacidad de adaptación a las múltiples transformaciones a las que ha sido sometido durante su vida útil, en gran parte debidas a la irrupción de la informática en el espacio de oficinas. También por primera vez en IBM, la "nave bien servida" de los Foster presenta fachadas totalmente acristaladas en sus cuatro costados que, junto con la regularidad de las baldosas cuadradas del suelo técnico y los paneles cuadrados del falso techo, subrayan la homogeneidad de un edificio concebido como una malla isótropa al servicio de la flexibilidad del espacio interior.

En las fotografías interiores de la maqueta de la casa de los Foster en Hampstead observamos, de nuevo, el sometimiento, tanto del suelo, el techo como de las paredes, a una retícula ortogonal. Como si de un juego se tratara, los arquitectos apilan cubos de cartón que, alineados con dicha retícula, permiten ensayar distintas configuraciones interiores, todas ellas encapsuladas dentro del contenedor diáfano.

Proyectos posteriores, como el IBM Technical Park en Greenford (1975-1980), la Special Care Unit en el barrio londinense de Hackney (1970-1972), la fábrica de Sapa en Tibshelf (1972-1973), los almacenes de Modern Art Glass en Thamesmead (1972-1973), la sede de Volkswagen-Audi en Milton Keynes (1973) y la Escuela Especial Palmerston en Liverpool (1973-1976), son algunos de los numerosos ejemplos de realizaciones de la "nave bien servida", con las que los Foster demostraron el éxito comercial de sus ideas.

En la sede de Willis Faber & Dumas en Ipswich (1971-1975) los Foster exploraron las posibilidades de aplicación de este mismo modelo a un edificio urbano, de varios niveles, esta vez con estructura de hormigón. La preponderancia de la estructura, propia de sus primeros edificios, dio paso a una arquitectura cuya expresión derivaba del refinado diseño de su sinuosa fachada tecnológica, consistente en un ingenioso sistema de muro cortina con costillas de vidrio laminado, que permitió prescindir de carpinterías.

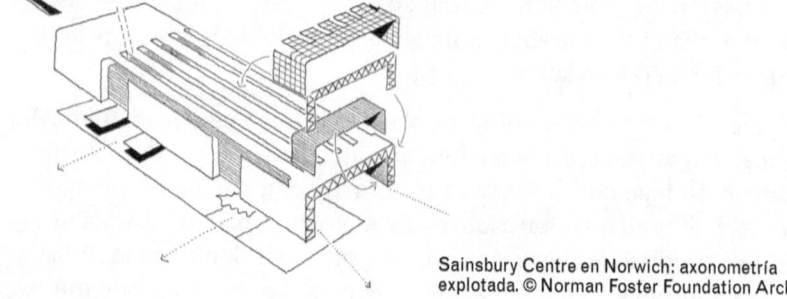

Sainsbury Centre en Norwich: axonometría explotada. © Norman Foster Foundation Archive.

Pero fue el Sainsbury Centre (1974-1978), terminado el mismo año en que los Foster emprendieron el proyecto de su casa, el edificio que llevó la "nave bien servida" a su más alto grado de sofisticación. El edificio consiste en un contenedor prismático alargado que aloja las diversas actividades del centro de arte en un espacio único diáfano, cuya estructura de pórticos de acero, comprendida por 37 cerchas trianguladas de tubo de acero que forman tanto las columnas como las vigas del edificio, salva luces de más de 34 metros. Las instalaciones se concentraron por primera vez en las paredes laterales —ocupando el espacio vacío entre los elementos estructurales y bajo el suelo—, liberando la cubierta para permitir la entrada de luz cenital a través de grandes lucernarios. Chris Wilkinson se ha referido al edificio como una "nave extruida",[12] y ha señalado la influencia de los hangares de cubierta inclinada sobre cerchas metálicas y las estructuras de pórticos rígidos desarrolladas tras la Segunda Guerra Mundial. El cuidado diseño de la envolvente monocroma —elaborado en colaboración con el arquitecto Tony Pritchard—, consiste en un sistema modular de paneles sándwich de aluminio, capaces de adaptarse a todas las situaciones del edificio —paneles planos, curvos, transparentes, opacos, rejillas de ventilación, puertas y ventanas—. Los pórticos estructurales pintados de color blanco, únicamente visibles desde el exterior en sus extremos, dotan al edificio de cierta solemnidad clásica, alejándolo del exhibicionismo estructural de proyectos posteriores.

[12] Chris Wilkinson, *Supersheds* (Oxford: Butterworth Architecture, 1991), 54. "The Extruded Shed".

Monumentalización de la nave bien servida

La obra de Richard Rogers tras la disolución del Team 4, representa una evolución paralela de la "nave bien servida" de los Foster. Las múltiples convergencias e influencias mutuas hacen imposible desvincular la obra realizada por Foster y Rogers entre los años sesenta y ochenta. En 1971, habiendo realizado diversos proyectos residenciales junto a su esposa, Su Rogers, Richard Rogers se asoció con Renzo Piano para participar, junto a la ingeniería Ove Arup & Partners, en el concurso del Centro de Arte Georges Pompidou en París. A pesar de la juventud y falta de experiencia del equipo de arquitectos en edificios de esta envergadura, el jurado, presidido por Jean Prouvé, los proclamó vencedores.

Dadas la magnitud y la relevancia del proyecto, el Centro Pompidou permitió a Rogers y a Piano llevar su particular visión de la "nave bien servida" hasta sus últimas consecuencias. La radicalidad con la que en este edificio se expresan y se diferencian estructura, instalaciones mecánicas, eléctricas y sistemas de transporte vertical, no tiene precedentes en la obra anterior de los arquitectos. La exteriorización de los elementos tecnológicos del edificio y la codificación de los distintos sistemas mediante colores diferenciados, evidencian la voluntad de preservar la legibilidad constructiva del edificio.

A menudo se ha citado la influencia de los proyectos utópicos de la Inglaterra de los años sesenta, como el Plug-in City (1962-1965) de Archigram y sobre todo el Fun Palace (1961-1964) de Cedric Price, como precedentes de la arquitectura del Centro Pompidou, concebida como una auténtica máquina para el cambio, un edificio abierto y por tanto alejado de la tradicional concepción elitista y estática del centro de arte. A pesar de ello, en su materialización, caracterizada por el preciosismo estructural y la complejidad de sus detalles desarrollados específicamente para el proyecto, el Centro Pompidou parece alejado —y hasta casi opuesto— de las ideas de Cedric Price quien, despreocupado por el aspecto final de su arquitectura, consideraba sus edificios en un estado de permanente cambio, sujetos a procesos de transformación constantes y, por tanto, fuera del control del arquitecto. Price concibió el Fun Palace como un entramado flexible, reprogramable y eficiente; como un andamio metálico con pasarelas móviles y puentes grúa que,

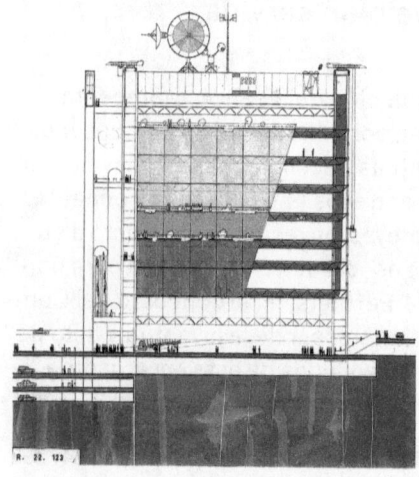

Richard Rogers y Renzo Piano,
Centro Pompidou en París: alzado.
© Rogers, Stirk Harbour + Partners.

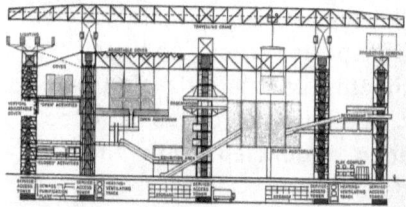

Cedric Price, Fun Palace: sección.
© Canadian Centre For Architecture.

con el objetivo de lograr el mayor grado de flexibilidad, economía y rapidez de montaje, estaba integrado por un número limitado de componentes estándar. Así, mientras que el Fun Palace Price aspiraba a no constituir una imposición sino una estrategia encaminada a hacer que la propia actividad participara en la formalización del edificio, la excesiva diafaneidad espacial del Centro Pompidou coarta la anhelada flexibilidad en el uso de los espacios. Por otro lado, a diferencia del Fun Palace, cuya adaptabilidad pretendía ser ilimitada gracias a la disolución del concepto tradicional de planta, el Centro Pompidou está concebido como una superposición de pisos diáfanos que sólo permiten cierto grado de flexibilidad organizativa.

Expresionismo estructural

Autores como las periodistas Joan Kron y Suzanne Slesin[13] y sobre todo el arquitecto y editor Colin Davies,[14] divulgaron el término High-Tech para encuadrar dentro de una noción de estilo, la obra realizada entre mediados de los años sesenta y principios de los ochenta por toda una generación de arquitectos, principalmente británicos, encabezados por Norman Foster y Richard Rogers, y entre los que también figuran Nicholas Grimshaw, Terry Farrell y Michael Hopkins. La singularidad y la homogeneidad formal de la producción de estos arquitectos, fruto de la aplicación de la tecnología más avanzada, justifican la pertinencia del apelativo High-Tech. Sin embargo, el reduccionismo del término no permite reconocer la transición entre el funcionalismo de la "nave bien servida", —con precedentes en la arquitectura de Buckminster Fuller, Ezra Ehrenkrantz, los Eames, las *Case Study Houses* y la escuela de Hunstanton— y el expresionismo tecnológico de proyectos posteriores, del que la evolución de casa de los Foster en Hampstead constituye un claro reflejo.

Si bien es cierto que en la exteriorización de pilares y vigas, y en la redundancia de algunos elementos estructurales de la fábrica Reliance subyacía la semilla que dio lugar al exhibicionismo tecnológico de proyectos posteriores, cabe establecer una diferenciación entre el modelo de la "nave bien servida", para el que la tecnología constituía principalmente un medio, y la arquitectura del denominado estilo High-Tech, para la que la glorificación de la tecnología se convirtió en un fin en sí mismo. Esta tendencia a englobar toda la producción de estos arquitectos dentro del estilo High-Tech es, en buena parte, debida a la precocidad del Centro Pompidou (1970-76), con el que Rogers y Piano establecieron los parámetros definitorios del mencionado estilo, nueve años antes de que los Foster concibieran el que sería el segundo hito de la arquitectura High-Tech: el banco de Honk Kong y Shanghái, también fruto de un concurso ganado en 1979.

---

[13] Joan Kron y Suzanne Slesin, *High-Tech: The Industrial-Style and Sourcebook for the Home* (New York: Clarkson Potter, 1979).
[14] Colin Davies, *High Tech Architecture* (London: Thames and Hudson, 1991).

Si bien el exhibicionismo tecnológico caracteriza la obra de Richard Rogers desde la disolución del Team 4, en el caso de Norman Foster, este gusto por la expresión de la estructura no se manifiesta claramente hasta años más tarde, en 1979, con proyecto como la casa en Hampstead, el edificio Renault en Swindon y el banco de Honk Kong y Shanghái, todos ellos bajo el influjo del éxito del Centro Pompidou y, a la vez, fruto de la evolución de la arquitectura de la "nave bien servida". De forma análoga a la de su antiguo socio, Richard Rogers diseñó, durante los años setenta, diversos edificios para empresas relacionadas con el mundo de la tecnología que, por su acusado expresionismo estructural, resultan más próximos al proyecto de la vivienda en Hampstead que los realizados por los propios Foster.

Así, junto a proyectos como la fábrica de Universal Oil Products en Surrey (1973) y los laboratorios de PA Technology en Cambridge (1975-1983) que, por su contención formal están emparentados con la "nave bien servida" de los Foster, los Rogers desarrollaron proyectos caracterizados por su heroísmo estructural, como las oficinas para B&B Italia en Como (1972-1973), en el que las cerchas trianguladas conforman tanto la estructura vertical como la horizontal del edificio; y posteriormente la fábrica Fleetguard en Quimper (1979-1981), la fábrica de microprocesadores INMOS en Newport, Gales (1982), los laboratorios NAPP en Cambridge (1979) y los laboratorios de PA Technology en Princeton (1982), cuyas colosales estructuras atirantadas y pintadas en colores primarios se justifican desde el ahorro de material, la flexibilidad interior, la posibilidad de crecimiento y la rapidez de ejecución.

Proyectos posteriores de Foster Associates como el Hammersmith Centre en Londres (1977-1979), el Open House en Cwmbran (1978) y el centro de ocio Granada en Milton Keynes (1979), elaborados en paralelo al diseño de la casa en Hampstead, constituyen las aplicaciones más ambiciosas y experimentales de la "nave bien servida" de los Foster, a la vez que denotan una clara influencia de la arquitectura de Richard Rogers. Todos estos proyectos consisten en enormes contenedores capaces de alojar los más diversos usos en el interior de una misma envolvente.

Podemos afirmar que la vivienda de los Foster en Hampstead, cuya arquitectura gravita entre el expresionismo estructural de la obra de Richard

Rogers y la contención formal de la obra de los Foster, evidencia las influencias mutuas entre la arquitectura de los Foster y la de los Rogers.

Como señala Kenneth Frampton, "durante un tiempo, esta diferenciación permitió distinguir entre las actitudes retóricas adoptadas respectivamente por los estudios de Foster y de Rogers: el primero prefería fundamentalmente la piel y el segundo situaba la carga expresiva primordial en la estructura. Sin embargo, más adelante Foster Associates modificó su planteamiento, orientándose cada vez más hacia la expresión extrínseca de la estructura, especialmente en la fábrica Renault en Swindon [...] y en la sede central de la Hongkong & Shanghái Banking Corporation, en Hong Kong".[15]

Los edificios del Lloyd's Register en Londres (1978-1986) de Richard Rogers y del banco del Hong Kong and Shanghái Bank en Hong Kong (1979-1986) de Norman Foster, pueden interpretarse como la aplicación del modelo de la "nave bien servida" a la edificación en altura. El acusado expresionismo estructural exhibido por ambos edificios los convierte en dos de los ejemplos más paradigmáticos del denominado estilo High-Tech. En ambos edificios, la descentralización de los núcleos de comunicación y la liberación del espacio interior, gracias a la presencia de robustas estructuras trianguladas expuestas al exterior, confieren al edificio un marcado carácter monumental. Pese a ello, la expresión de la estructura metálica carece de la potencia de obras anteriores, debido a la necesidad de proteger el acero frente al fuego, en el caso del Lloyd's, mediante recubrimientos de hormigón y, en el del banco de Hong Kong, mediante la aplicación de tres capas anticorrosivas de cemento, mantas de fibra cerámica y paneles de aluminio.

De este modo, mientras que la exposición de las enormes vigas-puente trianguladas del banco de Hong Kong favorece la legibilidad constructiva de cada uno de los elementos estructurales del conjunto y proporciona una expresión diferenciada a las plantas intermedias entre bloques de oficinas, la desmaterialización del acero estructural, oculto tras un revestimiento cosmético de paneles de aluminio, conlleva una pérdida del carácter tectónico de la estructura. Esto aleja a

---

15 Kenneth Frampton, *Modern Architecture: A Critical History* (London: Thames and Hudson, 1980), 306.

la arquitectura del Banco de Hong Kong de la sinceridad constructiva de las realizaciones anteriores de la "nave bien servida". Cabe señalar que en las propuestas preliminares para el concurso del banco de Hong Kong, los Foster consideraron utilizar una estructura expuesta de acero inoxidable con pintura ignífuga y —como en el Centro Pompidou— un sofisticado sistema de enfriamiento por agua como protección adicional contra el fuego. Sin embargo, las connotaciones peyorativas de las triangulaciones invertidas en la simbología del Feng Shui, obligaron a los Foster a buscar una solución estructural alternativa.

Con el centro de distribución de Renault en Swindon, claramente influenciado por la fábrica Fleetguard en Quimper de Richard Rogers, los Foster iniciaron su colaboración con la ingeniería de Arup & Partners, hasta entonces colaboradores habituales del estudio de Richard Rogers. El proyecto de la casa de Hampstead fue, por tanto, la última colaboración con el ingeniero Anthony Hunt, cuyo estudio, de tamaño reducido, había formado parte integral de Foster Associates desde sus inicios.

Tal vez movido por un cierto rencor, Anthony Hunt alerta sobre el cambio de orientación de la arquitectura de los Foster acontecido tras el cese de su colaboración, cuando afirma que "la arquitectura del estudio fue haciéndose progresivamente más compleja y apartándose de la realidad. Edificios como el centro de distribución de Renault parten de una idea distinta. No son realmente sistemas, sino que lo que se impone es el expresionismo de la estructura".[16] Como ha observado Kenneth Frampton, el edificio de Renault representa un "'tour de force' en expresión estructural. Junto con el banco de Hong Kong y Shanghái, representa una ruptura decisiva con el paradigma recibido de Foster, dado que aquí la estructura es retóricamente expresada como un exoesqueleto modulado que recorre todo el edificio. Esto representa una apartamiento radical del principio de envolver la estructura con una membrana".[17] Por primera vez en la obra de los Foster, la estructura, pintada en amarillo, domina la apariencia y la configuración de la "nave bien servida". La aparatosa estructura atirantada, formada por módulos cuadrados con mástiles en sus cuatro esquinas y vigas alveoladas,

---

[16] Ver "Meccano Man: una conversación con Anthony Hunt".
[17] Kenneth Frampton "On Norman Foster," en *On Foster...Foster On* (London: Prestel, 2000), 398.

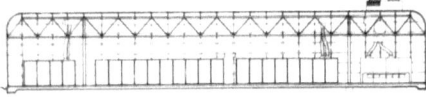

Richard Rogers, fábrica de Universal Oil Products en Surrey: sección.
© Rogers, Stirk Harbour + Partners.

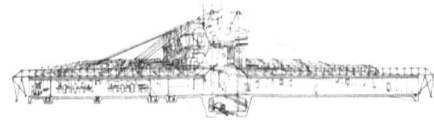

Richard Rogers, fábrica de microprocesadores INMOS en Newport, Gales: sección fugada.
© Rogers, Stirk Harbour + Partners

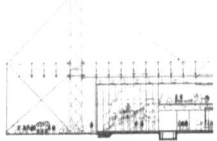

Richard Rogers, laboratorios NAPP en Cambridge: sección.
© Rogers, Stirk Harbour + Partners.

Richard Rogers, laboratorios PA Technology en Princeton: sección.
© Rogers, Stirk Harbour + Partners.

presenta un perfil que constituye la expresión directa del diagrama de momentos flectores.

La redundancia de la estructura perimetral encuentra su justificación en la capacidad de ampliación del edificio en cualquier dirección mediante la adición de nuevos mástiles estructurales. Cabe destacar que, dos años más tarde, los Foster simplificaron y perfeccionaron este esquema estructural en el aeropuerto de Stansted (1981-1991), cuya ingeniosa estructura de tipo paraguas estaba destinada a permitir el futuro crecimiento de la terminal, mediante la agregación de nuevos módulos cuadrados.

El esmerado diseño de los nudos estructurales del edificio Renault, compuestos por piezas de fundición en acero que recuerdan a las diseñadas por Peter Rice para el Centro Pompidou, y la profusión de perfiles y componentes diseñados específicamente para el proyecto, convierten al edificio en un sofisticado ejercicio de artesanía industrial.

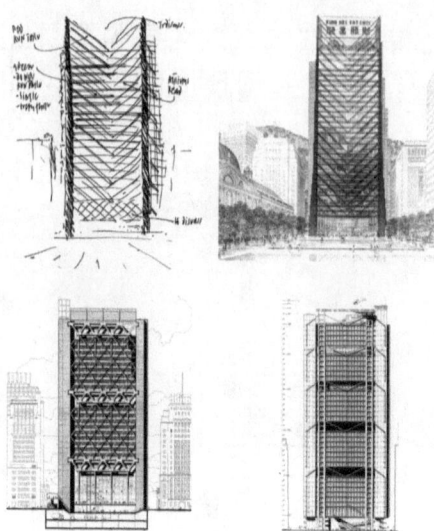

Sede del Banco de Hong Kong en Hong Kong: evolución del proyecto.
© Norman Foster Foundation Archive.

Esta innecesaria complejidad contrasta sin duda con el lema funcionalista del "más con menos" heredado de Buckminster Fuller. Cabe, en este sentido, recordar las palabras pronunciadas por Norman Foster diez años antes: "somos un nuevo tipo de oficina de arquitectura, un puente entre el potencial de nuevas ideas y su realización en términos prácticos. Cada proyecto, para nosotros, es una especie de reto para lograr más con menos".[18]

La importancia de la estructura cobra una nueva dimensión en la serie de proyectos realizados por los Foster en colaboración con Buckminster Fuller: el teatro Samuel Beckett en Oxford (1971), el Climatroffice (1971), el pabellón para la Exposición Internacional de la Energía en Knoxville (1978) y la Autonomous House en Los Ángeles (1982-1983), tienen en común la concepción de la estructura como el elemento generador de la forma del edificio. En todos estos proyectos la identi-

[18] Martin Pawley, "The Years of Innovation," en *On Foster...Foster On* (London: Prestel, 2000), 191.

ficación entre estructura y cerramiento desafiaba la tradicional distinción entre cubierta, fachada y estructura.

Así, la Autonomous House, diseñada para el propio Fuller y su mujer —y de la que Foster tenía la intención de construir una versión para sí mismo en Whiltshire— representa un segundo intento, tras el proyecto en Hampstead, por ver realizado el sueño de la casa tecnológica. La Autonomous House prometía ser un edificio energéticamente autónomo, consistente en una doble cúpula de cinco octavos de esfera que, a diferencia de las famosas cúpulas geodésicas, estaba compuesta por componentes ensamblables. Equipada con un sofisticado sistema hidráulico, la cúpula exterior de 15 metros de diámetro era capaz de rotar alrededor de la cúpula interna para proporcionar diversos grados de privacidad y de protección solar a lo largo del día. Los intersticios entre las dos cúpulas actuaban de amortiguadores térmicos, permitiendo crear un microclima interior gracias a la circulación controlada de aire caliente o frío, dependiendo de la temperatura exterior. Desafortunadamente, la muerte de Fuller en 1983 puso punto y final a uno de los proyectos más ambiciosos de los Foster.

Estilismo tecnológico

Tal como sentencia Colin Davies en la frase de apertura de *High Tech Architecture*, "los arquitectos High Tech están todos de acuerdo en al menos una cosa: odian el término 'High Tech'".[19] Es más: estos arquitectos, herederos del funcionalismo del primer Movimiento Moderno, para quienes la forma debe ser fruto de la necesidad, repudian la idea misma de estilo aplicada a su propia obra.

A pesar de ello, tal como observamos en la evolución de la arquitectura de los Foster, el funcionalismo de la "nave bien servida" deriva paulatinamente en un expresionismo tecnológico fácilmente adscribible a una corriente estilística. Un nuevo academicismo cuyos límites llegan incluso a confundirse, durante los años ochenta, con los del denostado pos-

---

[19] Colin Davies, *High Tech Architecture* (London: Thames and Hudson, 1991), 6.

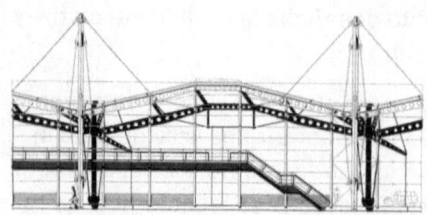
Fábrica Renault en Swindon: alzado.
© Norman Foster Foundation Archive.

modernismo, por el que muchos de los arquitectos ligados a la última etapa del Movimiento Moderno, como James Stirling, Philip Johnson, Hans Hollein e incluso arquitectos pioneros del High-Tech, como Terry Farrell, se dejarían seducir.

Resulta, en este, sentido relevante recordar la lectura que desde el posmodernismo se hizo de la nave bien servida, en especial a través de la feroz crítica de Léon Krier —antiguo colaborador de James Stirling— al Sainsbury Centre. Una crítica que, sin embargo, el propio Norman Foster no tuvo inconveniente en publicar en su libro *On Foster... Foster On*. Krier tachó a la arquitectura de la "nave bien servida" de fraude y acusó a los Foster de confundir necesidad con estilismo y de promover una estética que calificó de "*nostalgia* por unos métodos de producción industrial anticuados y objetivamente innecesarios".[20] Criticó asimismo la producción de series limitadas de componentes, que según afirmaba "tiene tan poco que ver con la producción industrial en 1978 como lo tendría la construcción de un templo clásico hoy en día [...] la idoneidad de la nave de grandes luces estructurales para cualquier situación" y de su "indulgencia en el mito de la producción en serie y los detalles estándar en un falso mito de modernidad".[21] En la pretendida neutralidad y eficiencia de la nave bien servida de los Foster se escondía en realidad, para Krier, la obsesión por la materialización

---

[20] Léon Krier, "Speaking of the Sainsbury Centre," en *On Foster...Foster On* (London: Prestel, 2000), 52.
[21] Ibid., 52-53.

de un estilismo industrial que, ignorando distinciones tipológicas utiliza el contenedor neutro para resolver cualquier problema. En palabras de Krier, "Foster nos está forzando a comer sopa con un tenedor, y con un tenedor muy bien diseñado para este propósito. Si te fuerzan a comer sopa con un tenedor [...] podrías incluso llegar a olvidarte de la existencia de las cucharas [...] estamos en presencia de un hombre extremadamente obstinado, quien, dado el caso, forzaría cualquier cosa, hasta incluso a su abuela, dentro de la misma nave".[22]

Por otro lado, parece lícito recriminar a la "nave bien servida" su fracaso en la pretendida obtención de flexibilidad, cuya obtención no depende exclusivamente de la provisión de grandes luces estructurales, así como las inevitables limitaciones de aparente capacidad infinita de ampliación. Así, en la ampliación del Sainsbury Centre, originalmente concebido como una nave extruida ampliable longitudinalmente, los propios arquitectos renunciaron a la adición de nuevos pórticos estructurales, en favor de una solución semienterrada, más compacta y funcional, que preservaba la pureza del contenedor prístino.

También Peter Buchanan cuestionó la pretendida flexibilidad de la nave bien servida por considerarla más próxima a lograr "el sueño corporativo de la planta panóptica, destinada a obtener la máxima productividad de una fuerza de trabajo bajo continua vigilancia", que a materializar la promesa de libertad del sueño hippie de Reyner Banham o a cristalizar la utopía nómada postapocalíptica de Archigram.

---

[22] Ibid., 53-54.

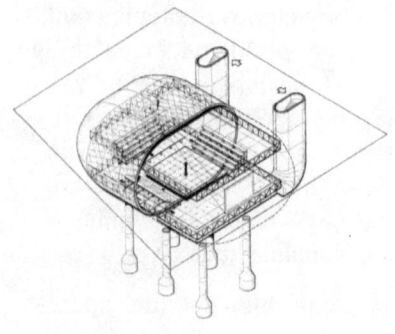

Teatro Samuel Beckett: dibujo de Jan Kaplický.
© Norman Foster Foundation Archive.

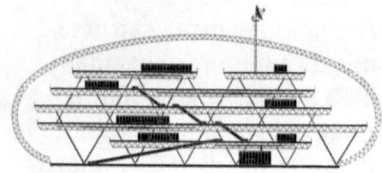

Climatroffice: dibujo de Birkin Haward.
© Norman Foster Foundation Archive.

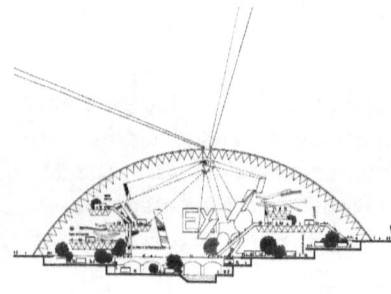

Pabellón para la Exposición Internacional de la
Energía de Knoxville: sección.
© Norman Foster Foundation Archive.

INTEGRACIÓN DE SISTEMAS

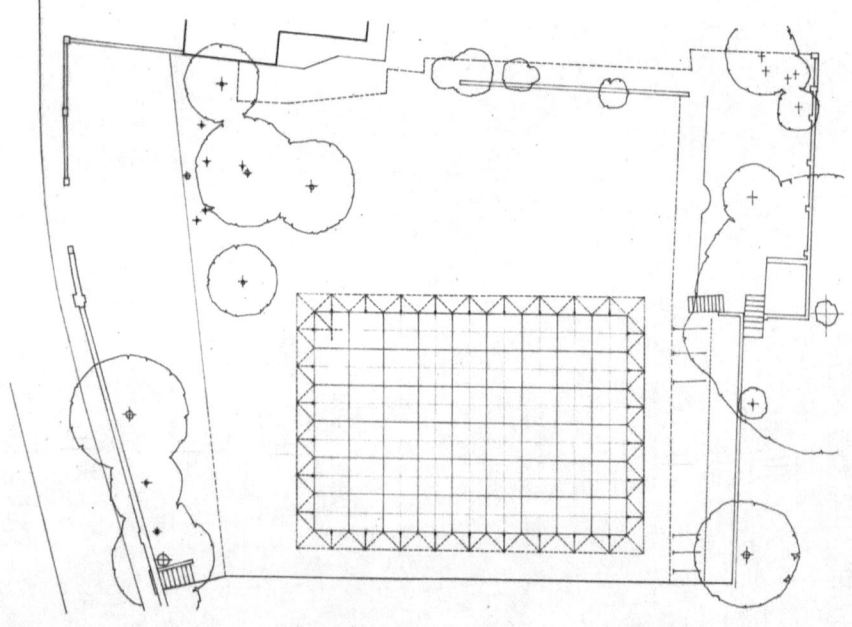

Casa Foster en Hampstead: planta. © Norman Foster Foundation Archive.

"Por aquel entonces su palabra favorita era 'sistemas'".[1]

Versión 3 (agosto de 1978)

La tercera versión del proyecto de los Foster en Hampstead constituye una variante de las dos versiones anteriores. La planta de la vivienda muestra un espacio vacío, subdividido por una retícula de 9 x 6 módulos cuadrados y rodeado por una estructura perimetral. En ella no se distinguen estancias, núcleos de servicio ni nada que permita adivinar el carácter doméstico del proyecto.

Dando muestras de su origen fabril, la casa consiste en una nave diáfana de pilares y vigas trianguladas que, expuestas al exterior procuran a sus habitantes un espacio perfectamente rectangular, flexible y eficiente. El espesor del esqueleto estructural que, al igual que en las versiones anteriores, está totalmente exteriorizado, se incrementa sustancialmente.

Si bien no se trata de una "nave extruida", dado que los pórticos están dispuestos bidireccionalmente, la casa parece anticipar la solución estructural del Sainsbury Centre, inaugurado un año más tarde. De este modo, el esqueleto perimetral triangulado permite, a través de sus oquedades, la distribución de las instalaciones y procura alojamiento a las cápsulas de servicio. Oculto tras la fachada, sobre el falso techo y bajo el suelo técnico modular, el "dominio de las máquinas" permanece, así, completamente segregado del de las personas para dotar al espacio doméstico de un grado de flexibilidad propio del de las oficinas tecnológicas proyectadas por los Foster pocos años antes.

Pero, en esta versión de la casa, la estructura portante actúa, además, de soporte para los elementos de protección solar, dispuestos tanto en la fachada como en la cubierta, cuya distribución, aparentemente arbitraria, sugiere la posibilidad de su reubicación en función de las necesidades del espacio interior.

---

[1] Deyan Sujdic, "Foster Mark Three," en *On Foster...Foster On*, ed. David Jenkins (London: Prestel, 2000), 316.

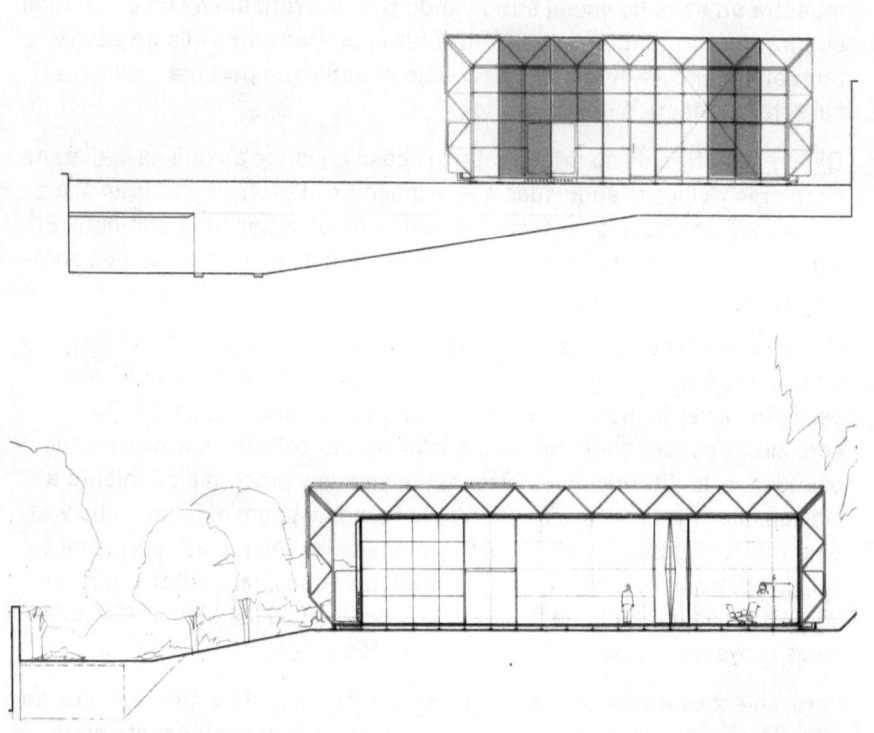

Casa Foster en Hampstead: alzado y sección. © Norman Foster Foundation Archive.

El armazón estructural permite, por tanto, aglutinar las instalaciones en el seno de una envolvente bicapa, en la que la fachada interior proporciona el cerramiento térmico —opaco o acristalado—, mientras que la piel exterior regula la entrada de luz natural mediante elementos móviles de control solar.

La estructura perimetral constituye, así, un marco de servicio destinado a obtener la planta flexible por antonomasia, gracias a la aplicación de la principal estrategia proyectual de la "nave bien servida": la integración estratégica de los distintos sistemas que la componen, en un edificio modular en el que los elementos técnicos son trasladados al perímetro para liberar el espacio interior.

Integración

El propio Norman Foster reconoce la importancia del concepto de integración en su obra cuando afirma: "si observas los proyectos actuales de la oficina y estudias su historia —ya sea un proyecto inicial como el Reliance Controls o uno posterior como el Aeropuerto de Hong Kong en Chek Lap Kok— te darás cuenta de que todos tratan sobre la integración".[2] Sin embargo, conviene advertir que el concepto de integración adquiere en la obra de los Foster un doble significado:

Por un lado, supone la convivencia de actividades y usos diversos bajo un mismo techo. Los planteamientos introducidos por la "nave bien servida" ofrecen por tanto, a través de la integración de sistemas, la posibilidad de replantear tipologías establecidas. Así, del mismo modo que la fábrica de Reliance Controls perseguía democratizar el edificio fabril reuniendo producción y administración en un único espacio, la escuela en Newport aspiraba a reinventar el edificio escolar —mediante la integración de espacios aprendizaje, investigación, deporte y ocio bajo una misma cubierta—, en el edificio de IBM en Cosham se logra, por primera vez, la disolución del ordenador en el espacio de trabajo, y en el Sainsbury Centre se reinterpreta el concepto de centro de arte al permitir que las zonas de

---

[2] Norman Foster entrevistado por Marc Emery en *L'Architecture D'Aujourd'hui*, No. 243 (febrero 1986): LVIII.

exhibición, aprendizaje, administración y de esparcimiento compartieran un mismo espacio; la "casa tecnológica" en Hampstead estaba destinada a "reinventar" el concepto tradicional de vivienda, es decir, a plantear transformaciones en el modo de habitar.

Por otro lado, el concepto de integración actúa también como mediador entre arquitectura y tecnología, dado que, como escribe Leonard R. Bachman, es capaz de proporcionar "un marco explícito para seleccionar y combinar los componentes del edificio de modo propositivo e intencionado".[3] El libro de D. Rush *The Building Systems Integration Handbook*[4] y, posteriormente, el de Leonard R. Bachman *Integrated Buildings*, constituyen intentos recientes por establecer las bases de una teoría moderna de la integración de sistemas, sustentada en numerosos diagramas y en el análisis gráfico de diversos edificios contemporáneos.

Rush fundamenta su análisis en la distinción de cuatro tipos de sistemas: 1) estructura portante, 2) envolvente, 3) sistemas mecánicos y 4) interior. Las combinaciones entre estos cuatro tipos de sistemas originan a su vez once distintas combinaciones básicas posibles, siendo el arquitecto el responsable de su adecuada integración en el edificio. Como afirma Richard Rush, aunque la integración de sistemas se da necesariamente en cualquier edificio, ésta es raramente fruto de un proceso consciente.

Rush distingue, además, cinco niveles de integración: 1) integración remota —cuando no existe contacto físico entre sistemas—, 2) integración de contacto —cuando existe contacto pero no conexión permanente entre sistemas—, 3) integración de conexión —cuando dos sistemas están en contacto permanente—, 4) integración imbricada —cuando dos sistemas se interpenetran y ocupan el mismo espacio— y 5) integración unificada — cuando no hay distinción alguna entre dos sistemas—. Teniendo en cuenta que los cuatro sistemas pueden combinarse de once maneras distintas y de acuerdo a cinco distintos niveles de integración, la tarea del arquitecto como integrador de sistemas se vuelve enormemente compleja.

---

[3] Leonard R. Bachman, *Integrated Buildings: The Systems Basis of Architecture* (Hoboken: John Wiley & Sons, 2003), 4.
[4] Richard D. Rush, ed., *The Building Systems Integration Handbook* (New York: John Wiley & Sons, 1986).

Tras un exhaustivo estudio de las distintas formas posibles de integración, Rush propone el análisis de un conjunto ecléctico de edificios. Junto a obras relativamente desconocidas, como la fábrica de Herman Miller en Holland Michigan o el hospital general Walter Reed en Washington D. C., Rush analiza el museo de arte Kimbell en Fort Worth (1967-1972), fruto de la colaboración del arquitecto Louis Kahn y el ingeniero August Komendant. La ingeniosa cubrición con bóvedas de hormigón, que actúan a la vez de elemento estructural, de cerramiento, de conducto para la distribución de instalaciones de aire y electricidad, y de reflector de luz natural y artificial, representa un paradigma de la integración de sistemas.

Siguiendo la pauta de Rush, Bachman, para quien integración significa "agrupar todos los componentes del edificio de forma empática, enfatizando la sinergia entre las partes sin comprometer su integridad",[5] elabora una serie de "estudios anatómicos de los sistemas utilizados en edificios singulares, como si nos encontráramos en un laboratorio de biología".[6] A los cuatro sistemas propuestos por Rush, Bachman agrega uno nuevo al que denomina "emplazamiento" y, frente a las cinco categorías analíticas identificadas por su predecesor, Bachman propone tres modos de integración, más arquitectónicos, pero de límites más imprecisos: 1) integración física —cuando sus componentes comparten un mismo espacio físico en el edificio—, integración visual —la combinación expresiva de los componentes y 3) integración funcional —cuando los componentes comparten una misma función—. Bachman recurre de nuevo al museo Kimbell para ilustrar las cuatro formas de integración y las múltiples interconexiones entre ellas, y completa su análisis con el estudio de casos prácticos, que incluyen edificios como la casa de los Eames en Santa Mónica, obras de Louis Kahn, Eero Saarinen, Norman Foster y Richard Rogers, entre otros.

Tanto los discursos de Rush y Bachman parecen sustentarse en la idea, ya expuesta por el teórico noruego Christian Norberg-Schultz en los años sesenta, de la arquitectura entendida como herramienta capaz de ordenar las complejidades de nuestro entorno. Así, Norberg-Schultz definía los "sistemas arquitectónicos" como "la forma típica de organizar la totali-

---

[5] Leonard R. Bachman, *Integrated Buildings* (Hoboken: John Wiley, 2003), 16.
[6] Ibid., VII.

dad arquitectónica",[7] entendiendo la totalidad arquitectónica como "una labor del edificio desempeñada técnicamente dentro de un estilo".[8] Cabe advertir que Norberg-Schultz utilizaba el término "estilo" para "designar una organización formal característica".[9] Pero Norberg-Schultz no se limitó al estudio de los aspectos físicos y prácticos de la arquitectura, sino que, además, incorporó a su complejo discurso consideraciones sociales, culturales y simbólicas, ausentes en la obra de Rush y Bachman.

Pensamiento sistémico

Esta concepción de la arquitectura como integración de sistemas concuerda, una vez más, con el pensamiento analítico sistemático expuesto por Chermayeff y Alexander en *Community and Privacy*, en el que los autores afirman que "un problema debe fragmentarse de acuerdo con sus intersticios. La mayoría de las partes de un problema están tan estrechamente vinculadas entre sí que de nada sirve considerarlas independientemente. Debemos intentar hallar partes que se configuren con tanta integridad que puedan ser consideradas como unidades aisladas".[10] La casa del propio Chermayeff en New Haven, con su integración jerárquica de instalaciones y estructura, constituye una clara aplicación práctica de esta estrategia proyectual.

De este planteamiento se desprende que la labor del diseñador no consiste en otra cosa que en crear orden o, en palabras de Chermayeff, en "organizar material en conflicto y darle forma [...], en hacer que el pensamiento sistémico ejerza su propia función en la producción de la forma".[11] Se trata pues de analizar la complejidad del edificio a través de una visión integral del conjunto, lo cual, como observaba Le Corbusier, convierte al arquitecto en un auténtico organizador: "la arquitectura es organización. Usted es un organizador y no un estilista de tablero de dibujo".

---

[7] Christian Norberg-Schultz, *Intentions in Architecture* (Cambridge: MIT Press, 1965), 104.
[8] Ibid., 104.
[9] Ibid.
[10] Serge Chermayeff y Christopher Alexander, *Community and Privacy* (London: Anchor Books, 1965), 160.
[11] Ibid., 107.

Atendiendo al paralelismo entre los campos de la arquitectura y la biología establecido por Leonard Bachman, cabe interpretar esta concepción del edificio, entendido como complejidad organizativa resultante de la integración de sus sistemas, como una aplicación al campo de la arquitectura del denominado *pensamiento sistémico*, muy en boga en el campo científico a finales de los años sesenta.

Los orígenes del *pensamiento sistémico* se remontan a la *Teoría General de Sistemas*, fundada por el biólogo austríaco Ludwig von Bertalanffy en 1937. Más que una teoría, la *Teoría General de Sistemas* era una escuela interdisciplinar de pensamiento, cuyas contribuciones se extendieron, a partir de los años cincuenta, a diversos campos del pensamiento científico, a la filosofía, las ciencias sociales, la psicología y la ingeniería. Entendiendo el sistema como una complejidad organizada, constituida por un número de subsistemas o componentes en interacción —"conjuntos de elementos en interacción"—,[12] la *Teoría General de Sistemas* consistía en la aplicación del marco conceptual del pensamiento sistémico como forma de aproximación a un problema determinado. Distanciándose del reduccionismo científico y filosófico de Descartes, el pensamiento sistémico se basaba en el análisis de los componentes —o partes integrantes de un sistema—, no de forma aislada, sino en su relación con otros componentes del mismo sistema y en su relación con otros sistemas.

Así von Bertalanffy, quien aspiraba a la "unidad de la ciencia", criticaba el reduccionismo del método científico moderno afirmando que "podemos destacar como una característica de la ciencia moderna, que este esquema de unidades aisladas actuando en una causalidad unidireccional es demostradamente insuficiente. Por tanto la aparición, en todos los campos científicos, de nociones como totalidad, holística, organicismo, Gestalt, etc., significan que, como último recurso, debemos pensar en términos de sistemas de elementos en interacción mutua".[13] Refiriéndose a la aplicación de la Teoría General de Sistemas al campo de la biología, von Bertalanffy sostenía que "es necesario estudiar las partes y los procesos no solo de manera aislada, sino también resolver problemas decisivos propios de la organización y el orden, de forma unificada, en-

---

[12] Ludwig von Bertalanffy, *General System Theory: Foundations, Development, Applications* (New York: George Braziller, 1968), 38.
[13] Ibid., 45.

tendiéndolos como resultado de la interacción dinámica de las partes, y haciendo que el comportamiento de las partes difiera cuando se estudia de forma aislada o cuando se estudia como parte del todo".[14]

De este modo, para la ciencia sistémica el único modo de afrontar un problema o de explicar un fenómeno, es entendiendo sus partes constituyentes en relación con el todo. Esto implica identificar el lugar que ocupa el componente dentro del sistema o el sistema dentro del suprasistema o, lo que es lo mismo, el reconocimiento de la importancia del concepto de jerarquía. El denominado pensamiento sistémico se basaba, por tanto, en la interdisciplinariedad, es decir, en el conocimiento de la relación entre los sistemas, es decir, las influencias que un sistema ejerce sobre otro y sobre el conjunto.

La importancia concedida por la corriente científica del pensamiento sistémico a conceptos tales como integración, jerarquía e interdisciplinariedad, permiten establecer, por tanto, un claro paralelismo entre las teorías de von Bertalanffy y la aplicación de la integración de sistemas en arquitectura.

Pioneros de la integración de sistemas

Es posible considerar al Crystal Palace en Londres, fruto de la colaboración del jardinero y arquitecto Joseph Paxton, y el constructor Charles Fox (1850-51), como un precedente de la "nave bien servida", por su introducción de novedosas técnicas de construcción modular —como el uso de paneles de vidrio estandarizados y componentes prefabricados de acero fundido— y por la doble función desempeñada por algunos de sus componentes. Tal es el caso de los ingeniosos canalones pluviales que, durante la construcción, servían de raíles para las góndolas sobre las que los operarios acristalaban la cubierta, y los pilares huecos de fundición, que actuaban como bajantes.

Pero los precedentes de la integración de sistemas como estrategia proyectual se hallan principalmente en Estados Unidos, en las realizacio-

[14] Ibid., 31.

nes de la Escuela de Chicago, en las que el uso de estructuras metálicas favoreció la vinculación de los sistemas de ventilación e iluminación a un incipiente sistema de muro cortina, y en los edificios de Frank Lloyd Wright —que Norman Foster conoció gracias al libro de Henry-Russell Hitchcock *In the Nature of Materials*—, como el Larkin (1906) en Búfalo, con su integración de sistemas ambientales y mobiliario industrializado, o el Johnson Wax Administration Center (1939) en Racine, Wisconsin, con su organización unitaria de los empleados y la integración de sistemas de acondicionamiento ambiental.

Esta concepción integral del proyecto tuvo continuidad en la obra del ingeniero, arquitecto e inventor Buckminster Fuller —mentor y colaborador de Norman Foster—, para quien "un diseñador es la síntesis emergente de artista, inventor, mecánico, economista y estratega".[15] Así, en la futurista casa Dymaxion, adaptando estructuras ligeras propias de la industria aeronaval, Fuller planteó una vivienda en forma de anillo hexagonal suspendida de un mástil central que aglutinaba sus servicios mecánicos.

Como advierte Kenneth Frampton, "en cuanto a las influencias americanas, debemos reconocer la presencia del talento del arquitecto americano Louis Kahn en muchas de las obras de Foster. Especialmente la distinción metodológica de Kahn entre espacios servidores y servidos".[16] La característica articulación formal de "espacios servidores" y "espacios servidos", propia de las realizaciones de Louis Kahn, en colaboración con el ingeniero de estructuras August Komendant, es palpable en obras como los laboratorios Richards Medical (1957-60) en Filadelfia.

Así, las monumentales torres de servicio de los laboratorios Richards Medical, integraban ventilación, estructura y núcleos de comunicación vertical, y constituían además, a pesar de su carácter estrictamente funcional, el principal elemento expresivo del conjunto. Como señalaba el propio Kahn, su intención nunca fue la de construir una apología de las instalaciones mecánicas, sino expresar la distinta naturaleza de los

---

[15] Richard Buckminster Fuller, *Ideas and Integrities: A Spontaneous Autobiographical Disclosure*, ed. Robert W. Marks (Englewood Cliffs, NJ: Prentice-Hall, 1963), 176.
[16] Kenneth Frampton, "On Norman Foster," en *On Foster...Foster On* (London: Prestel, 2000), 387.

Edificio Alfred Newton Richards Research Building and Biology en Filadelfia: boceto de Louis Kahn. © Estate of Louis I. Kahn.

elementos que constituyen el edificio: "estas torres son conductos de ventilación independientes. Hoy se las está entendiendo como piezas de exposición. Jamás se me ocurriría. No lo merecen. [...] No estaba haciendo joyería a partir de ductos de ventilación. Son simples, pero no vulgares".[17] No obstante Reyner Banham, en su artículo *A Home is not a House*, criticó a los arquitectos modernos por su falta de coherencia en la adecuada expresión de las instalaciones mecánicas, que achacó a una falta de preparación ante la amenaza de lo que denominaba la "nueva invasión mecánica".[18] De este modo, Banham criticó los laboratorios Richards Medical por su innecesaria "dramatización" de las instalaciones mecánicas.

Pero la principal influencia de Kahn sobre Norman Foster fue la Galería de Arte de Yale, terminada en 1953. En su piso superior Norman Foster, Richard Rogers y otros once estudiantes trabajaron día y noche a las órdenes de Paul Rudolph, bajo una cubierta repleta de innovaciones tec-

---

[17] Louis Kahn entrevistado por John W. Cook y Heinrich Klotz para "Conversations with Architects," en *What Will Be Has Always Been, The Words of Louis I. Kahn* (New York: Access y Rizzoli, 1986), 184-210.
[18] Reyner Banham, "A Home Is Not a House," *Art in America* No.2 (abril 1965): 109.

nológicas. Una cubierta cuya estructura espacial tetraédrica —inspirada en la "Octet Truss" de Buckminster Fuller—[19] actuaba a su vez de conducción de aire. Este edificio representaba para Kahn "el comienzo de la planta moderna, en lo que hace a la distinción entre servicio y espacio".[20] El cielorraso de hormigón, una "losa espacial" suspendida, formada por tetraedros, actuaba de espacio servidor, permitiendo la subdivisión de los grandes espacios polivalentes mediante particiones multidireccionales. La contención de los espacios servidores estaba, por tanto, destinada a dotar a los espacios servidos de la máxima libertad y flexibilidad.

También la sede administrativa de John Deere en Moline, Illinois (1956-1964), diseñada por el estudio de Eero Saarinen and Partners, contando con Kevin Roche y John Dinkeloo como expertos en tecnología, constituye un ejemplo de integración de sistemas aplicada a una edificación en altura. Además de contar con generosos suelos y techos técnicos para la distribución de instalaciones eléctricas y mecánicas, la innovadora estructura de acero cortén, expuesta al exterior, actuaba también de protección solar.

Pero fueron las investigaciones llevadas a cabo por el discípulo de Konrad Wachsmann, Ezra Ehrenkrantz, primer teórico de la integración de sistemas, las que ejercieron una influencia directa en la "nave bien servida" de Norman Foster. En particular a través del *School Construction Systems Development* (SCSD), un programa iniciado en Inglaterra y trasladado posteriormente a los Estados Unidos a principios de los años sesenta, destinado a la provisión de edificios escolares eficientes y de bajo coste.

El SCSD puede interpretarse como una evolución del programa de construcción escolar de Hertfordshire, que entre 1946 y 1964 dio lugar a la construcción de 175 centros escolares. Fruto de la estrecha colaboración entre arquitectos, ingenieros, educadores y la industria del acero, las escuelas de Hertfordshire fueron pioneras en la aplicación de la prefabricación a gran escala, debido a la escasez de materiales de construcción durante la postguerra. Todas las escuelas fueron concebidas a partir de

---

[19] Louis Kahn mantuvo contacto regular con Buckminster Fuller durante los años cincuenta.
[20] Louis Kahn entrevistado por John W. Cook y Heinrich Klotz para "Conversations with Architects," en *What Will Be Has Always Been, The Words of Louis I. Kahn* (New York: Access y Rizzoli, 1986), 184-210.

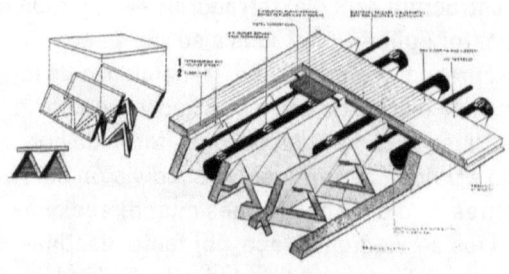

Louis I. Kahn, Galería de Arte de la Universidad de Yale en New Haven: axonometría mostrando la integración de los sistemas estructural y de distribución de aire.
© Universidad de Pensilvania, Colección Louis I. Kahn.

un sistema constructivo estandarizado, basado en unidades estructurales modulares de acero, capaces de conectarse en cualquier dirección, permitiendo una enorme flexibilidad en el planeamiento del conjunto. Frente a los sistemas cerrados de prefabricación —como los de Marcel Breuer, Walter Gropius y Konrad Wachsmann— cuyos componentes estaban predeterminados, quedando el arquitecto obligado a desarrollar su vocabulario específico, Ezra Ehrenkrantz, siguiendo la pauta de las escuelas de Hertfordshire, propuso sistemas abiertos, cuyos elementos integrantes —estructuras, instalaciones, particiones, etc.— eran compatibles con otros sistemas y con componentes industriales estándar.

Para Ehrenkrantz "los sistemas definen la conexión entre elementos individuales en una disposición geométrica. En un sistema constructivo, la suma de los elementos y su combinación debe ser pre-determinada. Es necesario coordinar los elementos constructivos y su interacción sistemática durante las fases preliminares de diseño".[21] Cabe destacar el papel predominante que Ehrenkrantz concedía a la estructura portante, que consideraba el sistema principal del edificio: "la estructura forma el esqueleto, o la matriz, sobre la que los otros sistemas operan. Proporciona el marco para cerramientos, divisiones espaciales y otros subsistemas del edificio. Históricamente, la importancia de la estructu-

---

[21] Ezra D. Ehrenkrantz, *Architectural Systems: A Needs, Resources, and Design Approach* (New York: Mc Graw-Hill, 1989), 2.

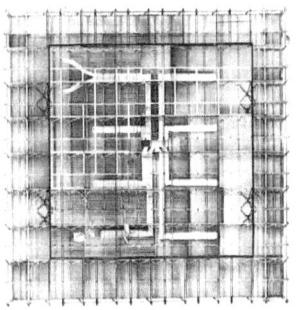

Ezra Ehrenkrantz, prototipo del SCSD en el campus de la Universidad de Stanford: fotografías de Norman Foster. © Norman Foster Foundation Archive.

Ezra Ehrenkrantz, prototipo del SCSD en el campus de la Universidad de Stanford: fotografía del techo. © Norman Foster Foundation Archive.

ra, como elemento generador de forma, ha contribuido a establecer un vínculo especial entre el arquitecto y el ingeniero de estructuras que se ha mantenido hasta nuestros días".[22]

El éxito del SCSD, a diferencia del fracaso de muchas de las experiencias de postguerra en el campo de la prefabricación, se debió en gran medida a la coordinación modular de un número limitado de componentes estándar de reducido tamaño que, cuidadosamente seleccionados, eran suficientemente versátiles para permitir múltiples combinaciones. No obstante, las limitaciones a las que el sistema de Ehrenkrantz sometía al arquitecto, significaban su renuncia al papel de diseñador, convirtiéndolo en un redactor de especificaciones, cuya tarea principal era la de ensamblar una serie de estructuras predeterminadas. La crudeza de las realizaciones del SCSD era fruto de la subordinación de la arquitectura a la lógica de las estructuras espaciales de cubierta, los aparatos de aire acondicionado expuestos y a los componentes de servicio.

Durante su estancia en Estados Unidos, Norman Foster y Richard Rogers quedaron fascinados por el prototipo de Ehrenkrantz, que fue erigido en el campus de la Universidad de Stanford en 1964. Sin duda la sección fugada frontal con la que los Foster ilustraron su propuesta para la Escuela de Newport en 1965, evidencia la influencia del prototipo de Ehrenkranz.

[22] Ibid., 89.

Sin embargo, tal como ha observado Chris Abel—,[23] los Foster no sucumbieron al derrotismo implícito en la aproximación de Ehrenkrantz a la arquitectura. En palabras del arquitecto Francis Duffy, "la obra construida de Ehrenkrantz, como la de Cedric Price, no logró capturar la idea de los sistemas en términos arquitectónicos; su ideología siempre resultó más fuerte que la imaginería (y, en el caso de Ehrenkrantz, la ideología también parece haberse desvanecido con el tiempo)".[24]

Así, en los dibujos de Norman Foster para la escuela en Newport se observa, pese a la radicalidad de la propuesta, una extremada atención a la proporción, al detalle y a la modulación de las juntas entre elementos. Los aparatos de aire acondicionado, por ejemplo, pese a quedar expuestos sobre la cubierta, estaban cuidadosamente centrados entre los vanos estructurales y sus dimensiones estaban perfectamente coordinadas con las de los módulos de fachada.

Al margen de las experiencias de Ehrenkrantz en los Estados Unidos, cabe destacar la influencia que la obra del arquitecto y diseñador industrial suizo Fritz Haller ejerció sobre la integración de sistemas en la nave bien servida de los Foster, a través del ingeniero de estructuras Anthony Hunt. Al igual que Wachsmann, con quien trabajó entre 1966 y 1970, formado como aprendiz de carpintero, Fritz Haller desarrolló junto a su padre, Bruno Haller, una serie de edificios escolares con componentes estándar basados en principios similares a los utilizados por Ehrenkrantz. Entre estos edificios destacan los realizados con estructura de hormigón: la escuela primaria en Wasgenring (1951-54) la escuela secundaria en Basilea (1960-62), la Quartierschule en Solothurn (1956-1959), y la escuela Bellach en la misma localidad (1958-1960); y los realizados con estructura metálica: la escuela pública en Baden (1960-1964) y el Höhere Technische Lehranstalt en Solothurn (1962-66).

En Baden, Fritz Haller diseñó por primera vez un sistema estructural totalmente metálico, de cuatro plantas, formado por pilares en "H" y por pórticos con vigas bidireccionales en celosía, por cuyas oquedades discurrían las instalaciones del edificio, ocultas sobre un falso techo. Haller

---

[23] Chris Abel, "From Hard to Soft Machines," en *On Foster...Foster On* (London: Prestel, 2000), 225.

[24] Francis Duffy, "Systems Thinking Revisited," en *Norman Foster: Works 1* (London: Prestel, 2002), 196.

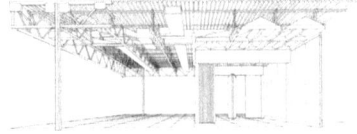

Ezra Ehrenkrantz, SCSD: axonometría.
Ibid., 141.

Ezra Ehrenkrantz, SCSD: sección fugada y sistema estructural. Ibid., 142.

perfeccionó este mismo sistema en el Höhere Technische Lehranstalt, sirviéndose de una estructura mixta de pilares circulares de hormigón y vigas metálicas en celosía, cuyos nudos estructurales resolvió mediante una ingeniosa pieza cilíndrica que permitía el crecimiento del edificio en ambas direcciones.

Su edificio más conocido, la fábrica USM en Münsingen (1962), representa el que tal vez sea el ejemplo paradigmático de la arquitectura de la integración de sistemas en Europa. En esta fábrica Haller recurrió a retículas modulares basadas en estrictos patrones geométricos, para diseñar sus estructuras ligeras de acero en las que, una vez más, el diseño de los nudos estructurales forma parte esencial de la arquitectura. Haller dio prioridad a la rapidez de montaje y a la capacidad de ampliación de la estructura, por encima de la optimización de las secciones de acero. Así, el edificio está formado por pórticos de 14,49 x 14,40 metros de vigas en celosía soldadas, apoyadas en pilares formados por cuatro perfiles angulares estándar conectados a intervalos regulares mediante pletinas. Empotrados en su base y articulados en su parte superior, los pilares, además de garantizar la correcta transmisión de los esfuerzos,

Fritz Haller, Fábrica USM en Münsingen, Suiza.
© USM U. Schärer Söhne AG.

Fritz Haller, Fábrica USM en Münsingen, Suiza.
Ibid., 76.

facilitaban la distribución vertical de las instalaciones eléctricas y de saneamiento.

Posteriormente, en un intento por estandarizar sistemas constructivos para su utilización en distintos tipos de edificio, Haller desarrolló, durante los años setenta y ochenta, tres sistemas constructivos en acero, denominados "Stahlbausystem", compuestos por estructuras en celosía o vigas aligeradas sobre esbeltas columnas, que organizó por tamaños en función de su uso: el sistema Mini", con el que construyó su propia vivienda, el sistema "Midi", para escuelas y oficinas, y el sistema "Maxi", destinado a edificios industriales. Estos tres sistemas constructivos modulares, al igual que su exitoso sistema de mobiliario

USM, estaban integrados por un número limitado de componentes que, gracias a un versátil sistema de ensamblaje, permitía múltiples configuraciones.

El propio Haller describió su interés por la capacidad de adaptación de la arquitectura al afirmar que "los edificios son erigidos para albergar usos determinados —viviendas, escuelas, oficinas, fábricas— y como una base para alcanzar las concepciones específicas de cliente y arquitecto. En realidad la mayor parte de estos edificios se utilizan para este propósito solamente durante un breve período. Este relativamente corto uso es seguido de muchos otros no previstos en la fase de diseño y que por tanto no han sido considerados. En décadas recientes este hecho se ha puesto de relevancia debido al rápido desarrollo económico y tecnológico, particularmente en edificios para los sectores industriales y de servicios. Este hecho debe animar a los diseñadores de edificios a concebir sus edificios siguiendo líneas más generales".[25]

Haller tuvo oportunidad de aplicar su sistema "Midi" en proyectos residenciales, como las casas Schärer en Münsingen, construida en 1969, Fässier, de 1971, y la Hafter en Solothurn, construida en 1977. Sin embargo, en todas ellas, el rigor impuesto por la rígida modulación de los componentes y por el uso de sistemas propios de edificios industriales y de oficinas —suelos técnicos, falsos techos modulares, vigas alveoladas, focos orientables, etc.—, dio lugar a unos espacios domésticos profundamente impersonales.

El arquitecto tecnológico

En *The World as Design*, el tipógrafo y diseñador gráfico alemán Otl Aicher, cofundador de la célebre Escuela de Diseño de Ulm en los años cincuenta, y amigo y colaborador de Norman Foster, ofrece una visión crítica de la modernidad basada, primordialmente, en la relación entre diseño y tecnología. En un análisis excesivamente reduccionista pero relevante a la hora

---

[25] Fritz Haller, *Werk, Bauen + Wohnen* No. 7/8 (1992):9, citado en Helmut C. Schulitz, Werner Sobek, Karl J. Habermann, *Steel Construction Manual* (Munich: Birkhäuser, 2000).

de situar la obra de los Foster en el contexto de la arquitectura moderna, Aicher distingue tres estadios en la evolución del Movimiento Moderno:

El primero, en el que Aicher observa una total disociación entre arquitectura e ingeniería, tiene su origen en el siglo XIX. Es el estadio de los "ingenieros", cuya formación, basada en el pensamiento racional y en la economía de medios, era opuesta a la de los arquitectos quienes, educados en el academicismo de la École des Beaux-Arts, junto a pintores y escultores, tenían una formación eminentemente estética.

El segundo estadio, es el de los "arquitectos-artistas" —los arquitectos del primer Movimiento Moderno, como Mies van der Rohe y Le Corbusier— cuya libertad creativa estaba severamente coartada por la tecnología, es decir, por las limitaciones y estándares de la producción industrial.

El tercer y último estadio, el de los "arquitectos-tecnológicos", es el de aquellos arquitectos cuyos diseños "derivan de su propósito, y no son una manifestación del culto al cuadrado, al círculo ni al triángulo". Aicher identifica a Charles Eames, "el primer diseñador no-ideológico",[26] como el pionero en esta concepción de la arquitectura y del diseño fundamentada en el pensamiento racional y en la economía de medios, y no en una voluntad de expresión personal.

Como hiciera Reyner Banham, Aicher no dudó en situar a su amigo Norman Foster en la cúspide de este tercer Movimiento Moderno: "en arquitectura, el pensamiento de Norman Foster es similar al de Charles Eames. Sus estructuras de acero vienen de la fábrica, no del herrero [...] lo que ves es lo que es porqué es más razonable que de otro modo".[27] Como advierte Aicher, este tercer estadio tecnológico, constructivo, no formal, remite necesariamente al primer estadio ingenieril. En ambos casos, el valor estético del objeto no es considerado como una cualidad autónoma, sino que surge como consecuencia de un orden derivado de un proceso de depuración técnica. Pero, a diferencia del primer estadio enunciado por Aicher, caracterizado por la clara disociación entre arquitectura e ingeniería, la arquitectura tecnológica del tercer Movimiento Moderno se basa en la necesaria disolución entre los límites discipli-

---

[26] Otl Aicher, "the third modernism," en *the world as design* (Berlin: Ernst & Sohn, 2015), 53. Originalmente publicado como *die welt als entwurf* (Berlin: Ernst & Sohn, 1991).
[27] Ibid., 55.

nares de arquitectura e ingeniería, y entre el diseño y la industria. Como ha señalado Peter Buchanan,[28] una de las principales características de la arquitectura de la "nave bien servida" y de su posterior evolución en el High-Tech, fue la aproximación multidisciplinar al diseño y, en consecuencia, el creciente protagonismo de los ingenieros de estructuras en la definición de la arquitectura moderna.

Esta aproximación multidisciplinar al diseño constituía uno de los principios sobre los que se fundamentó el ideario de la Bauhaus de Walter Gropius, basado en el concepto de "unidad entre las artes". Así, Gropius afirmaba que "el principio fundamental de la Bauhaus fue la idea de crear unidad mediante la unión de muchas 'artes' y movimientos: una unidad que se fundamenta en el Hombre mismo y que sólo tiene sentido como un organismo vivo".[29] De la aplicación de este concepto de unidad al ámbito de la arquitectura nació la idea de la "arquitectura total", que Gropius utilizó para dar título a su libro *The Scope of Total Architecture*, una recopilación de artículos y conferencias de su época de director del departamento de arquitectura de la Universidad de Harvard, entre 1937 y 1952. Gropius concebía, por tanto, la arquitectura como una amalgama entre belleza y funcionalidad, en el que "sólo la armonía perfecta entre sus funciones técnicas y sus proporciones puede resultar en belleza".[30] Para ello, la arquitectura — el arte de la construcción— debía necesariamente ser el fruto de una labor colectiva y no tanto de un acto de creación individual.

Como observa Reyner Banham en *The Architecture of the Well-tempered Environment*, la evolución del pensamiento de Le Corbusier da buena fe del cambio de paradigma que en la postguerra se produjo en la relación entre arquitectura e ingeniería. Así, si en 1926 Le Corbusier, quien durante cuarenta años había representado la encarnación de la omnipotencia del arquitecto, afirmaba: "el ingeniero debe seguir siendo un calculista, puesto que su propia esencia es permanecer dentro de los confines de la pura razón";[31] años más tarde, en 1959, Le Corbusier modificó su diagrama fun-

---

[28] Peter Buchanan, "High-Tech: Another British Thoroughbred," *The Architectural Review* (julio 1983): 15-19.
[29] Walter Gropius, *The Theory and Organization of the Bauhaus* (Weimar: 1923), 23.
[30] Walter Gropius, *The Scope of Total Architecture* (New York: Collier, 1962), 18.
[31] Le Corbusier, *Urbanisme*, Paris 1926, citado en Reyner Banham, *The Architecture of the Well-Tempered Environment* (Chicago: University of Chicago Press, 1969), 16.

dacional del Ascoral (Asociación de constructores para una renovación arquitectónica), para situar a ingenieros y arquitectos sobre una misma línea horizontal: "juntos pero con diferentes tareas y responsabilidades".[32]

Hasta entonces, la relación entre arquitecto e ingeniero suponía, para Le Corbusier, una auténtica lucha de egos, que éste proponía resolver mediante la subordinación de ambas disciplinas a la "construcción": "antes, al comienzo de la Era Industrial, el ingeniero era a menudo tímido y humilde. Por contraste, el arquitecto era a menudo pomposo, sabelotodo, transitaba las nubes de la pretensión. ¡Pero las cosas han cambiado! La tendencia ahora es que el ingeniero sea despectivo y agresivo hacia el arquitecto entronizado por encima de él. ¡Y la pelea comienza! Mi teoría establecerá la paz, traerá la colaboración y la eficiencia en auxilio de los 'constructores'".[33]

En lo que denominó "el emblema de los Constructores", Le Corbusier delimitó las responsabilidades del ingeniero que, según él, consistían en "el respeto a las leyes físicas, la resistencia de los materiales (suministro, consideraciones económicas, seguridad, etc.)";[34] y reservó para el arquitecto las del "humanismo, imaginación creativa, amor por la belleza, libertad de selección".[35] De este modo, Le Corbusier, reconociendo el carácter multidisciplinar de la arquitectura, describía como en su dibujo "la esfera del ingeniero lanza un reflejo en la del arquitecto, el reflejo del conocimiento de las leyes físicas. Igualmente, la comprensión de los problemas humanos que tiene el arquitecto se refleja en la del ingeniero. Las zonas sombreadas del dibujo indican el mundo del ingeniero, las zonas de puntos indican el del arquitecto. Bajo esta composición simbólica puse dos manos que se estrechan con los dedos entrelazados horizontalmente demostrando la solidaridad amigable de ambos, el ingeniero y el arquitecto, comprometidos al mismo nivel en edificar la civilización de la Era Industrial".[36]

Esta concepción multidisciplinar de la arquitectura cobró particular vigencia en la Inglaterra de postguerra, siendo el ingeniero y arquitecto britá-

---

[32] Le Corbusier, *Science et Vie* (agosto 1960), citado en August Komendant, *18 Years With Architect Louis I. Kahn* (Ann Arbor: Aloray, 1975), 94.
[33] Ibid.
[34] Ibid.
[35] Ibid.
[36] Ibid.

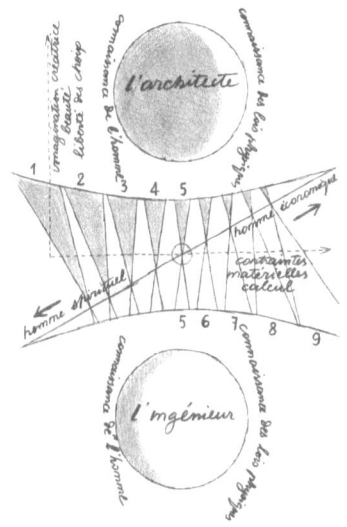

Le Corbusier, "El emblema de los Constructores". Le Corbusier, *Science et Vie* (agosto 1960).

Le Corbusier, *Urbanisme*, Paris 1926.

nico Owen Williams uno de los artífices del acercamiento entre ambas disciplinas. En su obra más celebrada, la sede del periódico Daily Express en Manchester (1936-39), son apreciables muchas de las estrategias de integración de sistemas adoptadas posteriormente por los Foster, como la disposición de conductos de iluminación y telefonía bajo un suelo técnico y la integración de las conducciones de aire en las cabezas de las columnas. El propio Norman Foster, admirador de la obra de Williams desde su juventud en Manchester, ha reconocido la influencia del edificio del Daily Express, con su fachada de vidrio oscuro de esquinas redondeadas, como uno de los principales referentes para el edificio Willis Faber en Ipswich.

También en Inglaterra destacó la relación multidisciplinar entre el ingeniero danés Ove Arup y el grupo de arquitectos Tecton, encabezado por el arquitecto ruso emigrado al Reino Unido, Berthold Lubetkin. Lubetkin introdujo a Arup en el grupo MARS (Modern Architectural Research), afiliado al CIAM (Congrés Internationaux d'Architecture Moderne), que en aquel entonces estaba liderado por Le Corbusier y Gropius. La exposición a las teorías de Gropius despertó el interés de Arup y Lubetkin por la aplicación del concepto de "arquitectura total".

En obras como los apartamentos Highpoint (1935-1938) en Londres, Arup y Lubetkin introdujeron innovaciones constructivas diversas, como el uso del encofrado trepante, hasta entonces reservado a proyectos industriales, el uso del muro de hormigón armado como elemento estructural, la integración de radiadores de calefacción en el techo y la de unidades refrigeradoras en un condensador central en el sótano, la introducción de ascensores de servicio, ventanas plegables, y la disposición de una espina de armarios y zonas de almacenaje empotrados en la viga central del edificio.

Asimismo, la colaboración del ingeniero Felix Samuely —también vinculado al grupo MARS— con dos de los principales arquitectos del movimiento moderno: Erich Mendelsohn y Serge Chermayeff, dio lugar al pabellón De La Warr Pavilion en Bexhill-on-Sea, de 1935. Considerado uno de los primeros edificios modernos construidos en Inglaterra, el pabellón De La Warr, caracterizado por la delgadez de sus balcones en voladizo y por el dramatismo de sus escaleras helicoidales, fue pionero en la utilización de estructuras metálicas soldadas. Una solución que sería recurrente en las primeras obras de los Foster.

Arquitectura e ingeniería

El elevado nivel de sofisticación técnica requerido para la integración de sistemas en los proyectos de los Foster exigía, desde las primeras etapas de diseño, el trabajo conjunto de un equipo pluridisciplinar, en el que el arquitecto asumía el papel de coordinador. Como observa Leonard R. Bachman, "lo que en un principio evolucionó en una organización jerárquica con el arquitecto en la cumbre, ha resultado en una red profundamente interconectada de información y decisiones compartidas".[37]

Además, como advertía Chermayeff, esta aproximación multidisciplinar a la arquitectura exigía un importante ejercicio de modestia por parte el arquitecto: "para lograr este fin, el diseñador no sólo debe tener los datos y los consultores a su disposición, sino que también debe saber cómo manejarlos, organizarlos, llamar la atención sobre los asuntos y principios, y transformar las múltiples complejidades en un todo unifi-

---

[37] Leonard R. Bachman, *Integrated Buildings* (Hoboken: John Wiley & Sons, 2003), 7.

cado. Pero no puede esperar coordinar otras disciplinas mientras habla un lenguaje privado. En otros campos, los profesionales son respetados porque, a la larga, son capaces de explicar lo que están haciendo. El arquitecto profesional suele ganarse el respeto de la gente fuera de su campo confiándose a una mística y reivindicando su propio genio".[38]

Así, la casa de los Foster en Hampstead requirió, a pesar de su reducido tamaño, la participación de un equipo multidisciplinar que contaba, además de con Norman y Wendy Foster, con la presencia de los habituales arquitectos e ingenieros "especialistas" del estudio: los arquitectos Richard Horden, Jan Kaplický, Peter Busby, Tony Meadows y Tony Pritchard (especialista en fachadas), y los ingenieros Loren Butt (instalaciones) y Anthony Hunt (estructuras).

Cabe destacar el papel de Anthony Hunt quien, apodado "Meccano Man" por Peter Cook, fue el artífice de todas las estructuras proyectadas por Norman Foster desde la época del Team 4. Las estructuras ligeras de Hunt, concebidas como un kit de componentes, optimizadas para erigirse en el mínimo tiempo y con el menor coste, junto a su capacidad de comunicación con los arquitectos desde las primeras fases del diseño, facilitaron el establecimiento de una colaboración multidisciplinar, que posibilitó el desarrollo de los proyectos de la "nave bien servida".

Anthony Hunt —discípulo de Felix Samuely— y Peter Rice y Ted Happold— discípulos de Ove Arup—, lideraron la ingeniería de estructuras en la arquitectura británica durante los años sesenta y setenta, gracias a sus numerosas colaboraciones con los estudios de Norman Foster y Richard Rogers. La rivalidad entre Hunt y Rice, al igual que la de Foster y Rogers, fue determinante en la evolución de la arquitectura británica. Mientras que Hunt, al frente de un pequeño estudio de ingeniería, abogaba por el uso de estructuras ligeras, económicas, severamente optimizadas y basadas en el uso eficiente de un número limitado de elementos constructivos estandarizados; Peter Rice, trabajando el seno de una gran corporación como Arup & Partners, demostró una gran sensibilidad para dotar a sus propuestas estructurales de cualidades expresivas, adoptando soluciones que requerían la participación del ingeniero en la producción industrial de componentes hechos "a medida" para el edifico.

---

[38] Serge Chermayeff y Christopher Alexander, *Community and Privacy* (London: Anchor Books, 1965), 111.

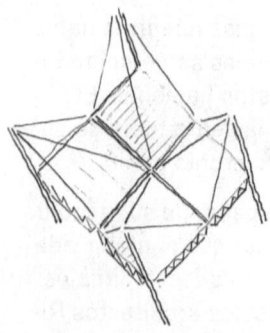
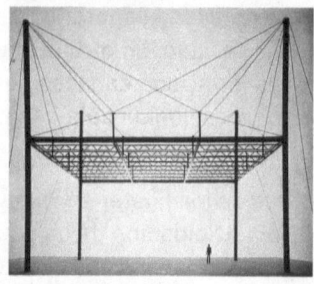

Foster Associates, centro de distribución Renault en Swindon: croquis de Norman Foster.
© Norman Foster Foundation Archive.

Richard Rogers, fábrica Flletguard en Quimper, Francia: maqueta del sistema estructural.
© Rogers, Stirk Harbour + Partners.

Pero a pesar de sus distintas aproximaciones al diseño estructural, las influencias entre el trabajo de Hunt y el de los ingenieros de Arup son evidentes. Así, por ejemplo, la fábrica de Renault de los Foster puede interpretarse como la respuesta de los ingenieros de Arup a la estructura de la fábrica Fleetguard, de Richard Rogers con Peter Rice, cuyo diseño, aunque similar, es menos expresionista. Por otro lado, el edificio de Rogers y Rice para los laboratorios de PA Technology en Princeton constituye, claramente, una simplificación de la estructura diseñada por Anthony Hunt para la fábrica Inmos, también de Rogers.

Pero a medida que la arquitectura de la "nave tecnológica" evolucionaba hacia el denominado estilo High-Tech, las estructuras ligeras de Anthony Hunt, cedieron paso al expresionismo de las desarrolladas por el equipo de Ove Arup & Partners. Por otro lado, la resolución de las complejas y enormes estructuras del High-Tech, requerían la participación de una ingeniería multinacional de gran envergadura. De este modo, Ove Arup & Partners acabó desbancando a la oficina casi artesanal de Anthony Hunt, cuya colaboración con los Foster concluyó con el proyecto de la casa en Hampstead.

La colaboración con una gran ingeniería externa, como la de Arup & Partners, que desarrollaba tanto los proyectos de estructuras como los de instalaciones, favoreció la internacionalización del estudio de los Foster

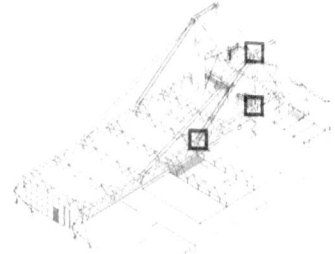 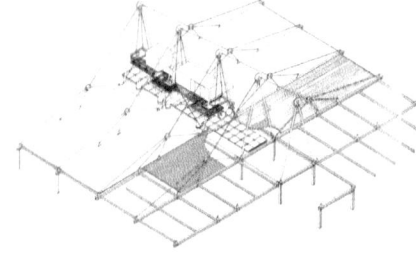

Richard Rogers, laboratorios de PA Technology en Pinceton, New Jersey: axonometría.
© Rogers, Stirk Harbour + Partners.

Richard Rogers, fábrica de Microprocesadores INMOS en Newport, Gales: axonometría.
© Rogers, Stirk Harbour + Partners.

y les permitió afrontar proyectos de gran envergadura. Sin embargo, comportó la pérdida de la estrecha colaboración entre arquitectura e ingeniería que, gracias al trabajo de Anthony Hunt y de Loren Butt, había sido fundamental en el desarrollo de la arquitectura de la "nave bien servida".

LA CABAÑA TECNOLÓGICA

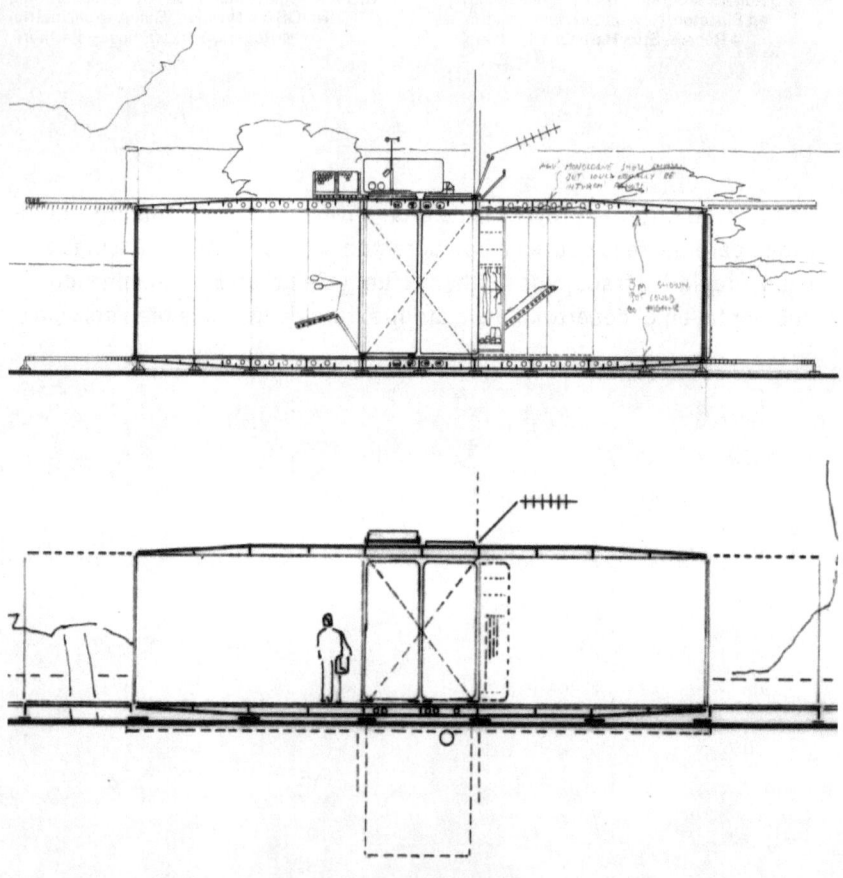

Casa Foster en Hampstead: secciones transversales dibujadas por Richard Horden.
© Norman Foster Foundation Archive.

"Es en las fábricas de aviones donde los soldados-arquitectos han decidido construir casas. Y han decidido construir esta casa como se construye un avión, con los mismos métodos estructurales: armadura ligera, tirantes metálicos, soportes tubulares".[1]

Versión 4 (octubre de 1978)

La cuarta versión de la vivienda de los Foster, delineada por el arquitecto británico Richard Horden,[2] consiste en un prisma rectangular que, subdividido según un módulo de 2,4 metros, concentra estructura, instalaciones y zonas de servicio a lo largo de una franja central. Servida desde una zanja subterránea de instalaciones, esta espina central de servicio aglutina los aseos, armarios y zonas de almacenaje de la vivienda.

Perseverando en su empeño por construir el armazón de su casa en aluminio, los Foster desarrollaron una compleja solución estructural consistente en dos alineaciones de esbeltos pilares circulares que, dispuestos a ambos lados de la espina de servicio, sostienen una estructura de cubierta monocasco con costillas de refuerzo de aluminio que, como si de las alas de un avión se tratara, se extienden en voladizo hacia ambos lados de la casa. Esta cubierta se prolonga hacia el exterior formando dos porches con lamas orientables de aluminio, que recorren la vivienda a lo largo de sus dos fachadas longitudinales, permitiendo la prolongación del espacio doméstico hacia el jardín.

---

[1] Le Corbuiser-Saugnier, "Les Maisons 'Voisin'," *L'Esprit Nouveau* 2 (noviembre 1920): 214.
[2] Formado en la Architectural Association en Londres, Richard Horden se incorporó al estudio de Foster Associates en 1975 y trabajó en proyectos como el Sainsbury Centre, las oficinas piloto de IBM, la casa de los Foster en Hampstead, el banco de Hong Kong, el aeropuerto de Stansted, la mediateca Carré d'Art en Nimes y el sistema de mobiliario Nomos. En 1985 Horden abandonó Foster Associates para fundar su propio estudio: Horden Cherry Lee Architects.

En una solución estructural alternativa, la cubierta monocasco fue sustituida por una aparatosa estructura en celosía de tubos de aluminio que, salvando los más de 28 metros de longitud de la vivienda, se apoya, en los testeros del edificio, sobre una estructura triangulada con tensores, semejante a la de una carpa. Elementos accesorios como antenas y aparatos de aire acondicionado, exhibidos sobre el plano de cubierta sin pudor, enfatizan el expresionismo tecnológico de la vivienda.

La centralización de los servicios, la elevación del suelo sobre una estructura de aluminio, que replica las vigas alveoladas de cubierta, y la circulación de las instalaciones a través de los huecos de las costillas alveoladas de aluminio, permiten obtener una vivienda compacta y flexible en la que, como en las versiones anteriores, las habitaciones se separan mediante particiones abatibles, alineadas con la retícula modular.

La única constricción en la libre utilización de las estancias es la ubicación de las zonas de servicio, encapsuladas a lo largo de la espina central, la cual dicta la ubicación de los dormitorios. Pese a ello, la continuidad de esta espina central, destinada a segregar el dominio de las máquinas y el dominio de las personas, provoca la fragmentación del espacio doméstico en dos ámbitos longitudinales con orientaciones opuestas. Esta fragmentación es únicamente interrumpida por la presencia de un patio cubierto que, seccionando transversalmente la vivienda, actúa de vestíbulo de acceso desde el garaje inferior y permite la segregación de un pequeño pabellón de invitados.

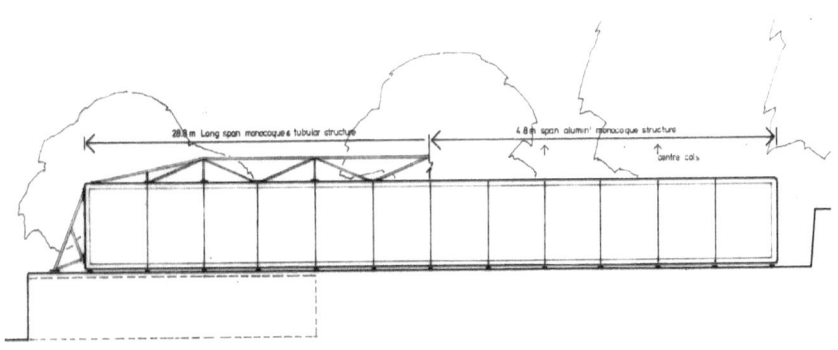

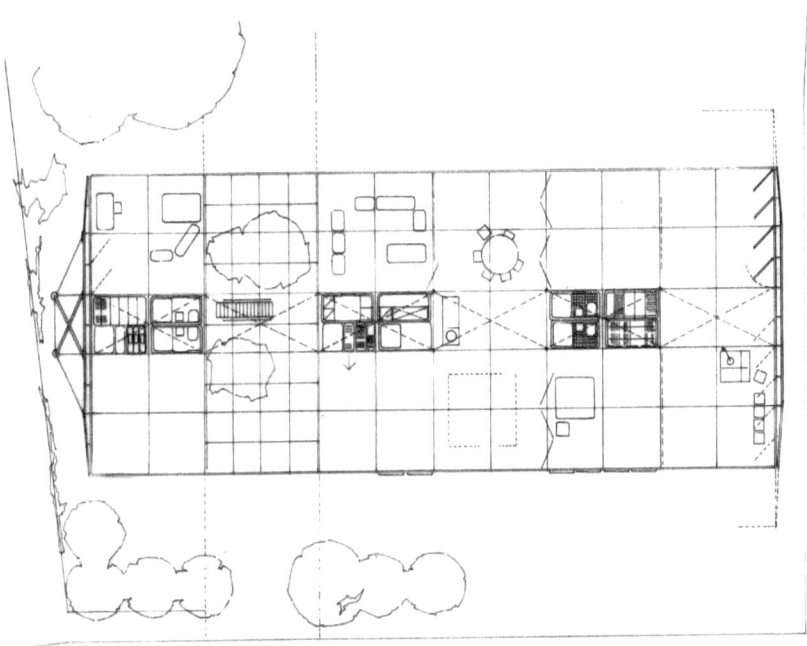

Casa Foster en Hampstead: sección longitudianl y planta dibujadas por Richard Horden.
© Norman Foster Foundation Archive.

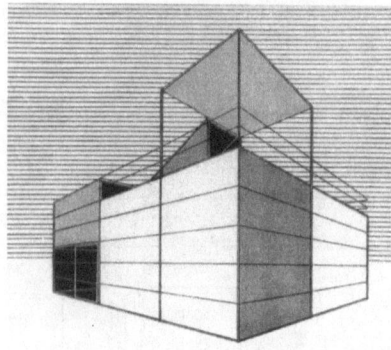

Marcel Breuer, proyecto de pequeña casa metálica. Joachim Driller. *Breuer Houses* (London: Phaidon, 2000).

Vivienda e industria

La concepción de la vivienda como un refugio mínimo construido con componentes prefabricados remite, no sólo a la obra de Jean Prouvé, sino también a los primeros intentos de aplicación de la producción en masa a la vivienda surgidos del ideario de la primera Bauhaus.

La fuerte demanda de vivienda unifamiliar y la escasez de materiales de construcción tradicionales después de la Primera Guerra Mundial, llevó a arquitectos como Walter Gropius y Marcel Breuer a experimentar con nuevas técnicas constructivas. En 1922, inspirado por la Casa Dominó y por los escritos de Le Corbusier, Gropius formuló la idea de "una casa formada por elementos variables prefabricados que pueden ser combinados e interconectados como en un gran kit de construcción".[3] Gran admirador de Henry Ford y de Frederick Winslow Taylor, Gropius vio en este nuevo método de construcción industrial el inicio de una nueva era tecnológica para la edificación, capaz de proporcionar alojamiento económico a las masas.

Del mismo modo, el proyecto de Pequeña Casa Metálica diseñado por Marcel Breuer en 1925 —una especie de Maison Citrohan prefabricada—, respondía a la voluntad de utilizar la producción industrial para construir una vivienda económica y de rápido ensamblaje. En palabras del propio

[3] Winfried Nerdinger, *Walter Gropius 1883-1969* (Milano: Electa, 1988), 15.

Breuer, "se trataba de "diseñar una pequeña casa, una vivienda para dos o tres personas, el tipo de familia actual… Es posible ensamblar la casa en dos o tres semanas. Los elementos prefabricados del edificio simplemente deben ser ensamblados en obra, ya que la mayor parte del trabajo se hace en la fábrica".[4] Pero la adopción de un sistema de prefabricación cerrado, basado en el uso de un único módulo dimensional de 300 x 75 centímetros, tanto para la estructura como para el entramado de sujeción, además de dar lugar a luces estructurales excesivamente reducidas y a paneles de fachada demasiado grandes y pesados, dificultaba la integración de elementos como puertas y ventanas. Elementos que Breuer trató intencionadamente de omitir en sus dibujos.

Esta excesiva rigidez, propia de la simplificación constructiva de los pioneros de la vivienda prefabricada, persistió en las igualmente fallidas iniciativas posteriores como la Steel House de George Muche y Richard Paulick en el barrio de Dessau-Törten, de 1926, y la Vivienda Experimental Prefabricada No. 17 de Gropius en el Weissenhof de Stuttgart, de 1927.

El único sistema completo de vivienda prefabricada, de los muchos desarrollados para abastecer la creciente demanda de alojamiento, fue el *Packaged House System*, desarrollado en 1947 por Konrad Wachsmann y Walter Gropius para la General Panel Corporation. El *Packaged House System* consistía en un sistema de viviendas sin una forma predeterminada, concebido a partir de combinaciones de diez distintos tipos de paneles intercambiables dispuestos sobre un armazón tridimensional de madera. El fracaso de este ambicioso proyecto llevó a Wachsmann al borde de la bancarrota. Sin embargo, la exagerada confianza en la tecnología y en su capacidad para transformar hábitos sociales, parecían pronosticar el fracaso de las realizaciones de Gropius cuando afirmaba que "no hay duda sobre el hecho de que la casa demanda ajuste por parte de sus habitantes. El reajuste de sus requisitos estéticos y de su forma de vivir". A los motivos sociales hay que sumar los problemas técnicos propios de la simplificación constructiva de las estructuras de acero de Gropius, en las que el aislamiento térmico quedaba interrumpido en las juntas entre paneles, frente a los pilares de fachada.

---

[4] Joachim Driller. *Breuer Houses* (London: Phaidon, 2000), 49.

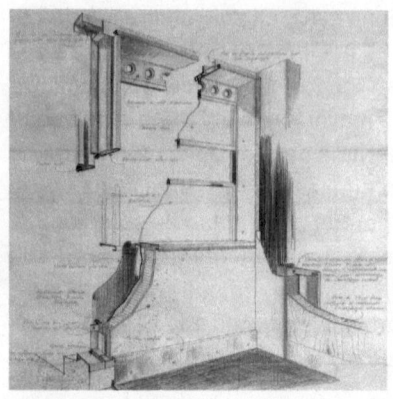

Jean Prouvé, detalle del panel ventana (1952).
Arch. Dep. Meurthe-et-Moselle, fonds des ateliers
© SCE Jean Prouvé.

La obra de Jean Prouvé supuso un intento por superar los problemas técnicos y la excesiva rigidez de las viviendas de los pioneros de la prefabricación residencial. Para ello, Prouvé amplió el módulo fundamental a 1 metro, adoptó la tecnología del aluminio —hasta la fecha principalmente reservada a la industria automovilística—, y se centró en el diseño de un sofisticado sistema de estructuras y componentes intercambiables capaces de adaptarse a distintos requerimientos y tipos de edificación.

Uno de los principales logros de Prouvé, el más exitoso y el que mayor influencia ejerció, fue la superación de la excesiva simplificación a la que el Movimiento Moderno —a través de la *fenêtre en longueur* de Le Corbusier— había sometido a la fachada. Su panel-ventana de aluminio, utilizado por primera vez en la Casa del Pueblo de Clichy (1935-39), fue un claro precursor de los sistemas modulares de fachada que conocemos hoy en día. Con este sistema Prouvé mejoró las fachadas modulares americanas de la época, formado montantes y travesaños —el denominado *stick system*—, gracias al desarrollo de un panel modular que combinaba prestaciones térmicas, acústicas y energéticas, con la rigidez estructural.[5]

---

[5] En 1997 Norman Foster rehabilitó la fachada diseñada por Jean Prouvé para el edificio de la Universidad Libre de Berlín, proyectado por los arquitectos George Candilis, Alexis Josic, Shadrach Woods y Manfred Schiedhelm entre 1963 y 1971.

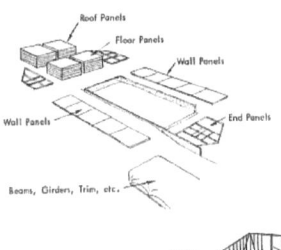
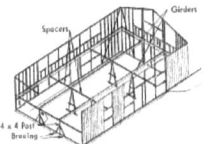

Carl Kock, casas Techbuilt: axonometrías. Carl Koch, *At Home With Tomorrow* (Toronto: Clarke, Irwin, 1971).

Sin embargo, Prouvé fracasó en la comercialización de sus prototipos residenciales debido a su elevado coste de fabricación, comparado con el de los sistemas constructivos tradicionales. El sueño de Jean Prouvé de convertirse en el Henry Ford de la construcción, se vio truncado por la imposibilidad de abaratar costes. La realización de sus proyectos exigía una cadena de montaje únicamente justificable comercialmente para grandes producciones en serie, de magnitudes similares a las de la industria del automóvil, que Prouvé jamás tuvo la oportunidad de acometer.

Por este motivo, Prouvé lamentaba el estancamiento de la industria de la construcción a la vez que reclamaba la renovación de unos métodos de producción anticuados: "los objetos industrialmente más avanzados — sobre ruedas, voladores o fijados al suelo— están más sujetos a renovación y a constantes mejoras de calidad, incluso en cuanto a su costo. La construcción es la única ciencia que no avanza".[6]

No es por tanto de extrañar que hubiera que esperar treinta años para que los sistemas de vivienda prefabricada destinados al consumo de masas gozaran de cierto grado de aceptación comercial. Los prototipos de vivienda prefabricada desmontable del arquitecto americano Carl

---

[6] Jean Prouvé, "The Organization of Building Construction," 1971, citado en David Jenkins, ed., *On Foster...Foster On* (London: Prestel, 2000), 115.

Koch, las casas Acorn (1945), Lustron (1950) y Conatum (1952), basados en el uso de componentes estandarizados, tuvieron escaso éxito comercial. No obstante, estas experiencias desembocaron en la casa Techbuilt, de 1953, que resultó ser un éxito comercial, llegándose a vender 3.000 unidades. La casa Techbuilt consistía en un sistema constructivo abierto, basado en la combinación de un reducido número de elementos, que podían ser configurados dependiendo de las condiciones del emplazamiento y de las necesidades del usuario. La estructura consistía en pilares, jácenas y vigas de madera laminada, estando las fachadas, cubiertas y suelos formadas por paneles sándwich de madera contrachapada, suficientemente ligeros para permitir su instalación por dos operarios. La modularidad de los acristalamientos y de las puertas, cuyas medidas estaban coordinadas con las de los paneles de cerramiento, permitió obtener un sistema de elementos opacos y transparentes intercambiables.

En 1972 Norman Foster tuvo oportunidad de discutir con Jean Prouvé la problemática implementación de los procesos industriales en la construcción residencial. Como recuerda el propio Foster: "hablamos de coches y de cómo la industria del automóvil era capaz de alcanzar niveles de fabricación y tiempos de producción inimaginables en la industria de la construcción ¿Cómo es que Citroën —nos preguntábamos— podía fabricar un 2CV —usando la técnica de los paneles prensados, bien conocida por Prouvé— en unas cantidades que por entonces rondaban los 3,5 millones de unidades, y venderlo por menos de 1.000 libras, cuando la industria de la vivienda aún seguía luchando incluso con la idea básica de la producción en serie?"[7]

También Ezra Ehrenkrantz, tras sus múltiples experiencias en el campo de la prefabricación y de la integración de sistemas admitía, con cierto derrotismo, que "el diseño de nuevos productos para responder a necesidades básicas, un resultado natural y deseable para una aproximación exitosa basada en los sistemas, requiere un nivel de continuidad en el mercado que nuestra economía y nuestra política social simplemente no han apoyado".[8]

---

[7] Norman Foster, Luis Fernández-Galiano, eds., "Jean Prouvé: 1901-1984." *AV Monografías*, 149, 2011: 116--117.
[8] Ezra Ehrenkrantz, *Architectural Systems: A Needs, Resources, and Design Approach* (New York: Mc Graw-Hill, 1989), 217.

Jean Prouvé, Casa del Pueblo en Clichy: perspectiva.
© Archives Départementales de Meurthe-et-Moselle.

Pero, mientras que tanto para Prouvé como para Ehrenkrantz la disolución de los límites entre proyecto y construcción mediante la prefabricación representaba una necesidad social —"necesitamos hogares prefabricados [...] la construcción ha estado en suspenso; con excepción de una o dos obras, todo está siendo construido del mismo modo que se hacía hace un siglo, no solo con los mismos materiales, sino también con los mismos diseños para alojamientos, que no tienen ninguna relación con la vida del presente"—,[9] para Norman Foster ésta constituía primordialmente una exigencia estética.

Así, en la obra de Norman Foster, este empeño por cerrar la fractura entre el progreso de la industria y el de la arquitectura, mediante la adopción de técnicas industriales para la fabricación de componentes constructivos, no estaba dirigida a la provisión de viviendas económicas, sino a garantizar la calidad de los acabados y a dotar a su propia vivienda de la estética propia de lo que Reyner Banham denominó el espíritu de la Segunda Era de la Máquina.

La cabaña de Jean Prouvé

Por su sistema constructivo, su modularidad y por el uso de componentes prefabricados y cápsulas de servicio, esta versión de la casa en

---

[9] Jean Prouvé, *La Maison Tropicale* (París: Centre Pompidou), 17.

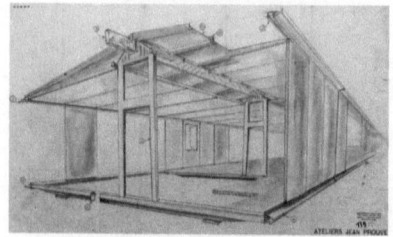

Jean Prouvé, barracón desmontable para el Ministerio del Aire. © Archives Départementales de Meurthe-et-Moselle.

Hampstead parece rendir homenaje la obra de Jean Prouvé, hasta el punto de que cabe interpretarla como un ambicioso intento por conciliar la arquitectura de los prototipos residenciales que Prouvé elaboró y perfeccionó a lo largo de su carrera, con las estrategias de integración de sistemas de la "nave bien servida" de los Foster.[10]

La configuración de la vivienda a partir de una estructura central formada por pares de columnas sugiere una reinterpretación de las casas de pórtico axial —*maison á portiques*— de Prouvé. Se trata de cabañas desmontables, en su mayoría residenciales, caracterizadas por el uso de estructuras metálicas prefabricadas, componentes modulares y por la presencia de los soportes verticales en el centro del espacio interior. En estos prototipos residenciales Prouvé experimentó con la técnica de la chapa plegada de aluminio, ensayada previamente en las numerosas piezas de mobiliario producidas en su fábrica Maxéville en Nancy. A pesar de las ventajas del uso del aluminio —de mayor ligereza y mejor resistencia a la corrosión que el acero—, Prouvé se vio obligado a compensar la falta de rigidez del material mediante el plegado de los bordes de las chapas y practicando microondulaciones para rigidizar sus pliegues.

Entre los múltiples prototipos diseñados por Prouvé destacan la casa 8 x 8 (1945), las oficinas de la fábrica Ferembal en Nancy (1946), la casa Standard Métropole (1950) y las escuelas en Vantoux (1947-1948) y en Bouqueval (1949). Pero fue en las denominadas *Maisons Tropicales*, construidas entre 1949 y 1951, donde Prouvé llevó la idea del pórtico axial a su mayor

---

[10] La relación entre Norman Foster y Jean Prouvé se remonta a 1972 cuando, a petición de Foster, Prouvé accedió a colaborar, en calidad de consultor externo, en el diseño del muro cortina del edificio Willis Faber & Dumas en Ipswich.

grado de sofisticación, siendo además los proyectos que mayor influencia ejercieron sobre la obra de los Foster.

En los tres prototipos residenciales de las *Maisons Tropicales* —uno de ellos construido en Niamey, Níger y los otros dos en Brazzaville, República del Congo— destinados a hacer frente a la escasez de viviendas y de edificios públicos en las colonias francesas de África, Prouvé puso en práctica sus conocimientos sobre la prefabricación industrial y la técnica del plegado. La ligereza y la planicidad de los elementos integrantes de la casa constituían factores esenciales para permitir su prefabricación, embalaje y transporte en avión, y para garantizar su rápido ensamblaje.

Prouvé adecuó cada uno de sus prototipos a las particularidades climáticas de cada región, inspirándose para ello en la arquitectura vernácula. Sin embargo, a pesar de que algunas características formales de la arquitectural indígena —la elevación sobre el terreno, las aberturas para la circulación de aire, las cubiertas inclinadas, los aleros, la forma rectangular alargada y las esquinas curvas—, las *Maisons Tropicales* no pretendían ser una recreación de la cabaña tradicional beduina, sino que constituían un intento de aplicación de los principios propios de las construcciones vernáculas, a una vivienda moderna, prefabricada, que respondía a su entorno y que era capaz de volcarse hacia el exterior.

Prouvé adaptó el prototipo de Niamey al clima semiárido del Sahel, erigiendo la casa sobre una losa de hormigón revestida con azulejos vitrificados, que contribuían al control climático de la vivienda. Un conducto horizontal dispuesto bajo el plano de cubierta, permitía la ventilación cruzada, y una terraza de dos metros de ancho con *brise-soleil* orientables de aluminio rodeaban la vivienda permitiendo ampliarla hacia el exterior en las horas menos calurosas de la tarde.

En Brazzaville, de clima más cálido y sometido a una larga temporada de lluvias, Prouvé elevó la vivienda sobre pilares de hormigón, que la protegían de las frecuentes inundaciones. Además, dispuso una doble cubierta y una doble fachada que permitían la ventilación natural, y un porche equipado con pantallas regulables de aluminio que reflejaban el sol, a la vez que conformaban una doble piel exterior que aislaba la vivienda del extremo calor. En el diseño de los paneles modulares de fachada y en los brise-soleil, que Norman Foster recreó en esta versión de su vivienda,

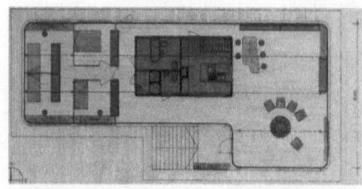

Jean Prouvé, casa Gauthier en Saint-Dié-des-Vosges: planta. © Centre Pompidou.

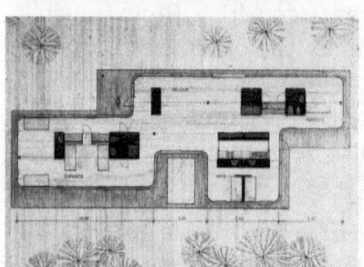

Jean Prouvé, casa Seynave en Beauvallon: planta.

Prouvé llevó las posibilidades técnicas de la chapa plegada de aluminio a su máximo nivel de sofisticación.

Años después, Prouvé volvió a utilizar la estructura axial en la *Maison Saharienne* —diseñada junto a Charlotte Perriand—, que fue exhibida en el Salón de Artes Domésticas de París en 1958. Con su cubierta curva y sus esbeltos pilares inclinados, la *Maison Saharienne* ofrecía la versión más elaborada de la cabaña de pórtico axial y, a la vez, la que resultaba formalmente más próxima a la tienda de campaña beduina. Destinada a los trabajadores del petróleo y diseñada para resistir unas temperaturas extremas, la Maison Saharienne contaba con cerramientos compuestos por paneles sándwich de aluminio capaces de reflejar la radiación solar y de canalizar la ventilación natural. Todos los componentes de la vivienda fueron transportados por un solo camión y ensamblados por un reducido equipo de operarios en tan sólo cuatro días.

En los prototipos de Prouvé, como en sus muebles, la estructura de tipo columpio, exhibida en el centro de la vivienda, adquiría una cualidad escultórica. Así, los elementos estructurales, moldeados cuidadosamente de acuerdo a la lógica de las solicitaciones estructurales, recordaban a las patas de una mesa. Sin embargo, para los Foster la estructura vertical de su casa, formada por esbeltas columnas casi invisibles, no constituía un elemento expresivo sino una oportunidad para la integración de instalaciones, zonas de servicio y sistema estructural.

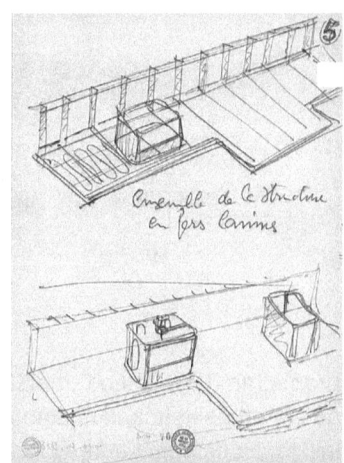

Jean Prouvé, casa Prouvé en Nancy: boceto.

Si bien en los prototipos de la *maison á portiques* se observa una despreocupación por la localización de los núcleos de servicio, quedando éstos diseminados en la planta de la vivienda, Prouvé exploró la idea del núcleo central en otros proyectos residenciales. Así, en obras como la casa Gauthier en Saint-Dié-des-Vosges y la casa Seynave en Beauvallon (1961-62), la fluidez del espacio doméstico es debida a la localización estratégica de las zonas húmedas que, a modo de cápsulas exentas, permiten la articulación de ámbitos diferenciados en una planta abierta, caracterizada por la ausencia de puertas y particiones divisorias.

Aunque de un modo más rudimentario, Prouvé ya había aplicado la centralización de los servicios en el módulo construido en 1956 para el abate Pierre en Nancy. Se trata de una unidad residencial de bajo coste, de 52 metros cuadrados, construida alrededor de un bloque central metálico prefabricado que concentraba todas las instalaciones mecánicas y sanitarias. Una vez erigido este núcleo de servicio con la ayuda de una grúa, se procedió a la instalación de la estructura de madera contrachapada y los cerramientos de chapa de aluminio.

Prouvé también utilizó la estrategia de la asociación de elementos estructurales e instalaciones en su célebre casa en las afueras de Nancy, la cual no sólo constituye un ingenioso collage de componentes prefabricados reciclados —que fueron ensamblados con la ayuda de su

Paul Rudolph, casa Cocoon en Siesta Key, Florida: perspectiva. © Paul Rudolph Foundation

propia familia—, sino también un ejemplo incipiente de la integración de sistemas aplicada al ámbito doméstico. En Nancy, Prouvé concentró las zonas de almacenaje y la distribución de las instalaciones a lo largo del muro adosado al terreno, formando una banda continua de 27 metros de longitud. Este cerramiento alveolar, además de procurar aislamiento térmico, formaba parte del sistema estructural de la vivienda.

La cabaña de Paul Rudolph

En los inicios de su carrera, desde su estudio en Sarasota, Paul Rudolph, aprovechando las bondades del clima semitropical de Florida, desarrolló sus más atrevidos experimentos en el ámbito de la vivienda unifamiliar. En ocasiones fallidos, los experimentos constructivos de Rudolph ejercieron una fuerte influencia en la obra de los arquitectos británicos de la generación de Norman Foster, en su afán por aplicar las ideas de la "nave bien servida" a la arquitectura doméstica.

Al igual que las de Jean Prouvé, las primeras obras residenciales de Paul Rudolph están impregnadas del primitivismo de la cabaña indígena. Este es el caso de obras como la casa Miller en Casey Key (1949), la casa Cocoon en Siesta Key (1951), la casa Walker en Sanibel Island (1952-53), la casa Umbrella en Lido Shores (1953-54) y la casa Martin Harkavy en la misma localidad (1957-58).

La casa Cocoon en Siesta Key, publicada profusamente en revistas de la época, era una modesta casa de vacaciones de dos dormitorios. Elevada sobre soportes de hormigón armado y con sus fachadas principales totalmente acristaladas, la casa se abría a las espectaculares vistas sobre un humedal. Las fachadas laterales, formadas por una celosía de lamas orientables de madera, permitían abrir completamente la casa al exterior para beneficiarse de las vistas y para favorecer la ventilación natural. Pero a diferencia de las viviendas totalmente acristaladas (pavilion houses) más famosas de la época, como la casa Farnsworth de Mies van der Rohe y la Glass House de Philip Johnson, la fachada de la casa Cocoon estaba concebida como un elemento programable, reconfigurable por el usuario para regular la relación de la vivienda con el exterior en función de sus necesidades.

El elemento más innovador de esta vivienda era, sin duda, su cubierta de fibrocemento en forma de catenaria, apoyada sobre pilares y vigas metálicas, y atirantada mediante tensores de acero dispuestos a lo largo de sus fachadas laterales. Esta liviana cubierta fue impermeabilizada mediante la técnica del *moth-balling*, utilizada para proteger a los buques de guerra, que Rudolph había observado durante su servicio en la marina americana, consistente en la pulverización de una mezcla plástica con polietileno sobre una malla electrosoldada de acero. El acabado superficial consistía en una capa final de vinilo.

El propio Rudolph reconoció lo arriesgado de su propuesta: "por supuesto, esta vivienda es un reto. Edificios con mayores luces estructurales son seguramente más adecuados para este tipo de construcción. Sin embargo, desgraciadamente, la mayoría de los experimentos arquitectónicos deben realizarse primero en estructuras pequeñas".[11] A pesar de las ventajas de este tipo de construcción en cuanto a su ligereza, flexibilidad, facilidad de montaje y bajo coste, los problemas de impermeabilización surgieron enseguida. La casa Cocoon tuvo serios problemas de infiltraciones de agua debidas a la oxidación de la cubierta. El propio Rudolph acabaría calificando su atrevido diseño como un error.

Por otro lado, la casa Walker, un pequeño refugio de un solo dormitorio, Rudolph exploró una de las ideas recurrentes en su obra posterior: la fluidez entre espacio interior y exterior. Esta cabaña, consiste en un volumen prismático de planta cuadrada, de 7,31 metros de lado, sostenido por un entramado estructural metálico de perfiles estándar que,

---

[11] Paul Rudolph citado en "Cocoon House," *Architectural Forum* (junio 1951): 158.

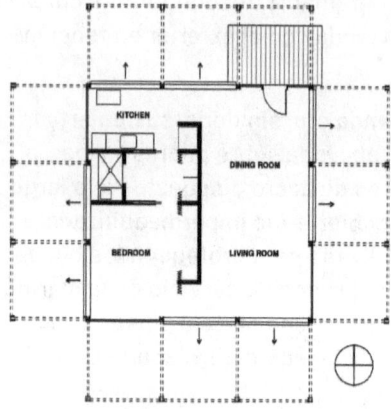

Paul Rudolph, casa Walker en Sanibel Island, Florida: alzados y planta. © Paul Rudolph Foundation.

dividiendo cada fachada en 3 módulos iguales y, proyectándose hacia el exterior, permite la apertura de dos de cada tres módulos. Esto es posible gracias a un ingenioso sistema que, inspirado en las embarcaciones a vela, integra una serie de contrapesos con bolas de acero suspendidas con tensores y poleas, que permiten izar independientemente los paneles de fachada.

De este modo, la fachada puede adoptar múltiples configuraciones dado que los paneles, al abatirse forman un amplio porche perimetral que permite la extensión del espacio doméstico hacia el exterior. A diferencia de la vivienda de los Foster, la exteriorización de la estructura obedecía, por tanto, a motivos funcionales, más que a una voluntad de expresión tecnológica. El exoesqueleto, pintado en color blanco, constituía un soporte fijo para el cambio mientras que los contrapesos, en rojo, enfatizaban la vocación transformable del conjunto.

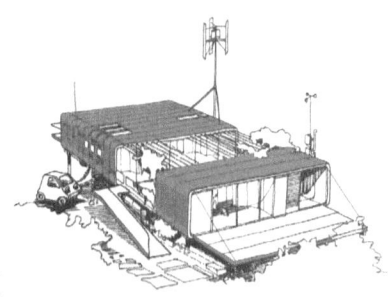

Richard Rogers, Zip-up Enclosure No. 1: perspectiva.
© Rogers Stirk Harbour.

El cascarón habitable

En obras de Jean Prouvé, como las cubiertas de la imprenta Mame en Tours (1959), los prototipos de la Maison Coque (1950-51), así como en sus series de mobiliario, podemos encontrar precedentes en el uso de la cubrición monocasco de aluminio explorada por los Foster en esta versión de su vivienda. Para la realización de estas estructuras monocasco, cuya forma parabólica se justificaba por la rigidez que la curvatura otorgaba a la chapa, Prouvé se sirvió de los métodos de producción de la industria automovilística para el plegado del aluminio.

Pero el interés de los Foster por las estructuras monocasco tiene precedentes más cercanos en la obra del antiguo socio de Norman Foster, Richard Rogers quien, ya en los años sesenta, intentó utilizarlas en el ámbito residencial, en proyectos como el Zip-up Enclosure No. 1, de 1968 y el Zip-up Enclosure No. 2, de 1971. Ambos prototipos residenciales, no construidos, diseñados junto al ingeniero de estructuras Anthony Hunt, denotan a su vez la influencia de la obra de Prouvé, tanto en su sistema de cubrición como en su sofisticado sistema de paneles intercambiables de fachada.

En la Zip-up Enclosure No. 1, Rogers propuso una vivienda económica, para ser ensamblada rápidamente y energéticamente autónoma, formada por una estructura de paneles sándwich de aluminio con núcleo plástico de espesor variable, del tipo de los utilizados por los camiones refrigerados. El espacio habitable surgía de la extrusión de esta estructura mono-

Richard Rogers, intervención en la Design Research Unite en Aybrook Street, Londres.
© Rogers Stirk Harbour.

casco que, formando indistintamente la cubierta y la fachada, dejaba dos frentes totalmente acristalados. Las aberturas en las fachadas laterales consistían en pequeños recortes practicados en el espesor de la fachada.

En la Zip-up Enclosure No. 2, Rogers aplicó este mismo concepto a una edificación en dos plantas, lo que implicó la introducción de un entramado de acero inserto en el espesor de los paneles sándwich de aluminio, los cuales se fijaban entre ellos mediante piezas cruciformes de fundición de aluminio. Esta vivienda energéticamente autónoma se elevaba sobre el terreno mediante unos pies de altura regulable que, como si de una cápsula espacial se tratara, permitían su nivelación para adaptarse a las irregularidades del terreno, permitiendo además la disposición de un aparcamiento y la circulación de las instalaciones.

Pero lo más parecido a la materialización de una estructura monocasco fue la intervención de Rogers en la cubierta de la Design Research Unit en Aybrook Street, en Londres (1969-71), también realizada en colaboración con Anthony Hunt. El dibujo inicial de la propuesta, en el que se muestra el chasis de un Volkswagen escarabajo que, asomando sobre la cornisa, se enchufaba al edificio neoclásico, constituía toda una declaración de principios. La intervención consistía en la provisión de un piso adicional, cuya estructura debía ser lo más ligera posible para no afectar la cimentación de la estructura existente. La propuesta original estaba formada por una cubierta de una sola luz, formada por una estructura monocasco de paneles sándwich de plástico reforzados con fibra de vi-

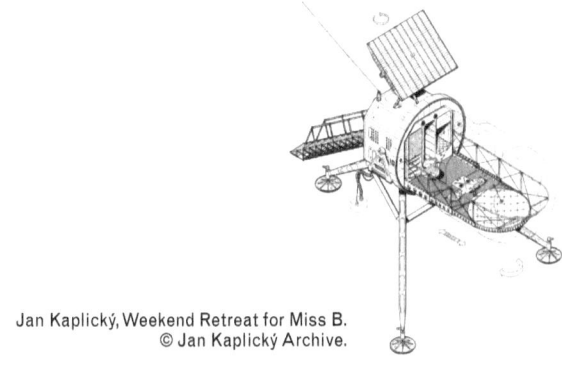

Jan Kaplický, Weekend Retreat for Miss B.
© Jan Kaplický Archive.

drio y núcleo fenólico (GPC), suspendidos desde una viga en celosía exterior, que salvaba los 27 metros de luz entre las dos paredes medianeras.

Tras el rechazo del sistema constructivo por parte de la autoridad competente, la propuesta fue modificada por una estructura de portales tubulares de acero de 12 metros de luz, sobre los que se apoyaban paneles de cerramiento de aluminio de 3 metros de ancho en los que, de forma similar a los prototipos del Zip-up Enlcosure, se recortaban ventanas y lucernarios.

Pero uno de los arquitectos que mayor entusiasmo mostró por las estructuras monocasco de aluminio fue el checo Jan Kaplický quien, tras establecerse en el Reino Unido y antes de fundar su propio estudio en Londres,[12] colaboró en las oficinas de Richard Rogers, entre 1971 y 1977, y de Norman Foster, entre 1977 y 1983.[13] Tras su prematuro fallecimiento, resulta difícil determinar el alcance de la influencia de Kaplický sobre la obra de Rogers y Foster. Pero sus elaborados dibujos a tinta y su pasión por las estructuras monocasco y por la imaginería aeroespacial dejaron, sin lugar a dudas, una fuerte impronta en ambos estudios. Como admi-

---

[12] En 1979 Jan Kaplický y David Nixon —antiguos colaboradores de Foster Associates— fundaron el estudio de arquitectura Future Systems en Londres.
[13] En el estudio de Richard Rogers Jan Kaplický colaboró en el diseño del Centro Pompidou en París, mientras que en Foster Associates trabajó en los proyectos de la tienda Joseph en Londres, el Willis Faber & Dumas en Ipswich y la casa de los Foster en Hampstead.

te Richard Rogers, Kaplický "era un delineante genial. Sus enérgicos dibujos eran al mismo tiempo intrincados e increíblemente económicos, capaces de comunicar sus visiones de la era espacial con solo unos cuantos trazos de lápiz".[14]

Los dibujos que Kaplický realizo para la vivienda de los Foster en Hampstead permiten vincularla con el vocabulario arquitectónico desarrollado en sus propios proyectos experimentales: el Cabin 380 (1975), la Case Study Structure (1979), la casa para un piloto de helicóptero (1979) y el Weekend Retreat for Miss B (1980), todos ellos concebidos como cascarones compactos sobre los que se exhibe un amplio repertorio de soportes articulados, pasarelas móviles, antenas parabólicas, paneles solares y demás accesorios tecnológicos.

---

[14] Ivan Margolius, Richard Rogers, *Jan Kaplický Drawings*, ed. David Jenkins (London: Circa Press, 2015).

KIT DE COMPONENTES

Casa Foster en Hampstead: maqueta. © Norman Foster Foundation Archive.

"Imaginad edificios compuestos por elementos y utilizad estos elementos como punto de partida para desarrollar todos los tipos posibles de variaciones que se os ocurran —y esas variaciones se convertirán a su vez en nuevos elementos".[1]

Versiones 5 y 6 (noviembre de 1978)

Las dos versiones elaboradas en noviembre de 1978 —desarrolladas, una vez más, con la colaboración de Richard Horden— presentan un esquema similar a las dibujadas en julio, consistentes en un volumen prismático en el que un patio interior de acceso segrega dos ámbitos diferenciados. Sin embargo, con el propósito de lograr una mayor flexibilidad, la planta muestra una solución aún más compacta, resultante de desplazar las zonas húmedas y de servicio, que anteriormente ocupaban una posición central en la vivienda, al perímetro del edificio donde, miniaturizadas en forma de cápsulas prefabricadas, ocupan las oquedades del entramado estructural en celosía.

El propio Norman Foster expresaba ese mismo año la necesidad de dotar a su vivienda de la máxima flexibilidad: "la planta puede ajustarse a las circunstancias en que nos encontremos como familia en este momento en particular, pudiendo además responder a patrones futuros imposibles de predecir: en cuanto a cuáles de nuestros hijos viven con nosotros, cuáles se van, cuáles vuelven; algo que pueda permitirnos, si fuera necesario, crear dos edificios separados por un patio; algo que nos pueda ofrecer ese grado de flexibilidad".[2]

Esta versión refleja, además, la creciente complejidad y expresionismo del sistema estructural que, completamente exteriorizado, está compuesto por una malla espacial de aluminio soportada por elementos verticales triangulados arriostrados a media altura mediante bandejas horizontales.

[1] *Jean Prouvé: La Maison Tropicale* (Paris: Centre Pompidou, 2009), 120.
[2] Norman Foster, conferencia "Frontiers of Design" en el RIBA Londres, 28 de septiembre de 1979, en David Jenkins, ed., *Norman Foster: Works 1* (London: Prestel, 2002), 483.

Como en versiones anteriores, el espesor de la estructura actúa además de soporte para la fijación de componentes de fachada y de elementos de protección solar. El conjunto conforma así una doble piel totalmente programable por el usuario, en la que el entramado estructural en celosía permite, en su cara interior, el acoplamiento de un número ilimitado de paneles prefabricados de fachada —translúcidos, transparentes, con mayor o menor grado de aislamiento, todos ellos intercambiables— y en su cara exterior la fijación de lamas orientables de aluminio. Esta idea se extiende también a la cubierta, bajo la cual, en un techo suspendido, se alternan zonas abiertas, opacas y transparentes. La única restricción en la disposición de estos componentes de cerramiento es la adopción del módulo básico estructural de 1,2 metros que organiza todo el conjunto.

Richard Horden elaboró una variante de esta versión de la casa en la que la estructura, claramente inspirada en la del Sainsbury Centre —todavía en construcción—, estaba compuesta por pórticos longitudinales en celosía. No obstante, la longitud de la vivienda, de más de 26 metros, obligó a la disposición de columnas interiores adicionales, las cuales parecen contradecir la pretendida flexibilidad del espacio interior.

La aparatosidad de este sistema estructural, claramente derivado del adoptado en el Sainsbury Centre, encuentra su única explicación desde una voluntad de exhibición estructural y por un deseo de desplazar las cápsulas de servicio a los testeros del edificio. Una solución más convencional de vigas transversales salvando luces más cortas, habría resultado más económica y flexible.

Por tanto, a pesar de la intercambiabilidad de los paneles de fachada y cielo raso, y la posibilidad de crecimiento a partir de la adición de nuevos pórticos estructurales longitudinales, la anhelada flexibilidad de la vivienda está severamente coartada no sólo por las columnas interiores que condicionan la ubicación de los tabiques, sino también por la localización de las zonas húmedas en los testeros, hecho que obliga a ubicar los dormitorios en los extremos del edificio.

La renuncia a la composición de las fachadas y la intercambiabilidad de sus componentes —paneles de fachada y cubierta, y cápsulas de servicio—, convierten a esta vivienda en una obra sin precedentes en

Casa Foster en Hampstead: aqueta.
© Norman Foster Foundation Archive.

la producción del estudio. La aparente aleatoriedad con la que se alternan paneles opacos y acristalados, siguiendo un estricto módulo de 1,2 metros, responde exclusivamente a las necesidades de sus usuarios, poniendo la imagen del edificio completamente al servicio de las demandas funcionales del espacio interior.

En Hampstead los Foster tratan, por tanto, de conjugar su voluntad de expresionismo tecnológico con la idea del kit de componentes de la Maison tropicale de Jean Prouvé y de la casa de los Eames en Santa Mónica.

Pero el proyecto constituye además un intento por cristalizar la utopía expresada por Cedric Price en los años sesenta, de la casa en permanente estado de transformación: "la casa ya no es aceptable como un mecanismo prefijado para la vida familiar",[3] sino como un "juego constante".

Por otra parte, la construcción de dos prototipos estructurales a escala real ejemplifica el método de trabajo de los Foster, basado en el uso de grandes maquetas y prototipos con el objetivo de llevar las distintas opciones hasta sus últimas consecuencias. Como ha escrito Alastair Best en relación a esta casa, "la intención de los Foster no fue necesariamente la de sumarse al canon existente de casas-pabellón de arquitectos.

---

[3] Cedric Price, "Towards a 24-hour economic living toy," *Interior Design* (septiembre 1967).

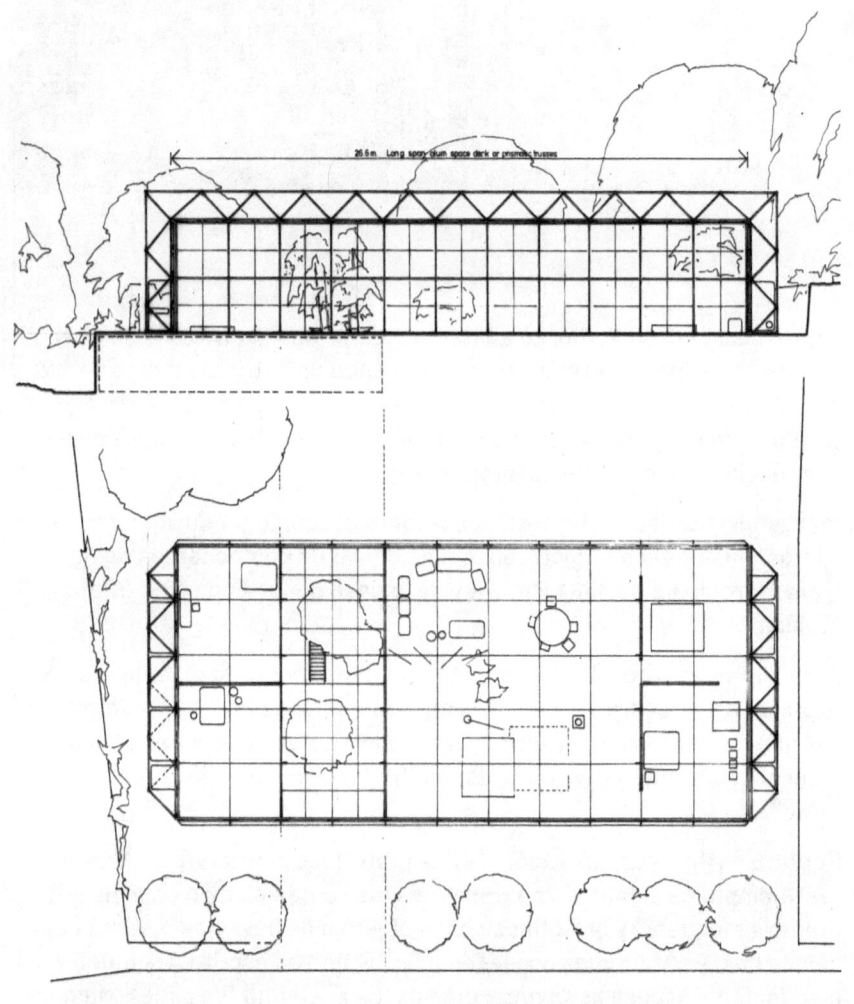

Casa Foster en Hampstead: planta y sección. © Norman Foster Foundation Archive.

Casa Foster en Hampstead: prototipos estructurales.
© Norman Foster Foundation Archive.

Sería más preciso describir los estudios de esta casa como un conjunto de maquetas y prototipos, altamente elaborados, que casi se convirtieron en una vivienda, más que una casa cuyo diseño se llevó a la fase de prototipo. En esto, como en muchas otras cosas, la aproximación de Foster al diseño es mucho más cercana a la de Buckminster Fuller o Charles Eames que a la de otros diseñadores de casas canónicas del siglo veinte".[4]

Las casas del mañana

Esta celebración del marco estructural, lejos de resultar un fenómeno "moderno", remite a la arquitectura de las ferias y exposiciones universales de la era de la industrialización que, desde mediados del siglo XIX se centraron en la presentación de los avances técnicos, tecnológicos y científicos de la época, a través de la exhibición de edificios efímeros caracterizados por su expresionismo estructural.

Si bien ya hemos destacado la decisiva influencia de estructuras como el Crystal Palace de Joseph Paxton en Londres (1851) y las construidas para el Festival de Gran Bretaña en el South Bank londinense (1951), por su exploración de las posibilidades de la construcción ligera en vidrio y acero,

[4] Alastair Best, "Foster Residence," en Ibid.

George Fred Keck, Crystal House en Chicago: sección. Robert Boyce, Keck and Keck (Princeton: Princeton Architectural Press, 1966), 48.

y por fomentar la prefabricación industrial; el prototipo más próximo a la arquitectura de la casa de los Foster en Hampstead es, sin duda, la Crystal House, construida por George Fred Keck para la Feria Mundial de Chicago de 1933-1945, en el marco de la exhibición *Homes of Tomorrow*. Con el título de *A Century of Progress International Exposition* y bajo el lema de "la ciencia encuentra, la industria aplica y el hombre conforma", la Feria Mundial de Chicago, que coincidía con el centenario de la fundación de dicha ciudad, tenía como tema principal la innovación tecnológica.

La Crystal House, el más ambicioso prototipo de cuantos integraban la mencionada exhibición, estaba destinado a mostrar cómo las nuevas tecnologías podían cambiar la industria de la vivienda prefabricada y a presentar un estilo de vida doméstica propio de la "era de la máquina". El manifiesto con el que Keck acompañaba su prototipo incluía cuatro puntos, no muy alejados de los preceptos de la "nave bien servida" de los Foster: 1) la economía derivada de la planta diáfana —la despreocupación de Keck por la distribución interior de la vivienda le llevó a confiar el diseño de interiores a una decoradora—; 2) la casa al servicio de sus habitantes y no viceversa —en relación a su flexibilidad—; 3) la importancia para la salud de los sistemas de calefacción pasiva y la de la luz natural —con lo que Keck justificaba el cerramiento totalmente acristalado de la vivienda—, y 4) la necesidad de diseñar dentro de los límites de la producción en masa sin renunciar a la expresión individual.

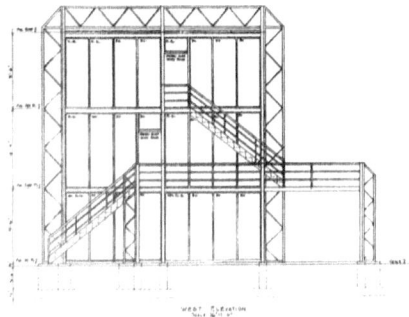

Buckminster Fuller mostrando el Dymaxion Car No. 3 frente a la Crystal House de George Fred Keck en la Feria Mundial de Chicago en 1934. ©The Estate of R. Buckminster Fuller.

La estructura portante consistía en vigas y pilares en celosía de acero formados por pletinas de acero soldadas y forjados de hormigón armado. La mayor parte de los componentes fueron soldados y pintados en fábrica. Desarrollada en tres plantas, la Crystal House ofrecía, sin embargo, un aspecto extremadamente tosco, caracterizado por el aparatoso esqueleto en celosía y por unas fachadas completamente vidriadas con persianas venecianas que, lejos de reflejar el carácter doméstico del conjunto, conferían al edificio una imagen marcadamente industrial. Ni siquiera la amplia terraza elevada conseguía mitigar la monotonía del conjunto.

El parecido de esta estructura, consecuencia de la aplicación de la tecnología propia de puentes y estaciones de tren al ámbito doméstico, con el esqueleto de esta versión de la vivienda de los Foster resulta sorprendente, teniendo en cuenta que, como admite el propio Norman Foster,[5] éste no conoció el edificio de Keck hasta el año 2010. Año en que, preparando su exposición "Bucky Fuller & Spaceship Earth",[6] Foster descubrió las fotografías de Buckminster Fuller presentando a los transeúntes su coche Dymaxion No. 3 frente a la fachada de la Crystal House.

---

[5] Ver "Airships: una conversación con Norman Foster".
[6] "Bucky Fuller & Spaceship Earth," exposición celebrada en Ivorypress Art + Books en Madrid, el 2 de septiembre de 2010, comisariada por Norman Foster y Luis Fernández-Galiano.

Pero, a pesar de su aspecto pretendidamente moderno, la distribución de este prototipo residencial, desarrollado en colaboración con Leland Atwood,[7] resultaba bastante convencional. La planta inferior, cerrada mediante paneles de vidrio translúcido, contenía el vestíbulo de acceso a la vivienda, zonas de servicio y un aparcamiento en el que las formas aerodinámicas del coche Dymaxion de Fuller contrastaban con la ortogonalidad del conjunto. Desde el vestíbulo, ascendiendo por una escalera metálica abierta —el prototipo no contaba con ascensor— se accedía a la primera planta, tras cuya fachada de vidrio tintado en azul se alojaba la zona de día de la vivienda, compuesta por un espacio diáfano, abierto a una terraza perimetral en "L" que formaba un profundo porche sobre el acceso. La planta segunda, de fachadas transparentes, contenía los dormitorios, a los que se accedía tanto desde la escalera interior como desde otra dispuesta en la terraza. Armarios móviles, que servían de particiones, dividían el ámbito de los padres del de los hijos, cada uno con acceso a sendos baños. La ausencia de aseo en la planta primera obligaba a los visitantes a invadir la privacidad de los dormitorios.

Las instalaciones de calefacción, climatización y conducciones de aire, estaban centralizadas en un patinillo de instalaciones que, situado detrás de la escalera, recorría verticalmente todo el edificio. El uso extensivo de vidrio obligó a un complejo sistema de aire acondicionado y de calefacción con rejillas de ventilación en fachada, y a la instalación de persianas venecianas interiores, integradas en un canal en el travesaño superior de la carpintería. Los techos, revestidos con paneles de fibra de vidrio, y el suelo cubierto con moqueta, proporcionaban la absorción acústica necesaria para compensar la dureza de los materiales de fachada.

El uso de alfombras, cortinas, vegetación interior, objetos de arte y el mobiliario diseñado por Atwood y Keck, inspirado en los muebles de tubo de Mies van der Rohe, Le Corbusier, Walter Gropius y Marcel Breuer, a penas lograban suavizar la crudeza del espacio interior y caracterizar los distintos ámbitos domésticos.

---

[7] Leland Atwood, colaborador de George Fred Keck desde 1933 en la Crystal House y en la House of Tomorrow, trabajó anteriormente con Buckminster Fuller como delineante de la Dymaxion House. Harriet Atwood, hija del diseñador, reclama que la Crystal House fue exclusivamente obra de su padre, teoría que queda reforzada por la convencionalidad de los proyectos residenciales posteriores de Keck tras la separación de su socio, quien abandonó su estudio en 1934, dos meses antes de la clausura de la exposición.

George Fred Keck, House of Tomorrow en Chicago: esqueleto estructural en construcción. Robert Boyce, *Keck and Keck* (Princeton: Princeton Architectural Press, 1996), 45--46.

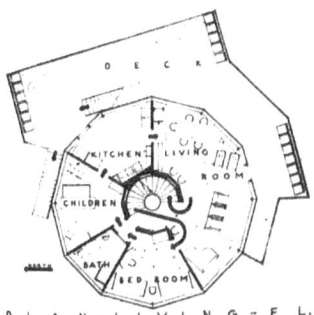

George Fred Keck, House of Tomorrow en Chicago: planta. Ibid., 45.

Pero además de la Crystal House, Keck, interesado en adaptar la construcción de entramado metálico de los edificios de la escuela de Chicago a la arquitectura doméstica, presentó en el seno de la misma exposición la *House of Tomorrow*. Se trataba de un edificio experimental de planta en forma de dodecágono, con cimientos de hormigón, estructura de acero con esbeltas columnas perimetrales y forjados prefabricados de hormigón sostenidos por un núcleo central que albergaba la escalera y zonas de servicio. Un esquema que, aunque de diseño mucho más torpe, derivaba de la casa Dymaxion, concebida cuatro años antes por Buckminster Fuller.

El propio Keck defendió el carácter experimental de sus dos prototipos residenciales afirmando que fueron diseñados "para probar equipos mecánicos y nuevos materiales constructivos [...] no para encontrar una forma específica de vivienda, sino para encontrar soluciones a los múltiples y variados requisitos domésticos de una forma simple y directa [...] eran casas laboratorio diseñadas no para ser distintas o aparentes, sino para determinar seriamente si nuevas ideas y diseños para la vida doméstica eran posibles. Probablemente la más importante función de la Crystal House fue comprobar cómo el gran número de personas que asistió a la exposición reaccionaría a ideas que contravenían la noción convencional de una casa".[8]

Tras el fracaso comercial de sus prototipos, Fred Keck fundó, junto a su hermano William, el estudio Keck & Keck en el que, abandonando la estética industrial de sus primeros prototipos y adoptando el lenguaje de la arquitectura vernácula americana, diseñaron multitud de viviendas prefabricadas similares a las construidas por su contemporáneo Carl Koch.

El juego de los Eames

Si los Foster estaban determinados a llevar al extremo la idea del armazón estructural, capaz de crecer y reconfigurarse respondiendo a las necesidades de sus usuarios, la casa de los Eames en Santa Mónica, de 1949, constituía el paradigma de la casa concebida como un kit de componentes, ensamblado a semejanza de un juego de Meccano. El diseño de la casa de los Eames surgió de la reorganización de los componentes de un proyecto anterior para el mismo emplazamiento, la Bridge House, cuyo diseño Charles Eames modificó una vez los componentes fueron recibidos en obra. De este modo, los mismos componentes, ensamblados de forma diferente, dieron lugar a una casa completamente distinta. La casa realizada un año después por los Eames y Eero Saarinen para John Entenza (Case Study House No. 9) —editor de la revista *Arts & Architecture Magazine* y promotor del programa de las Case Study Houses— resultó, asimismo, de la reorganización de los mismos componentes utilizados previamente en la casa en Santa Mónica.

El diseño entendido como la reordenación de un kit de componentes fue una constante en el trabajo de los Eames, para quienes ninguna configuración era fija, ya que todo lo que producían podía ser reordenado: muebles, conferencias, películas. Si, como afirma Beatriz Colomina, "en

---

[8] Declaraciones publicitarias no fechadas, escritas por Fred Keck, Leland Atwood y Lydia Allison, citadas en Robert Boyce, *Keck and Keck* (Princeton: Princeton Architectural Press, 1996), 51-52.

Charles y Ray Eames, House of Cards. © Eames Office.

la arquitectura de los Eames todo es un juguete y todo el mundo es un niño",[9] la aparentemente ingenua Casa de Naipes, de 1952, ejemplifica a la perfección el concepto de casa concebida como un juego de infinitas permutaciones que constituye el origen de su propia casa en Santa Mónica y que, en un sentido más instrumental que lúdico, está también presente en la casa de los Foster en Hampstead.

Por ello, tal vez no sea casualidad que cuando, en junio de 1979, Ray Eames visitó las oficinas de Foster Associates en Fitzroy Street, Norman y Wendy Foster estaban enfrascados en el proyecto de su casa. Ray acudió a la ciudad para recibir la Medalla de Oro del RIBA, un tardío reconocimiento a la fructífera trayectoria junto a su marido, fallecido el año anterior. La citación del jurado, que contaba con Norman Foster entre sus miembros, destacó la trascendencia de la famosa casa de los Eames, en la que Ray seguiría viviendo hasta su muerte en 1988. Considerada en su día el arquetipo del hogar moderno, la casa de los Eames ejerció una profunda influencia sobre toda una generación de arquitectos y, muy especialmente, sobre los arquitectos británicos. Entre ellos Norman Foster quien, ya a principios de los años 60, recién terminados sus estudios de postgrado en la Universidad de Yale, quedaría fascinado por la frescura de una arquitectura concebida a partir de componentes directamente sacados del catálogo Truscon,[10] ensamblados desde el remolque de un camión en tan sólo día y medio.

[9] Beatriz Colomina, *La Domesticidad en Guerra* (Barcelona: Actar, 2007), 97.
[10] La Trussed Concrete Steel Company (Truscon) fue una empresa fundada en 1903 por el ingeniero Julius Kahn en Detroit, especializada en productos prefabricados de construcción.

En la ceremonia de entrega de la mencionada Medalla de Oro —con Norman Foster entre la audiencia—, Ray Eames, luciendo uno de sus típicos vestidos de muñeca, presentó la serie de diapositivas *Circus*: un montaje preparado por su marido en 1970, consistente en la proyección simultánea de 3 carruseles de 60 diapositivas cada una, con fotografías tomadas en el circo, acompañadas por una banda sonora de ruidos y músicas circenses. Grandes apasionados del circo, los Eames recurrieron a menudo este espectáculo para ilustrar su método de trabajo: la espontaneidad como resultado del sometimiento a una serie de constricciones. La arquitectura como un juego en el que todo aparenta ser relajado y carente de esfuerzo.

Charles Eames resumía su particular concepción del diseño, fundamentada en la idea de necesidad y en el uso de las constricciones como herramienta de trabajo, de la siguiente manera: "la suma de todas las constricciones. Ahí radica una de las pocas claves del problema del diseño. La habilidad del diseñador para reconocer tantas constricciones como sea posible. Su voluntad y entusiasmo por trabajar con ellas. Constricciones de precio, de tamaño, de resistencia, de equilibrio, de superficie, de tiempo, etc.".[11] A pesar del valor plástico de su obra, los Eames siempre enfatizaron el carácter funcional de su trabajo: "el diseño es una estrategia para lograr un propósito concreto [...] es la expresión de un propósito".[12]

Pero, irónicamente, este juego destinado a diluir la diferencia entre usuario y arquitecto se desplegó, tanto en el caso de los Eames como en el de los Foster, en la casa-estudio de la propia pareja de arquitectos. La vivienda se convirtió, por tanto, en un juguete muy particular que, en manos de los arquitectos-moradores permitía aunar trabajo y vida privada. Una casa entendida como un juego para iniciados. Un divertimento para arquitectos.

En *La Domesticidad en Guerra*, Colomina contrapuso el dramatismo de la solitaria silueta de Mies van der Rohe, retratado frente a la estructura de la casa Farnsworth en construcción, con la actitud de celebración de Charles y Ray Eames, fotografiados por Entenza, encaramados al esqueleto de su casa. Ambas fotografías reflejan actitudes hábilmente impostadas:

[11] Cortometraje "Design Q&A": preguntas de Mme. L. Amic y respuestas por Charles Eames, con motivo de la exposición "qu'est ce que le design?" en el Musée des Arts Décoratifs, Palais du Louvre, París 1972.
[12] Ibid.

Charles y Ray Eames fotografiados por John entenza sobre la estructura de su casa en Santa Mónica. © Eames Office.

Mies van der Rohe frente a la estructura de su casa Farnsworth en Plano, Illinois. Beatriz Colomina, *La Domesticidad en Guerra* (Barcelona: Actar, 2007), 97.

mientras que para Mies la estructura constituía un principio ordenador, casi filosófico, que lo englobaba todo: "la estructura es el todo, de arriba abajo, hasta el último detalle, —con las mismas ideas—",[13] para los Eames la estructura era el único elemento fijo de la casa que, como tal, pintado en el mismo color negro de las carpinterías, estaba concebido para permanecer invisible, tal como lo demuestran las palabras de Ray Eames: "después de trece años de vivir en una casa con estructura de acero vista, la estructura dejó de existir hace mucho tiempo. No soy consciente de ella".[14]

La importancia concedida a la estructura portante revela, en ambos casos, actitudes distintas frente a la tecnología: mientras que para Mies la tecnología constituía un método —"cuando la tecnología logra su realización real, se trasciende, convirtiéndose en arquitectura"—,[15] para los Eames era un instrumento —"es interesante considerar cómo la rigidez del sistema es responsable del libre uso del espacio y observar cómo la estructura más ordinaria se convierte en patrón y textura"—.[16]

---

[13] Mies van der Rohe citado en Peter Carter, *Mies van der Rohe at Work* (London: Pall Mall Press, 1974), 97.
[14] Ray Eames citada en Esther Mc Coy, *Case Study Houses 1945-1962* (Los Ángeles: Hennessey & Ingalls, 1977), 54.
[15] Mies van der Rohe citado en Peter Carter, "Mies van der Rohe: An Appreciation on the Occasion, this Month, of his 75th Birthday" *Architectural Design* 31 (marzo 1961): 106.
[16] Charles Eames, "Case Study House for 1949," *Arts & Architecture* 66, No. 12 (diciembre 1949): 26-39.

La aparatosidad de la estructura de la casa de los Foster y la minuciosidad con la que se moldea cada uno de los componentes, poco tiene que ver con el esforzado "minimalismo" de Mies van der Rohe, ni con el andamiaje neutro de la casa de los Eames. La estructura de la casa en Hampstead, lejos de ofrecer la respuesta óptima a un problema, refleja un conflicto entre la técnica utilizada como medio y la tecnología entendida como fin en sí mismo, capaz de anteponerse a las consideraciones funcionales y económicas propias de la "nave bien servida".

Resulta revelador comprobar como Norman Foster se encaramó al muro de contención para fotografiar el elemento de la casa de los Eames que más parecía interesarle: la viga en celosía de la cubierta, cuyas triangulaciones parecían anticipar las del Sainsbury Centre for Visual Arts.

En los dos proyectos residenciales de los Eames tras la construcción de su casa en Santa Mónica: la casa para John Entenza y la casa, no construida, para Billy Wilder en Beverly Hills, ambas de 1950, a pesar de utilizar el mismo sistema estructural de perfiles estándar en "H" y vigas en celosía, la expresión de la tecnología industrial quedaba en un segundo plano, proporcionando lo que Charles Eames denominó un cerramiento "inconsciente de sí mismo",[17] que cada ocupante podía convertir en un alegato personal. La interiorización de la estructura metálica detrás de los cerramientos facilitaba, además, su mantenimiento.

Como escribe James Steele,[18] la paradoja de la casa de los Eames radica en su triunfo como icono de la ultra-modernidad a través de la expresión de un modo de vida y de trabajo muy personales y, al mismo tiempo, en su fracaso como modelo ideal de sistema de vivienda prefabricada destinado a remplazar a la vivienda convencional, prometiendo costes diez veces menores que la construcción tradicional de tipo *balloon-frame*. La casa Kwikset (1951), un prototipo para la provisión de viviendas modulares de bajo coste, jamás llegó a realizarse.

La casa en Hampstead surge, sin embargo, de una actitud casi opuesta a

---

[17] Charles Eames citado en John Neuhart, Marilyn Neuhart and Ray Eames, *Eames Design: The Work of the Office of Charles and Ray Eames* (New York: Ernst & Sohn, 1989), 137.
[18] James Steele, Eames House: Charles and ray Eames (London: Phaidon, 1994), 19.

Charles y Ray Eames, casa Eames en Santa Mónica fotografiada por Norman Foster en 1961.
© Norman Foster Foundation Archive

la de los Eames. Asumiendo de antemano la derrota de los Eames como propia, los Foster, pese a concebir su vivienda a partir de componentes prefabricados, no aspiran a convertirla en un sistema modelo para su producción en masa y mucho menos a considerar su posible aplicación en construcciones de bajo coste.

Justificaciones como la exacerbada búsqueda de la flexibilidad y la capacidad de adaptación al cambio, no obedecían tanto a consideraciones pragmáticas sino que constituían excusas para construir un alegato tecnológico que parece responder a la máxima de Cedric Price: "los artefactos deben acelerar, incluso exagerar, la posibilidad del cambio".[19]

Chermayeff en Cabo Cod

La etapa americana del antiguo tutor de Norman Foster en Yale, Serge Chermayeff, durante los años cincuenta, que se limita casi exclusivamente a la construcción de pequeñas viviendas de vacaciones, evidencia la influencia de la casa de los Eames y del programa de las Case Study

---

[19] Cedric Price, *Archigram* 8, 1968, citado en Cedric Price, *The Square Book* (London: Wiley-Academy, 1984), 77.

Houses. Como observa Alan Powers, en estas obras Chermayeff "expresó su entusiasmo por las Case Study Houses, que manifestaban una sensibilidad por la naturaleza y por la suavidad del clima californiano en un lenguaje tecnológico".[20]

Siguiendo la estela de Walter Gropius quien, a finales de los años treinta descubrió en los frondosos bosques de Cabo Cod un refugio perfecto para huir de su intensa vida social en Nueva York, numerosos artistas y arquitectos inmigrantes tras la Segunda Guerra Mundial, como el arquitecto húngaro Marcel Breuer, su compatriota, el ingeniero estructural Paul Weidlinger,[21] los finlandeses Eero Saarinen y Olav Hammarstrom,[22] y el ruso Serge Chermayeff, se vieron atraídos por esta privilegiada península del estado de Massachusetts.

Muchos de ellos construyeron sus propios refugios vacacionales en Cabo Cod: Breuer en 1944, Weidlinger en 1953 y Chermayeff en 1952. Como sostiene Peter McMahon,[23] la particularidad de estas viviendas dentro de la historia de la arquitectura moderna es en gran parte debida a los escasos recursos económicos disponibles. Esto propició que los arquitectos concibieran sus casas como laboratorios en los que ensayar sus ideas sin invertir ingentes sumas de dinero, llegando a soluciones sencillas, efectivas e ingeniosas. Estas pequeñas viviendas vacacionales, en su mayoría abiertas al exterior y con espacios interiores diáfanos, escenificaron una especie de modernismo regional en el que la arquitectura tradicional de los pueblos de pescadores se fundía con el ideario de la Bauhaus y con los conceptos de experimentación y de producción propios de la postguerra.

---

[20] Alan Powers, *Serge Chermayeff: Designer, Architect, Teacher* (London: Riba Publications, 2001), 224.
[21] Paul Weidlinger fue aprendiz de Le Corbusier en París. Tras trabajar en Bolivia, emigró a los Estados Unidos en 1943, donde colaboró con escultores como Pablo Picasso, Isamu Noguchi y Jean Dubuffet. Trabajó como ingeniero de estructuras en proyectos como el museo Whitney de Marcel Breuer, la rampa del Carpenter Center de Le Corbusier en Harvard y la sede de CBS de Eero Saarinen en Nueva York.
[22] Olav Hammarstrom estuvo a cargo del estudio de Alvar Aalto durante la estancia de éste en Massachusetts en 1940, siendo posteriormente colaborador en el estudio de Eero Saarinen.
[23] Peter McMahon, Christine Cipriani, *Cape Cod Modern: Midcentury Architecture and Community on the Outer Cape* (New York: Metropolis Books, 2014).

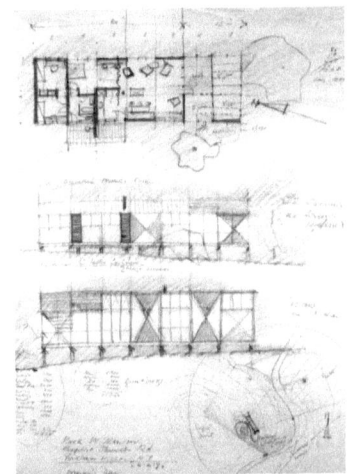

Serge Chermayeff, casa Wilkinson en Cabo Cod: croquis.
© Cooper-Hewitt National Design Museum, Smithsonian Institution/Art Resource, New York.

Serge Chermayeff, casa y estudio en Cabo Cod.
"Escape to Cape Cod," *Telegraph* 8 agosto 2014.

Así, estos arquitectos que, como Chermayeff, se formaron en pleno auge del Movimiento Moderno, desarrollaron en Cabo Cod una arquitectura peculiar en la que los sistemas constructivos y materiales vernáculos utilizados en la región desde el siglo XVIII, como las fachadas y cubiertas de pino y cedro y el aislamiento térmico mediante fibras naturales y algas, se mezclaban con técnicas constructivas modernas, como las cerchas, los paneles prefabricados de papel prensado y los grandes acristalamientos. Además, entendieron el proceso constructivo como una tarea colectiva, similar a la empleada por los lugareños durante siglos para construir sus granjas y caseríos.

El bucólico paisaje de Cabo Cod hizo aflorar la faceta más romántica de Chermayeff, avezado dibujante y pintor, quien encontró en el uso de la forma y del color, estrategias para la integración de sus casas en el paisaje. De este modo, a pesar de la ausencia de cualquier voluntad de exhibicionismo estructural, el esqueleto de la casa de Chermayeff es legible desde el exterior, expresándose los elementos de arriostramiento como paneles triangulares policromados en colores llamativos que, en claro contraste con el paisaje, parecen rendir homenaje a los de la casa de John Entenza diseñada por los Eames dos años antes.

En un extremo del volumen rectangular de la vivienda —con cubierta a un agua—, una cercha en tijera a contrapendiente permite diferenciar una crujía de acceso semiabierta, que actúa de espacio de transición entre el exterior y el interior de la vivienda. La versatilidad del sistema constructivo adoptado permitió a Chermayeff posteriores modificaciones, como la adición, en el año 1971, de una zona de estudio, prolongando linealmente el volumen rectangular mediante la agregación de una nueva crujía, en la que un gran ventanal permitía disfrutar de la puesta de Sol enmarcada entre los árboles y una laguna cercana. Un motivo recurrente en su obra pictórica.

Si bien, a diferencia de los Eames, Chermayeff no se sirvió de componentes estándar sacados de un catálogo, sino de un arcaico sistema constructivo de pórticos y entramados en madera. Pero utilizó su casa para establecer unas reglas del juego y un vocabulario formal que le permitieron afrontar múltiples proyectos a partir de permutaciones de un reducido número de soluciones y de recursos compositivos.

Con este sistema, Chermayeff diseñó diversas viviendas y pequeños edificios, como las casas Sigerson (1954), Wilkinson (1954), Payson (1954) y O'Connor (1956), todas ellas proyectadas a partir del mismo sistema modular, que adaptó a las distintas necesidades programáticas y a los diferentes emplazamientos.

La casa Wilkinson, tal vez la más elaborada de cuantas Chermayeff diseñara en Cabo Cod, consiste de nuevo en un contenedor prismático, de 56 x 18 pies (17 x 5,5 metros) en planta, con cubierta a una agua que se eleva ligeramente sobre el terreno mediante postes de madera. La planta está configurada a partir de un módulo fundamental cuadrado de 8 x 8 pies (2,4 x 2,4 metros), que define el espacio de un dormitorio, y de una franja central de servicio de 2 pies que aglutina las instalaciones y zonas de almacenaje de la vivienda. Esta centralización de los servicios es un precedente del proyecto de su casa en New Haven, construida diez años más tarde, y que tanto influiría en la vivienda de los Foster en Hampstead. Salvo los dormitorios y el baño de invitados, el resto de las estancias forman un continuo espacial, en el que la cocina y el dormitorio principal se separan del estar mediante sencillas paredes abatibles. Chermayeff reitera la idea de la cercha en tijera a contrapendiente, ensayada en su propia casa, para dar lugar a un dramático espacio semiabierto junto al testero sur.

Evolución del kit de componentes

Como señala Alan Brookes,[24] la casa de los Eames en Santa Mónica se convirtió en un icono de la construcción estandarizada, influyendo en el desarrollo de programas escolares británicos como SCOLA y CLASP, y fomentando la aparición de instituciones como la Modular Society, fundada en 1953 por Mark Hartland Thomas, encargadas de establecer normativas para la estandarización de sistemas constructivos modulares a partir de reglas básicas, como la adopción de los 100 milímetros como módulo básico.

La construcción modular fue ampliamente difundida a través de artículos y publicaciones británicas, como el *Modular Quarterly* y el *Modular Primer*. Pero uno de los acontecimientos más decisivos en el desarrollo de la construcción modular prefabricada en el Reino Unido fue la publicación en inglés, en 1961, del libro de Konrad Wachsmann, *The Turning Point of Building*.[25] En esta ambiciosa obra Wachsmann —quien había sido junto a Walter Gropius uno de los pioneros de la vivienda prefabricada de postguerra—, manifestaba su convicción sobre el futuro industrial de la arquitectura, el poder de transformación de la tecnología y la necesidad del edificio de comunicar su esencia tecnológica. Así, ilustró diversos sistemas constructivos modulares "universales", basados en el uso de sistemas de conexión estandarizados, capaces de adaptarse a tanto a un edificio de cinco plantas como una cubierta de 200 metros.[26]

---

[24] Alan J. Brookes, "Theory & Practice of Modular Coordination," *Proceedings* IGLC-13 (Sidney: julio 2005).
[25] Konrad Washmann, *The Turning Point of Building: Structure and Design* (New York: Reinhold Pub. Corp., 1961).
[26] Konrad Wachsmann y Serge Chermayeff compartieron oficina durante algún tiempo en Nueva York, donde colaboraron en algunos proyectos menores.

En 1965 se inició el proceso de estandarización métrica en el Reino Unido, a través de un programa que tardó diez años —en 1975— en implantarse a nivel normativo. Aplicando los principios establecidos por Bruce Martin en *The Co-ordination of Dimensions for Building*,[27] esta iniciativa constituía un intento por romper el círculo vicioso en el que se encontraba sumida la industria de la construcción: "los fabricantes no fabricarán los componentes hasta que alguien se lo pida, y los arquitectos no los pedirán hasta que éstos estén fabricados".[28]

La vivienda-estudio de Michael y Patty Hopkins,[29] construida en 1976 también en el barrio londinense de Hampstead, constituye un claro ejemplo de aplicación de la arquitectura del kit de componentes en Europa y es un precedente directo del prototipo realizado en aluminio para la vivienda de los Foster dos años después. Al igual que la casa de los Foster, esta vivienda, que aloja el programa en un volumen rectangular de dos plantas, no hace concesiones a la arquitectura de las villas georgianas aledañas, presentando a la calle una fachada totalmente acristalada que, dado el fuerte desnivel entre el terreno y la calle, aparenta ser un edificio de una sola planta, al que se accede a través de una ligera pasarela metálica.

La radicalidad de la casa de los Hopkins estriba en su aparente ligereza, fruto de un ingenioso esquema estructural que, diseñado en colaboración con el ingeniero de estructuras Anthony Hunt, fue concebido a partir de una malla isótropa de pilares de 4 x 2 metros, que da lugar a un volumen rectangular de 12 x 10 metros. Las esbeltas columnas y las vigas trianguladas en celosía —similares a las utilizadas por los Eames en su casa—, dispuestas en ambas direcciones, sostienen delgados forjados de chapa de acero, revestidos con moqueta.

---

[27] Bruce Martin, *The Co-ordination of Dimensions for Building* (London: RIBA, 1965).
[28] Christine Wall, *An Architecture of Parts: Architects, Building Workers and Industrialisation in Britain 1940-1970* (London: Routledge, 2013), 125.
[29] Entre 1970 y 1975 Michael Hopkins fue el tercer socio del estudio Foster Associates, en el que trabajó en proyectos como las oficinas piloto de IBM en Cosham y el edificio Willis Faber & Dumas en Ipswich. Tras abandonar Foster Associates Michael Hopkins fundó, junto a su mujer, el estudio Michael Hopkins and Partners.

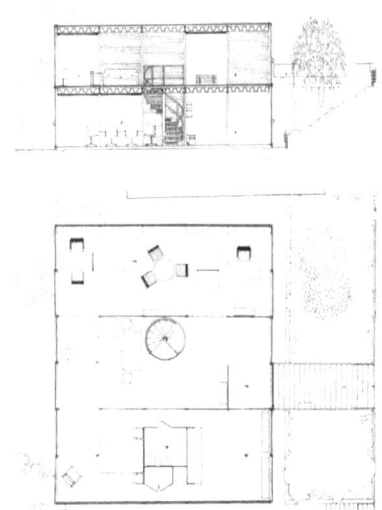

Michael y Patty Hopkins, casa Hopkins en Hampstead, Londres: sección transversal y planta superior. © Hopkins Architects.

A diferencia de la casa de los Foster, en la vivienda de los Hopkins las luces estructurales se adecuaron a los usos interiores. Este hecho, junto a la utilización de una cantidad limitada de elementos estándar de acero y vidrio, destinados a la construcción de naves industriales, permitió construir la vivienda con rapidez y a un coste relativamente modesto. Las luces estructurales son pequeñas, todas las columnas son idénticas y no existe estructura secundaria. El suelo, la cubierta y también las paredes exteriores se anclan directamente al entramado estructural principal y las vigas en celosía se sueldan en obra para formar cerchas horizontales que trabajan como vigas continuas.

A pesar de las reducidas luces estructurales el espacio interior resultante es extremadamente flexible, consistiendo las particiones interiores en simples persianas venecianas y en delgadas particiones modulares. La ausencia de falsos techos subraya la ligereza del sistema constructivo en el que el armazón estructural, pintado en azul, constituye una retícula homogénea a partir de la que se organiza toda la casa.

Hopkins, fuertemente influido por la obra de Buckminster Fuller, los prototipos de Ezra Ehrenkrantz y por la arquitectura de las Case Study

Michael Hopkins, SSSALU (Short Span Structures in Aluminium): alzado, axonometría tipo y secciones horizontales y verticales de las uniones. "Michael Hopkins: SSSLAU (Short Span Structures in Aluminium) Prototype," *The Architectural Review* (diciembre, 1980): 61.

Houses, manifestó en sus primeras obras un interés, no sólo por imitar los métodos de la industria para reflejar en sus edificios la estética de la producción industrial, sino por aplicar realmente la producción en masa a sus proyectos.

El *Short Span Structures in Aluminium* (SSSALU), desarrollado en 1979 por Anthony Hunt junto a los Hopkins e Ian Ritchie,[30] constituye un precedente directo de la estructura de aluminio de la casa de los Foster, hasta el punto de que, como afirma el propio Hunt, ésta puede entenderse como una versión refinada del SSSALU.[31] Sin embargo, el SSSALU, compuesto exclusivamente por extrusiones de aluminio en su mayoría procedentes de la industria náutica, fracasó debido a la complejidad de las uniones entre vigas y pilares de aluminio.

Hopkins retomó la idea de un método constructivo producido totalmente en serie, fabricado a semejanza de un automóvil, en su sistema Patera, diseñado entre 1980 y 1982, también junto al ingeniero de estructuras Anthony Hunt, destinado a satisfacer la demanda de edificios industriales y de oficinas de una sola planta. La estructura del sistema Patera, expuesta al exterior, estaba formada por una serie de pórticos integrados por elementos tubulares de acero en celosía con uniones atornilladas, que se fijaban a una losa de cimentación mediante anclajes especia-

---

[30] Tras trabajar en Foster Associates entre 1972 y 1976, Ian Ritchie fundó la firma Chrysalis Architects en 1979. En 1981 fundó la firma Ian Ritchie Architects en Londres y fundó, junto a Peter Rice y Martin Francis, la firma de ingeniería Rice Francis Ritchie en París.
[31] "Meccano Man: una conversación con Anthony Hunt".

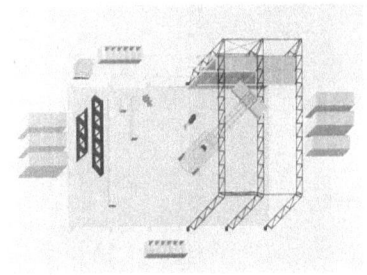

Michael Hopkins, sistema Patera: secuencia constructiva. Colin Davies, *High Tech Architecture* (London: Thames and Hudson, 1991), 105.

les de fundición. Los cerramientos de fachada y cubierta consistían en paneles sándwich de acero con núcleo de lana de roca y juntas de neopreno, en cuyo espesor circulaban las conducciones de agua y electricidad. El reducido tamaño y la ligereza de sus componentes permitían su transporte en una carretilla elevadora y la erección de un edificio de 18 x 12 metros en tan solo diez días. Los Hopkins emplearon este sistema para construir naves industriales, como las realizadas en Stoke on Trent y Canary Wharf, así como para construir la casa Patera (1980-82), una adaptación del mismo sistema destinada a alojar su propio estudio en Broadley Terrace.

Tanto el SSSALU como el sistema Patera constituyen versiones simplificadas de la estructura que Anthony Hunt desarrolló para la casa de los Foster, pero en ellos la expresión de la tecnología derivaba directamente de la búsqueda de la máxima eficiencia, y de la voluntad de obtener sistemas ligeros, económicos y capaces de ser ensamblados con la máxima rapidez.

Por su parte, el arquitecto de origen alemán Helmut Schulitz quien, al igual que los Foster, estuvo fuertemente influenciado por los prototipos escolares desarrollados por Ezra Ehrenkrantz en California, aplicó el concepto de los sistemas abiertos que —en oposición a los sistemas de construcción modular desarrollados en Europa—, estaban destinados a garantizar la máxima eficiencia a través de la fabricación y coordinación de subsistemas y sistemas constructivos por industriales especializados, de acuerdo a métodos de producción en serie.

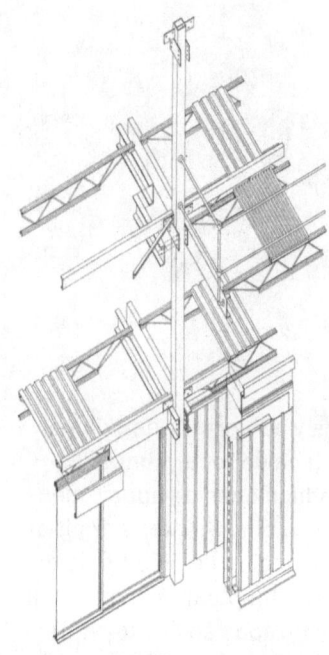

Helmut Schulitz, casa Schulitz en Beverly Hills, California: axonometría del sistema constructivo. Colin Davies, *High Tech Architecture* (London: Thames and Hudson, 1991), 142.

Helmut Schulitz, casa Schulitz en Beverly Hills, California. © Helmut Schulitz.

La casa que Schulitz construyó, entre 1976 y 1977, en Beverly Hills, constituía un auténtico prototipo para ensayar un sistema constructivo que, derivado del kit de componentes de los Eames, fue utilizado en posteriores proyectos de mayor tamaño. Construida sobre una pronunciada ladera, la casa consiste en un esqueleto de acero que, anclado al terreno, conforma tres volúmenes en voladizo que se escalonan siguiendo la pendiente del terreno. En el piso superior se alojan el aparcamiento, el vestíbulo de acceso y una amplia cocina. En el piso intermedio, que se prolonga en una dramática terraza en voladizo, se encuentra la sala de estar a doble altura, desde la cual se desciende al piso inferior destinada a estudio del arquitecto.

Partiendo de una retícula estructural uniforme, la casa se proyectó íntegramente mediante componentes modulares estándar intercambiables. El sistema de paneles de cerramiento de chapa grecada de aluminio, atornillados al armazón estructural, permitió erigir la vivienda en tan sólo día y medio. A pesar de la potencia visual de los elementos diagonales de arriostramiento exteriorizados, el uso del color hace que la estructura —al igual que en las casas de los Eames y de los Hopkins— permanezca en un segundo plano. Los colores primarios empleados en barandillas, pasos de forjado y elementos de protección solar, predominan sobre los elementos estructurales, pintados en un discreto tono azulado.

Aunque la influencia del kit de componentes de los Eames y la de sus posteriores reinterpretaciones hasta la década de los setenta, es palpable en la casa de los Foster en Hampstead, las diferencias son notables. Así, para los Foster el kit de componentes parece justificarse únicamente por la más que cuestionable necesidad de dotar a su vivienda de una gran capacidad de trasformación, más que por la voluntad de ensayar un sistema constructivo versátil, económico, eficiente y capaz de ser repetido en proyectos posteriores.

La excesiva complejidad del sistema estructural, la especificidad de las soluciones constructivas y el preciosismo con el que se tratan los detalles, hacen que la utilización del kit de componentes se convierta, en manos de los Foster, en una decisión de carácter estético y simbólico más que una solución práctica.

SOCIEDAD DE ESTANCIAS

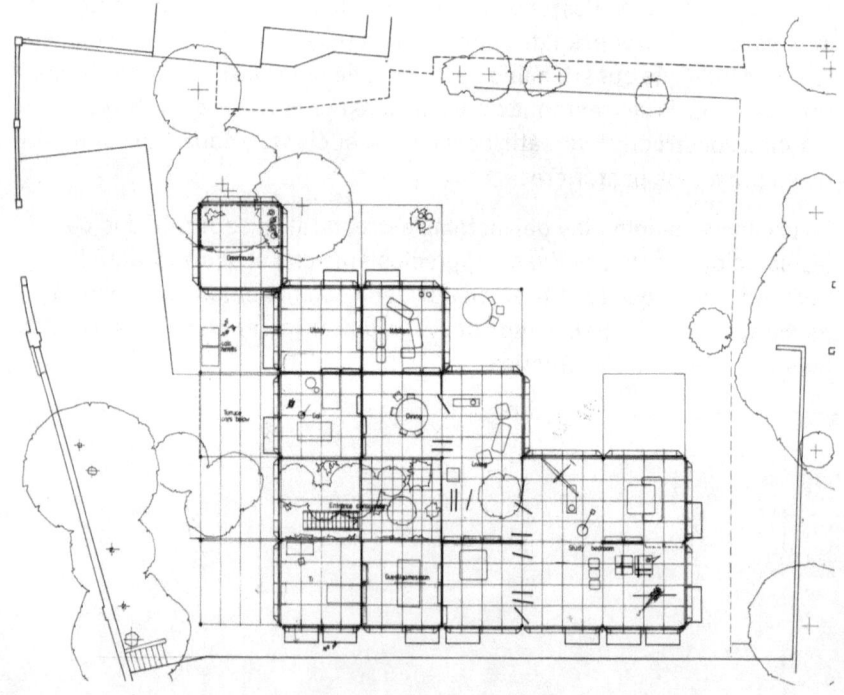

Casa Foster en Hampstead: planta dibujada por Richard Horden. © Norman Foster Foundation Archive.

"La arquitectura nace de la construcción de una estancia… la estancia
es un lugar de la mente… la planta es una sociedad de estancias. Un
buen lugar para vivir, trabajar, aprender…".[1]

Versión 7 (enero de 1979)

A pesar del carácter personal del proyecto de los Foster en Hampstead,
las aportaciones de cada uno de los arquitectos que integraron el equipo
de diseño, que volcaron en esta casa sus propias inquietudes e intereses,
fueron determinantes. Esto es especialmente relevante en el caso del
joven arquitecto británico Richard Horden quien, en esta versión de la
vivienda, exploró una solución distinta a la de las naves completamente
diáfanas de las versiones anteriores.

Aficionado a la navegación y muy interesado por las estructuras ligeras,
Horden propuso una solución en aluminio, integrada por módulos cúbicos de 4,8 metros de lado, estructuralmente autónomos, soportados por
vigas articuladas en sus extremos, esbeltos pilares circulares interiores y
pilares perimetrales en celosía que, al igual que en soluciones anteriores,
permitían el alojamiento de cápsulas de servicio y la fijación de elementos accesorios de protección solar.

Inicialmente, el ingeniero Anthony Hunt propuso soluciones en acero con pórticos en celosía, dispuestos cada 2,4 metros, formados por
perfiles tubulares estándar. Pero estas soluciones exigían el uso de
cruces de San Andrés, la adición de elementos horizontales entre
pilares o la utilización del plano de cubierta como elemento de arriostramiento.

A pesar de que Hunt desaconsejó expresamente el uso de perfiles de
aluminio a causa de su elevado coste, por la imposibilidad de utilizar
componentes estándar y, sobre todo, por la dificultad en la ejecución de
las uniones, Norman Foster optó por la estructura de aluminio, lo cual

---

[1] Louis Kahn, "The Room", 1971. Carboncillo sobre papel amarillo publicado en Yutaka
Saito, *Louis I. Kahn Houses* (Tokyo: Toto, 2004), 27.

obligaba a que todos los componentes estructurales fueran diseñados y fabricados expresamente para el proyecto. Así, Hunt tuvo que resignarse a elaborar soluciones en aluminio con vigas alveoladas, pilares cruciformes y complejas uniones en acero.

Por su flexibilidad y por su capacidad de crecimiento, esta fue una de las versiones del proyecto que mayor interés suscitó en el estudio. A partir de una retícula base de 1,2 x 1,2 metros, coincidente con la ubicación de los montantes de fachada, y de un módulo estructural de 2,4 metros, la vivienda resultaba de la agrupación de 16 unidades modulares casi idénticas de 4,8 metros de lado. Esto daba lugar a una planta de contornos quebrados y a un interior cuya distribución no resultaba de una operación de subdivisión espacial, sino de la agregación de unidades modulares cúbicas.

El confinamiento de todas las zonas de servicio en el perímetro de la casa permitía, además, obtener un espacio interior fluido, sin pasillos ni jerarquías espaciales, en el que las distintas actividades se delimitaban mediante ligeras particiones móviles —correderas y pivotantes—, capaces de proporcionar diversos grados de relación entre zonas de ocio, descanso y trabajo, en función de las exigencias de cada momento.

La planta presenta, por tanto, una distribución poco convencional en la que se establecen inusuales relaciones programáticas: así, ascendiendo las escaleras desde el aparcamiento semienterrado se accede a un patio interior arbolado que da acceso a una sala de estar. Ocupando el corazón de la vivienda y separada del comedor y de la zona de estudio mediante particiones móviles, este estar-comedor, que ocupaa tres módulos cúbicos, constituye el verdadero espacio distribuidor de la vivienda, ya que da acceso tanto a la cocina y zonas de servicio aledañas, como a los espacios más privados de la casa.

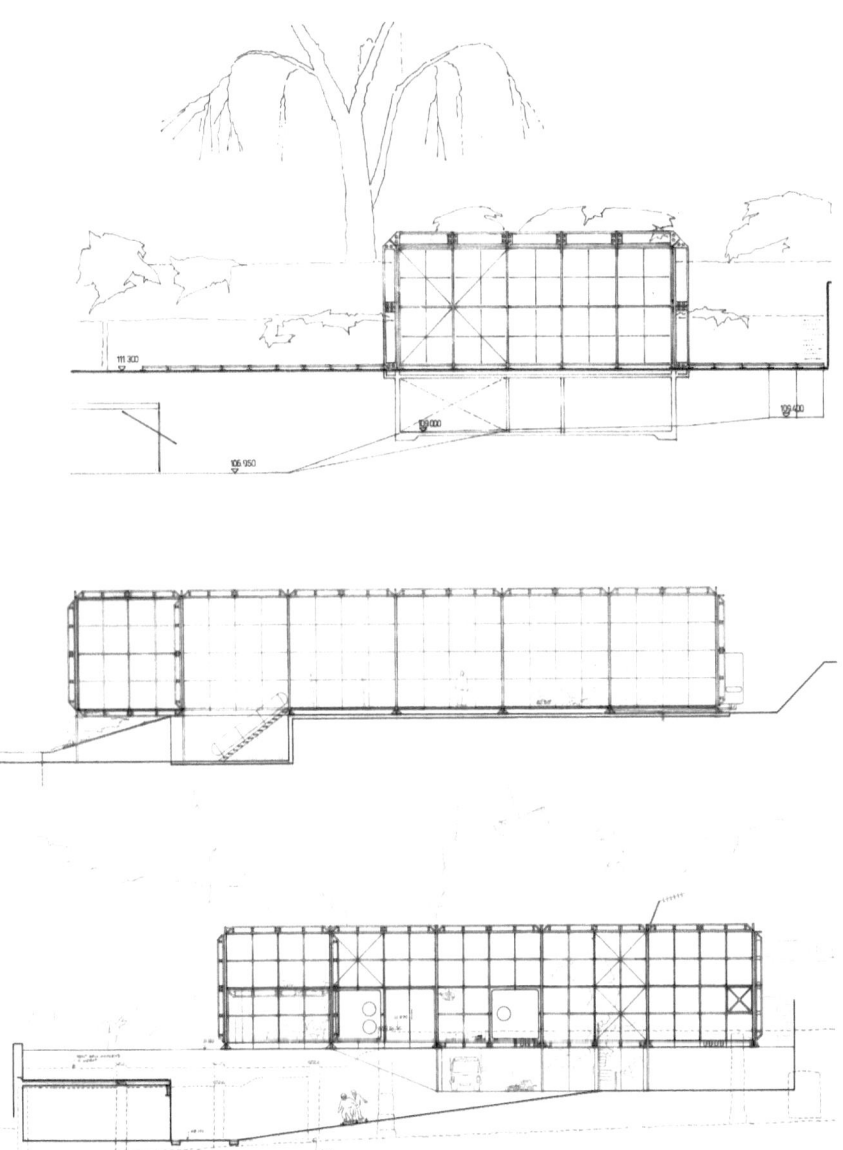

Casa Foster en Hampstead: secciones dibujadas por Richard Horden.
© Norman Foster Foundation Archive.

En el lado norte de la vivienda, ocupando cuatro módulos, una amplia zona de estudio, con dos mesas de dibujo y una zona de descanso, se abre al dormitorio principal, desde el cual se accede a una sala de juegos o de invitados que, a su vez, conecta con el dormitorio de la hija menor, Ti Foster.

En el lado opuesto, con acceso desde el comedor, el dormitorio del primogénito, Cal Foster, dispone de acceso directo a una terraza exterior sobre el garaje, comunicada a su vez con el módulo de invernadero. Una serie de plataformas cuadradas exteriores a modo de terrazas completan el programa de la vivienda prolongando las estancias de la casa hacia el jardín.

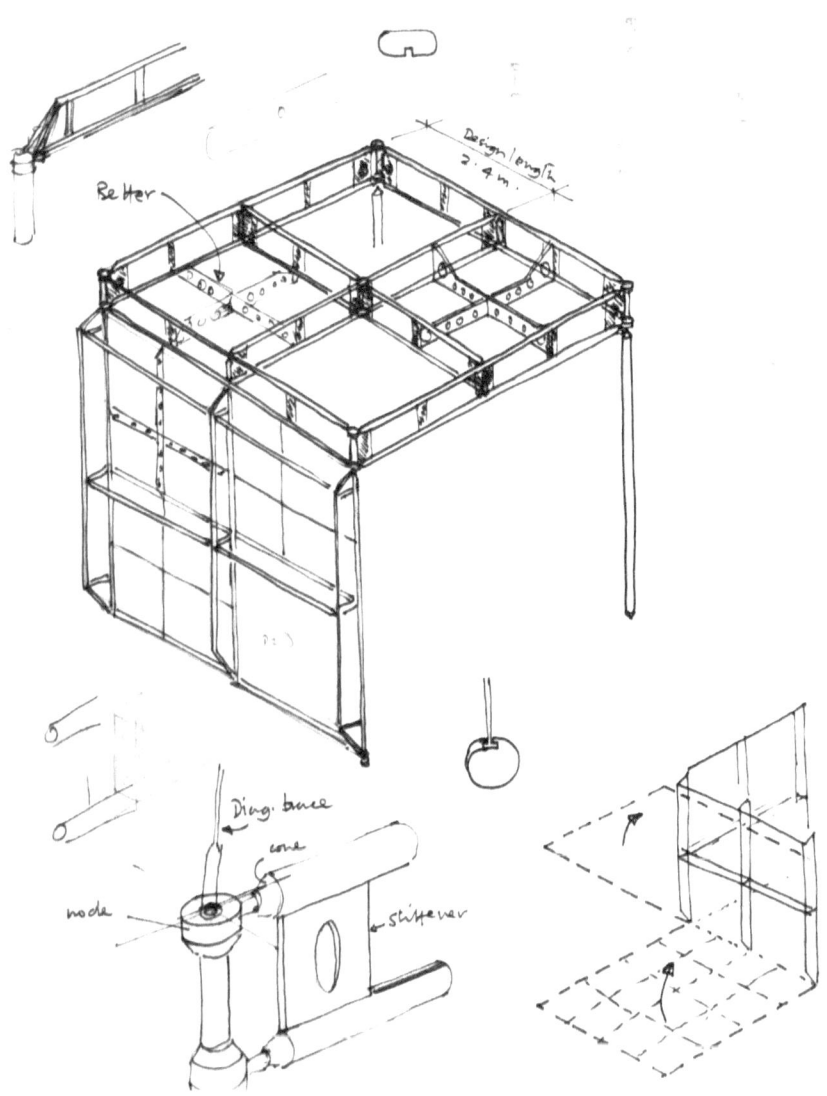

Casa Foster en Hampstead: croquis estructurales de Anthony Hunt. © Anthony Hunt.

Louis I. Kahn, "Architecture comes from the making of a room": croquis de 1971.
© Philadelphia Museum of Art.

Sociedad de estancias

Louis I. Kahn fue el arquitecto moderno que con mayor ímpetu reivindicó la importancia de la habitación como elemento fundamental de la arquitectura. En su conferencia "The room, the Street, and Human Agreement", Kahn concluyó que "la habitación es el principio de la arquitectura. Un lugar en la mente".[2] Atendiendo a la definición ofrecida por Kahn de la casa entendida como sociedad de estancias, cabe por tanto interpretar esta versión de la vivienda de los Foster como un asociación de espacios idénticos, sin usos predeterminados, suficientemente versátiles para acoger diversas actividades humanas.

Si como afirmaba Kahn, "uno de los errores más devastadores de hoy, que destruye el instinto creativo, es otorgar a algo un nombre antes de que se lo haya ganado. Una casa debe estar hecha para que cualquier persona, no necesariamente aquella que la encargó, sienta que pueda convertirla en su hogar";[3] las estancias de la casa de los Foster son, gracias a sus generosas dimensiones, capaces de albergar usos distintos a los inicialmente asignados.

---

[2] Conferencia pronunciada por Louis Kahn en 1971, publicada como "The room, the street and human agreement," A.I.A. Journal, 56 (septiembre, 1971).
[3] Louis I. Kahn, "An Architect Speaks His Mind," entrevista con Beverly Russell, en Yutaka Saito, *Louis I. Kahn Houses* (Tokyo: Toto, 2004), 15.

A pesar de la precisión con la que los Foster describieron cada una de
las estancias de su casa, espacios como la sala de estar —resultante de
la yuxtaposición de tres módulos cúbicos—, el jardín de acceso —que
actuaba de vestíbulo a la vez que constituía una extensión del estar— y
el generoso estudio, constituyen espacios que son a la vez específicos e
indefinidos.

Sin embargo, los Foster no hicieron distinción alguna entre el uso de los
elementos que realmente condicionaban la especificidad funcional de las
estancias de su casa: "las cápsulas enchufables" de servicio. La ambigüedad en el tratamiento de dichas cápsulas, todas ellas idénticas, no
permite distinguir su uso: espacios de almacenaje, máquinas y zonas de
aseo. Con ello los Foster parecían sugerir la posible intercambiabilidad
de todos los componentes de servicio. Pese a ello, la pretendida flexibilidad funcional de las estancias está severamente coartada por la reducida
movilidad de las cápsulas que, teniendo en cuenta la complejidad de las
instalaciones asociadas a las mismas, constituyen, paradójicamente, los
elementos más permanentes de la vivienda.

En *The Place of Houses,* Charles Moore abogaba por la indeterminación
funcional de las estancias de la vivienda, sosteniendo que "las habitaciones son espacios 'no específicos', escenarios vacíos para la acción
humana, en los que realizamos los ritos y las improvisaciones de la vida.
Suministran oportunidades generalizadas para que ocurran cosas, y nos
permiten hacer y ser lo que queramos".[4] Moore advertía, además, sobre
las particulares cualidades espaciales de la habitación cuadrada, la cual
"adquiere una solemnidad especial, una cualidad estática que procede
de la identidad entre su longitud y su anchura (…) Los arquitectos de
las casas de campo inglesas, siguiendo las directrices de su admirable
maestro italiano Andrea Palladio, cultivaron a menudo este formalismo
tridimensional dando forma de cubos perfectos a sus grandes cámaras
centrales".[5]

Atendiendo a los orígenes remotos de esta forma de organización espacial doméstica, cabe mencionar que la descentralización y la ausencia

---

[4] Charles Moore, Gerald Allen y Donlyn Lyndon, *The Place of Houses: three architects suggest ways to build and inhabit houses* (New York: Henry Holt & Co, 1979), 82.
[5] Ibid., 80.

de jerarquías espaciales fueron dos de las cualidades identificadas por Hermann Muthesius[6] como propias de la casa tradicional inglesa, en su libro *The English House*, de 1904.[7] Esta singularidad de la casa tradicional inglesa se manifestaba, para Muthesius, en dos características principales: el desplazamiento del hogar hacia el perímetro de la vivienda y por la ausencia de puertas de conexión entre estancias.

En *An Outline of European Architecture*, el teórico alemán nacionalizado británico Nikolaus Pevsner, reparó asimismo en la singularidad de la casa inglesa: "esta vivienda no tiene un centro, no hay jerarquía de espacios, no es una implantación estática. Es un sistema abierto, como lo son las catedrales y los monasterios ingleses, a diferencia de los del continente".[8] Esta fluidez espacial es particularmente manifiesta en las obras de arquitectos ingleses de finales del siglo XIX, como la Red House en Bexleyheath (1859), de Philip Webb, y la casa Leyswood en Surrey (1868), de Norman Shaw.

La aplicación de conceptos como la modularidad, la ambigüedad funcional de las estancias y la flexibilidad, permiten además poner en relación esta versión de la casa con precedentes tan remotos como la arquitectura tradicional japonesa. Como ha escrito Alistair Best en relación a la casa de los Foster, "la ubicación del pabellón sobre la parcela aterrazada y su gradación interior, están influidas por su estudio [de Norman Foster] de las casas japonesas y de su lucha por lograr volúmenes interiores espacialmente fluidos. Ideas que seguirían preocupándole en los años venideros".[9]

El propio Norman Foster manifestó su interés por la arquitectura doméstica japonesa y, en particular, por la Villa Imperial Katsura en Kioto: "la forma como la estructura del tatami articula los espacios interiores se expresa con claridad en la Villa Imperial Katsura [...] Hay muchas lecciones que aprender sobre las posibilidades de obtener un universo más sutil entre los extremos de la transparencia y la opacidad, que nos

---

[6] Hermann Muthesius fue, además de fundador junto con Peter Behrens del movimiento Deutsche Werkbund, agregado cultural en la embajada alemana en Londres desde 1896.
[7] Hermann Muthesius, *The English House* (London: Crosby Lockwood Staples, 1979), 79.
[8] Nikolaus Pevsner, *An Outline of European Architecture* (London: Penguin Editions, 1943), 300.
[9] Alastair Best, "Foster Residence," en David Jenkins, ed., *Norman Foster: Works 1* (London: Prestel, 2002), 483.

devuelve a las excitantes posibilidades ofrecidas por la nueva generación de materiales de la era espacial y a la tradición de la Maison de Verre de Pierre Chareau".[10]

La modularidad dictada por el uso del tatami, la regularidad del entramado estructural y la flexibilidad de la planta, cuyos tabiques móviles de papel proporcionan distintos grados de relación entre espacios, y la configuración de la vivienda a partir de la agrupación de unidades modulares regulares, pueden considerarse precursores de la construcción modular moderna. Como observaba Charles Moore, "la planta de una casa tradicional japonesa es admirablemente clara. Los tabiques deslizantes que hay entre las habitaciones permiten poner de manifiesto la relación que cada una de ellas mantiene con el resto. El conjunto de la casa queda fuertemente fijo en el recuerdo, incluso cuando las tres habitaciones principales son en sí mismas tan elegantemente sencillas. Están cuidadosamente dimensionadas en función del módulo tatami de 0.9 x 1,8 metros y no hay en ellas instalaciones ni aparatos fijos, por lo que son auténticos escenarios vacíos para la acción humana".[11]

Pero, obviamente, la remota influencia de la villa imperial Katsura, completamente ajena a la lógica de la industrialización y de la integración de sistemas, llegó a Norman Foster inevitablemente filtrada por los maestros de la arquitectura moderna, como Bruno Taut, Le Corbusier, Frank Lloyd Wright o Walter Gropius, todos ellos buenos conocedores y divulgadores de la arquitectura tradicional japonesa. El concepto de la "planta abierta", vinculado a la tradición japonesa, fue profusamente utilizado por Frank Lloyd Wright en sus primeras casas de la pradera, como la Willits en Highland Park, Illinois, de 1902, en la que las divisiones entre estancias consisten en delgadas mamparas de vidrio y madera.

La importancia que la noción de estancia tiene en el espacio doméstico es tal, que hace posible entender la evolución de la casa a partir de la evolución del concepto de habitación. Si, como afirma Charles Moore, Wright borró las tradicionales barreras entre las distintas estancias de

---

[10] Norman Foster, discurso de aceptación de la RIBA Royal Gold Medal en Londres, 21 de junio de 1983, citado en Ibid., 485.
[11] Charles Moore, Gerald Allen y Donlyn Lyndon, *The Place of Houses* (New York: Henry Holt & Co, 1979), 150.

la casa, haciendo explotar la planta en una serie de espacios que fluyen unos en otros, los arquitectos del primer Movimiento Moderno, llevaron esta redefinición de la habitación al extremo, hasta el punto de que, como en el proyecto de casa de ladrillo de Mies van der Rohe, no es posible hablar más de habitaciones, sino de un continuo espacial en el que los muros definen ámbitos espaciales profundamente interconectados.

Piedras huecas

A mediados de los años cincuenta Louis Kahn reinterpretó la idea de la vivienda entendida como agrupación de estancias, en una serie de proyectos de viviendas unifamiliares basados en el uso del cuadrado como unidad espacial. Con ello, Kahn pretendía reducir cada habitación a su forma geométrica más elemental, eliminando cualquier impureza programática. El propio Kahn aseguraba: "siempre empiezo con cuadrados, no importa de qué problema se trata".[12] Estas viviendas quedaban así divididas en sus actividades más esenciales: lugares para comer, para dormir, para disfrutar la compañía de otros, para cocinar, cada una con su propio cuadrado asignado. La riqueza espacial quedaba asegurada gracias a la manipulación de las alturas de techo, y mediante el empleo de distintos tipos de pavimento y acabados, siempre de acuerdo con las características de cada espacio en cuestión.

Así, a diferencia de esta versión de la casa en Hampstead, cuya cubierta plana confiere al conjunto una apariencia unitaria, cada uno de los módulos de las viviendas de Kahn —a los que él mismo se refería como "clusters"— constituyen unidades autónomas con estructura propia, cuyas cubiertas, casi siempre a cuatro aguas, desaguan independientemente y se expresan como volúmenes diferenciados.

Este concepto, iniciado en los proyectos no construidos de la casa DeVore en Montgomery (1954-1955), formada por seis unidades cuadradas de 7 x 7 metros agrupadas a lo largo de un muro de contención, y la casa Adler en Filadelfia (1954-55), resultante de la agrupación de cinco unidades

---

[12] Louis Kahn, citado en Yutaka Saito, *Louis I. Kahn Houses* (Tokyo: Toto, 2004), 23.

Louis I. Kahn, casa Adler en Filadelfia: planta.
© Louis I. Kahn Collection. University of Pennsylvania.

cuadradas de 8 x 8 metros, encontró su punto culminante en el edificio de los laboratorios Richard Medical en Filadelfia (1957-60), formado por la concatenación de espacios diáfanos cuadrados de 13,5 x 13,5 metros, y en el diseño de la Casa de Baños en Trenton (1954-59), integrada por cuadrados de 9 x 9 metros.

En estos dos últimos proyectos, Kahn resolvió el problema de la integración de zonas de servicio y almacenaje, aseos e instalaciones, mediante la introducción de gruesas columnas que, estratégicamente ubicadas en las esquinas de las estancias, constituían el soporte vertical del edificio a la vez que alojaban los espacios de servicio. El propio Kahn escribió al respecto: "hoy debemos construir con piedras huecas, [...], para alojar las instalaciones. [...] La naturaleza del espacio está caracterizada por los espacios menores que lo sirven. Las habitaciones de almacenaje, servicios y cubículos no deben ser áreas segregadas dentro de una estructura espacial unitaria, sino que deben disponer de su propia estructura".[13] Esta idea ejemplifica la particular concepción de Louis Kahn de la ya comentada integración de sistemas, basada en la utilización de la estructura portante como elemento definitorio de espacios servidores y servidos.

En la vivienda de los Foster los espacios servidores no se alojan, como

---

[13] Louis Kahn, citado en Heinz Ronner; Sharad Jhaveri, *Louis I. Kahn: Complete Work 1935-1974* (Basel: Birkhäuser, 1987), 83.

en las mencionadas casas de Kahn, en el espesor de pilares interiores, sino que se confinan a la periferia, a las oquedades de la estructura perimetral, bajo el suelo técnico y sobre el falso techo. Los delgados pilares metálicos en las esquinas de las estancias, camuflados en el espesor de la fachada y en el de las particiones interiores, expresan la voluntad de mitigar la presencia de la estructura en el interior de la vivienda.

La redundancia estructural de esta versión del proyecto en Hampstead, con complejos pilares exteriores y multitud de columnas interiores, manifiesta, por tanto, un conflicto entre el concepto de "sociedad de estancias" de Louis Kahn, cuyas posibilidades de uso dependen, en gran medida, de los servicios ofrecidos por las cápsulas aledañas, y la "estancia bien servida", cuya flexibilidad es posible gracias al confinamiento de la estructura y de las zonas de servicio al perímetro del edificio.

Pero, como observa el teórico inglés Kenneth Frampton en *Studies in Tectonic Culture*, Kahn, a diferencia de arquitectos como Mies van der Rohe, jamás aceptó la práctica estandarizada de la ingeniería, como lo demuestra su manifiesto rechazo a las estructuras metálicas de perfiles laminados estándar, que "restringieron la práctica de la ingeniería a la mera selección de elementos de manual", y en los que la expresión de las juntas entre elementos, sustituye a la expresividad de "formas más elegantes que indicaban los diagramas de fuerzas".[14]

En una actitud claramente opuesta a la materialidad casi gótica de la obra de Louis Kahn, la arquitectura de los Foster surge de la descomposición de la estructura en elementos minuciosamente diferenciados — vigas en celosía, perfiles alveolados y tensores—, que siguen la lógica de la transmisión de esfuerzos, y del sometimiento a una retícula modular que, visible en las juntas entre componentes, expresa la modularidad del edificio y la provisionalidad de sus componentes.

---

[14] Louis I. Kahn, "Monumentality," en Paul Zucker ed., *New Architecture and City Planning* (New York: Philosophical Library, 1994), 578—579. Citado en Kenneth Frampton, *Studies in Tectonic Culture: The Poetics of Construction in Nineteenth and Twentieth Century Architecture*, ed. John Cava (Cambridge, MA: The MIT Press, 1995), 210.

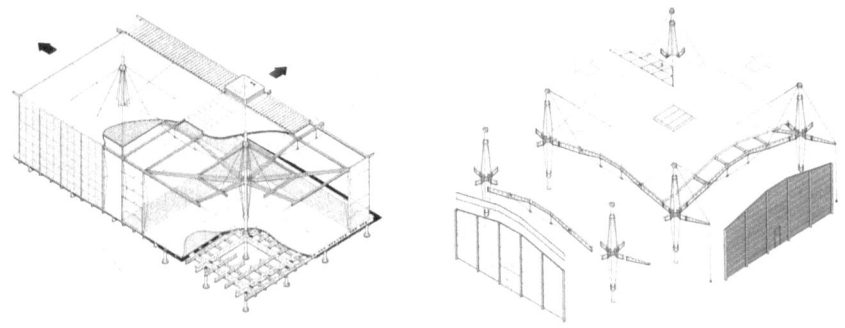

Centro de distribución Renault en Swindon: axonometrías explotadas del concepto inicial y final. © Norman Foster Foundation Archive.

La nave-paraguas

Si la casa de los Foster en Hampstead constituye un banco de pruebas para ensayar en el ámbito privado ideas utilizables en edificaciones públicas, es posible interpretar el proyecto del centro de distribución Renault en Swindon, iniciado dos años más tarde, como una aplicación de las ideas esbozadas en esta versión de la casa. Respondiendo a la complejidad del programa funcional, que incluía espacios de almacenaje, oficinas, una escuela de formación de comerciales, un restaurante y un espacio para la exhibición de vehículos, y a la incertidumbre sobre la ubicación y tamaño final de cada uso, los Foster plantearon una estructura modular, capaz de dotar al edificio de la necesaria flexibilidad, evitando la especificidad funcional de los espacios.

El esquema inicial partía de la yuxtaposición de 42 módulos autónomos de tipo paraguas. Dichos módulos, de 24 metros de lado, estaban soportados por mástiles tubulares de 16 metros de altura y vigas alveoladas, que permitían el crecimiento del edificio en ambas direcciones mediante la agregación de nuevas unidades. Sin embargo, admitiendo que la mencionada capacidad de ampliación ilimitada era un requisito más teórico que práctico y, reconociendo la ineficiencia propia de una estructura compuesta por elementos autónomos que renuncian a beneficiarse del contacto con módulos adyacentes, la claridad del concepto inicial fue abandonada.

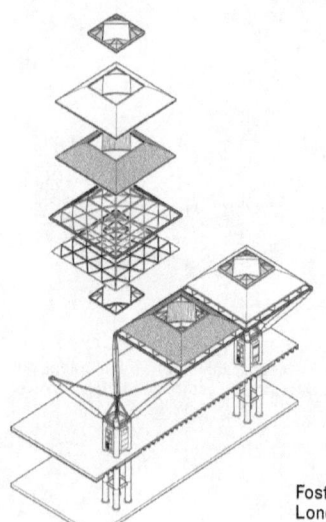

Foster Associates, aeropuerto de Stansted en Londres: axonometría explotada.
© Norman Foster Foundation Archive.

En colaboración con la ingeniería de Ove Arup & Partners, el proyecto evolucionó hacia una compleja estructura de tipo mesa, compuesta por una serie de pórticos arriostrados mediante tirantes pretensados y vigas alveoladas. El dinamismo de estas vigas, cuyo perfil refleja el diagrama de momentos, y la verticalidad de los mástiles atirantados, dotaban al edificio de un marcado expresionismo estructural que, enfatizado por el uso de color amarillo, resultaba más próximo a la obra de Richard Rogers y Renzo Piano que a la de los Foster.

El edificio finalmente construido, a medio camino entre una estructura tipo paraguas y una de pórticos convencionales, no ofrece, por tanto, una lectura clara de su sistema estructural, siendo extremadamente compleja la comprensión de la lógica del descenso de cargas. Elementos como la unión articulada entre las vigas principales y los mástiles inducen al equívoco. Dicha unión no se comporta en realidad como un nudo isostático, dado que su movimiento está restringido por los tirantes inferiores y superiores.

La pureza de la estructura de tipo paraguas de la primera versión de la fábrica Renault, fue retomada posteriormente en el proyecto del aeropuerto de Stansted en Londres, iniciado en 1981, con la participación, una vez más, del arquitecto Richard Horden. Las necesidades de ampliación propias de una terminal aeroportuaria justificaban la adopción de un sistema estructural formado por la yuxtaposición de módulos cuadrados casi-autónomos, de 36 metros de lado, en los que la descomposición de la estructura vertical en elementos diagonales y la canalización de todas las instalaciones bajo el suelo permitía la apertura de generosos lucernarios que garantizan la abundancia de luz natural en todo el edificio.

El alojamiento de instalaciones y servicios accesorios —elementos de señalización y de información de vuelos, conductos de aire acondicionado e instalaciones eléctricas—, servidos desde el sótano, en el seno de los "mástiles" estructurales, constituye uno de los más exitosos y elaborados ejemplos de integración de sistemas construidos por los Foster.

La Yacht House

Años después de la cancelación del proyecto en Hampstead, Richard Horden encontró la oportunidad de construir su propia versión de la casa de los Foster, en el proyecto de la Yacht House I, construida en la localidad inglesa de New Forest en 1983. Esta casa, proyectada en colaboración con el ingeniero de estructuras Frank Newby —mentor de Anthony Hunt en el estudio de Samuely—, Horden puso en práctica sus ideas sobre la construcción modular, esta vez al servicio de una familia con escasos recursos económicos. El sistema constructivo, una vez más fuertemente influido por la pasión de Horden por la náutica e inspirado en el entramado modular de acero de la Case Study House No. 18 en Beverly Hills (1956-1958) de Craig Ellwood,[15] está compuesto por columnas circulares de 8 cm de diámetro que soportan vigas de aluminio formadas por secciones ovaladas de mástil de embarcación.

El entramado estructural está integrado por miembros de aluminio a compresión y tensores de acero inoxidable que, siguiendo una retícula de 3,7 metros, forman un marco rígido y ligero, resistente a las cargas de viento. El ingenioso detalle de conexión de las columnas, desarrollado

---

[15] También conocida como casa Fields.

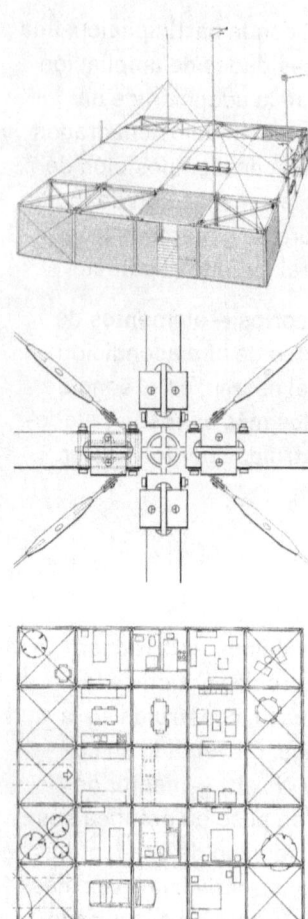

Richard Horden, Yacht House: axonometría, detalle de nudo estructural de columna, y planta.
© Richard Horden.

en estrecha colaboración con Frank Newby, consiste en unas pletinas cruciformes que, soldadas a la cabeza de las columnas, proporciona un nudo rígido.

La ligereza del esqueleto estructural de aluminio, de 360 Kg de peso —producido por el fabricante de mástiles de veleros Proctor Masts— y el sencillo sistema de conexión entre elementos, permitió la participación de los miembros de la familia en el proceso de construcción. Así, los 120 componentes que integran la casa fueron ensamblados por cuatro personas en un tiempo de 5 horas. Una vez erigido el esqueleto estructural, se instalaron los paneles modulares de cerramiento que, insertados entre vigas y columnas siguiendo un módulo de 1,2 metros, son intercambiables. La modularidad del sistema estructural permitió ampliar la vivienda en sucesivas intervenciones posteriores y facilitó la adición de paneles de lamas de protección solar.

La adopción del módulo de 3,7 metros, a diferencia del de 4,5 metros utilizado en la casa de los Foster —que daba lugar a estancias de dimensiones exageradamente grandes— resulta más adecuado al programa funcional de la vivienda. Buena prueba de la flexibilidad y modularidad de la Yacht House que, al igual que la casa Fields de Ellwood, estaba fabricada íntegramente con componentes estándar, es el hecho de que Horden adoptó el mismo sistema constructivo en posteriores proyectos residenciales en Londres, Dallas, Los Ángeles, Filadelfia y Australia, así como en las oficinas del puerto de Shotley Point en Ipswich, esta vez en colaboración con Anthony Hunt.

La Yacht House, considerada por el propio Horden como una evolución de esta versión de la casa de los Foster, constituye, a diferencia de esta última, un ejemplo de aplicación de la tecnología más avanzada para la obtención de un edificio flexible, ligero, eficiente y de bajo coste, cuyo éxito radica, en buena medida, en el ingenio de sus diseñadores para ensamblar componentes industriales estándar de la forma más eficiente. Sin duda Norman y Wendy Foster quedaron gratamente impresionados cuando, tras su finalización en 1983, tuvieron oportunidad de visitar la Yatch House personalmente.

PLUG-IN

Casa Foster en Hampstead: maqueta por Chris Windsor fotografiada por Richard Einzig. © Norman Foster Foundation Archive.

"Perseguimos una idea, un nuevo idioma vernáculo, algo comparable a las cápsulas espaciales, a los ordenadores y a los envases desechables de esta era atómico-electrónica".[1]

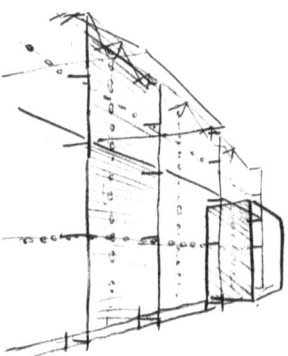

Casa Foster en Hampstead: croquis de Norman Foster.
© Norman Foster Foundation Archive.

Versión 8 (marzo de 1979)

La versión más elaborada de la vivienda de los Foster, y la que más cerca estuvo de construirse, fue la desarrollada a principios de 1979 por los arquitectos Peter Busby, Richard Horden, Anthony Pritchard y Jan Kaplický.

Las plantas de la casa, de las cuales se desarrollaron dos variantes, muestran una nave rectangular diáfana estrictamente modulada, en la que los ámbitos que integran el espacio doméstico, segregados mediante particiones ligeras, carecen de usos definidos, subrayándose así la flexibilidad y versatilidad del espacio.

Mientras que en la primera variante, delineada en marzo por Peter Busby, los espacios exteriores y las escaleras surgen como prolongaciones de la retícula modular, en la segunda versión, más expresiva, una rampa y una escalera ligeras y articuladas —similares a las rampas de acceso a una embarcación— permiten el ascenso desde el nivel inferior de la parcela a

---

[1] Warren Chalk, "Living City," *Archigram 4* (1964), 6.

un vestíbulo ajardinado situado en una esquina del volumen prismático, desde el que se accede a un ámbito intermedio entre una amplia sala de estar y las estancias de los hijos.

Las rampas de servicio, las pasarelas y las terrazas exteriores constituyen extensiones del cuerpo principal de la vivienda hacia el jardín que, a modo de patas articuladas, enfatizan la idea de la casa entendida como una suerte de organismo mecánico integrado por componentes móviles y cambiables.

El sistema estructural, en aluminio, resulta de la evolución de los esquemas desarrollados en versiones anteriores. Consiste en un esqueleto principal de pórticos formados por pletinas de aluminio con alveolos circulares, y una estructura secundaria de pórticos en celosía de tubos de aluminio y tensores de acero que, dispuesta perpendicularmente a la anterior, actúa de arriostramiento. Anthony Hunt resolvió los complicados nudos articulados mediante complejas inserciones de acero que aseguran la correcta transmisión de esfuerzos entre los componentes de aluminio.

Cabe mencionar que la tecnología de las vigas alveolares de aluminio fue adoptada por los Foster en otros proyectos de la época, como en las primeras propuestas para el Sainsbury Centre for Visual Arts en Norwich, el proyecto no construido para el Granada Entertainment Centre en Milton Keynes y el centro de distribución Renault en Swindon, en el que el uso de dichos perfiles se extiende tanto a la estructura de cubierta como a los montantes interiores.

Norman Foster cita la influencia de la industria aeronáutica y, en particular, de la estructura de las góndolas de los dirigibles rígidos de helio utilizados por la armada de los Estados Unidos durante los años treinta, en cuyas estructuras alveoladas, necesariamente livianas, encontró un ejemplo paradigmático del uso de la más avanzada tecnología al servicio de la ligereza.[2]

Como recuerda Alastair Best, "para la estructura principal se propuso un entramado de aluminio, articulado en la base y en la junta entre 'columnas' y 'vigas'. Los elementos principales estaban formados por pletinas

---

[2] Ver "Airships: una conversación con Norman Foster".

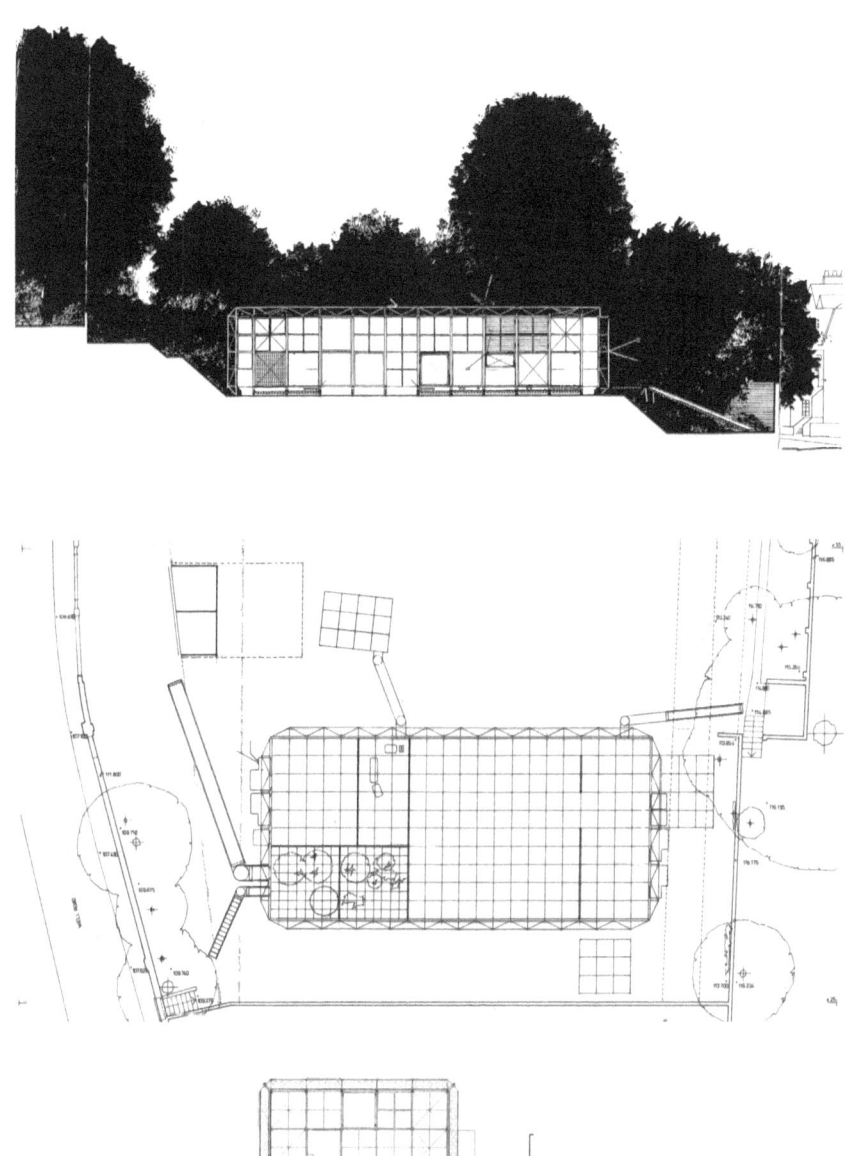

Casa Foster en Hampstead: planta y secciones por Richard Horden.
© Norman Foster Foundation Archive.

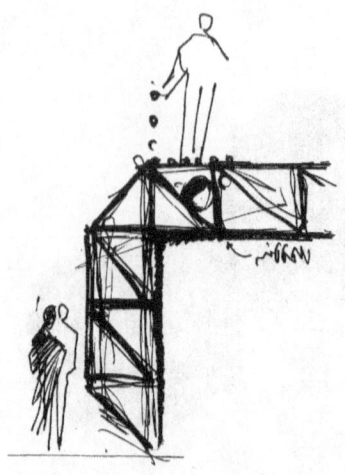

Casa Foster en Hampstead: croquis de Norman Foster © Norman Foster Foundation Archive.

Casa Foster en Hampstead: prototipo estructural instalado en Whiltshire. © Norman Foster Foundation Archive.

de aluminio de 6 milímetros de espesor remachadas a secciones ovaladas de aluminio. Este perfil fue seleccionado porque permitía solucionar el acoplamiento de componentes auxiliares y la fijación de los tensores de arriostramiento".[3]

Dada la complejidad del sistema, se desarrollaron prototipos a tamaño real de las estructuras primarias y secundarias que, erigidos en un terreno que los Foster poseían en Whiltshire, permitieron comprobar su forma y su escala. El desarrollo de dichos prototipos demuestra el interés de los Foster por realizar esta versión de la vivienda, cuya construcción iniciarían ese mismo año.

El entramado estructural permitía el acoplamiento de un sinfín de componentes auxiliares tales como antenas, bombas de calor, persianas venecianas, aleros retráctiles de control solar, paneles móviles de aislamiento, paneles solares y equipos de alumbrado exterior. Además, este entramado era compatible con un número ilimitado de paneles prefabri-

[3] Alastair Best, "Foster Residence" en Ian Lambot ed., *Foster Associates Buildings and Projects Volume 2: 1971-1978* (Surrey: Watermark, 1989), 126.

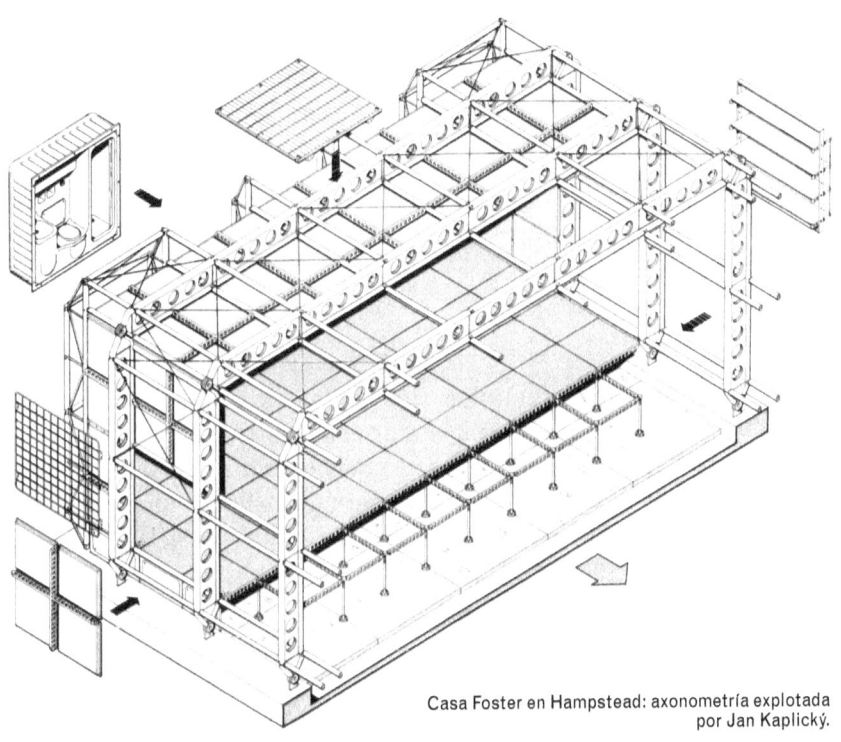

Casa Foster en Hampstead: axonometría explotada por Jan Kaplický.

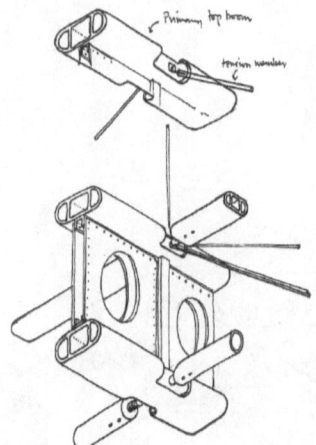

Casa Foster en Hampstead: croquis estructural de Anthony. Hunt Cortesía del autor.

cados de cerramiento: translúcidos, transparentes, con mayor o menor grado de aislamiento, todos ellos intercambiables. Como en la versión de diciembre de 1978, esta idea se extendió también a la cubierta y al suelo, en los que paneles "duros" y "blandos" permitían alojar equipamiento y vegetación respectivamente.

El espesor de la retícula estructural permitió la disposición de una envolvente bicapa, integrada por una fachada térmica interior y por un sistema de elementos de control solar exteriores que, a modo de *brise-soleil*, se ubicaron estratégicamente en función de las necesidades de los espacios interiores.

Al igual que en versiones anteriores, los Foster aprovecharon el espesor de la fachada, determinado por el del armazón estructural, para alojar en su interior diversas cápsulas de servicio que, tal como muestran los bocetos iniciales de Norman Foster, incluyen aseos, estanterías, armarios, cocina, papeleras, aparcamiento de bicicletas y todo tipo de zonas de almacenaje.

Estas cápsulas constituyen verdaderos componentes "enchufables" destinados a lograr un espacio interior completamente diáfano y flexible. En palabras de Best, "como en el Sainsbury Centre, todos los servicios fueron empujados a la periferia, en parte con la intención de lograr una caja más expresiva, en parte para crear un interior más abierto y lumino-

Casa Foster en Hampstead: maqueta por Chris Windsor fotografiada por Richard Einzig.
© Norman Foster Foundation Archive.

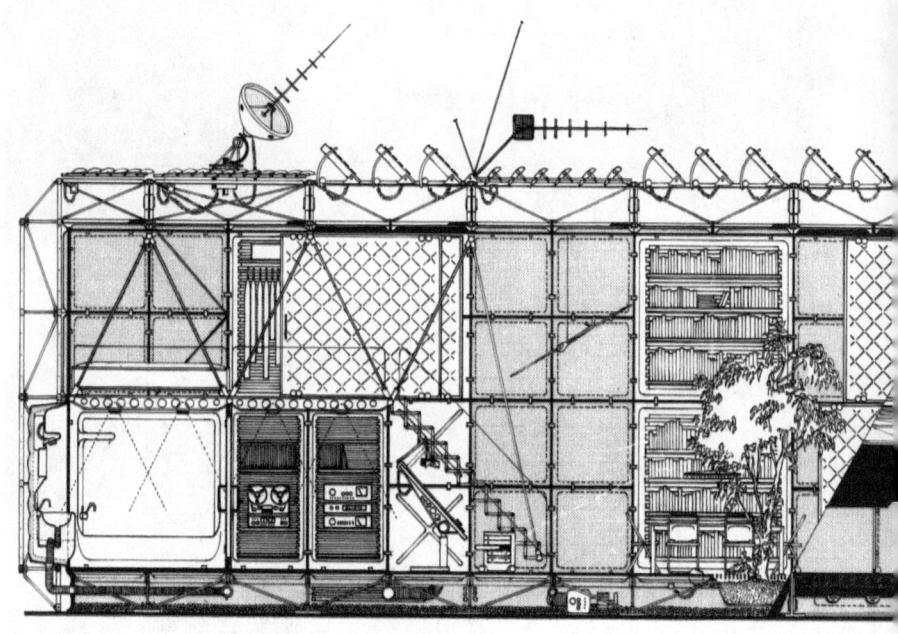

Casa Foster en Hampstead: sección longitudinal por Jan Kaplický.
© Norman Foster Foundation Archive.

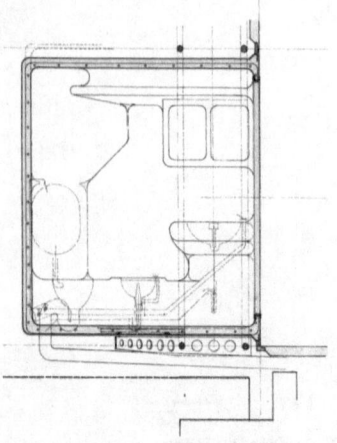 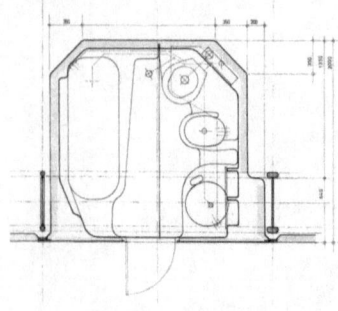

Casa Foster en Hampstead: sección y planta de la cápsula de baño (tipo 4), por Peter Busby.
© Norman Foster Foundation Archive.

so, libre de las restricciones espaciales de un núcleo central".[4] Reforzando esta idea, la última versión de la vivienda contaba con un suelo técnico elevado bajo el que discurrían las instalaciones eléctricas, mecánicas y de saneamiento.

La sección longitudinal, dibujada por Jan Kaplický, ilustra a la perfección el papel desempeñado por el entramado estructural, concebido como un auténtico soporte para el cambio. La profusión de componentes acoplables al esqueleto exteriorizado, la variedad e intercambiabilidad de los paneles de cerramiento y el encapsulamiento de las zonas de servicio en el espesor de la envolvente, confieren al conjunto un aspecto hipertecnológico, alejado de la imagen tradicionalmente asociada al hogar.

La axonometría explotada delineada por Kaplický, similar a las que dibujó para tantos otros proyectos del estudio, incide en la idea del edificio concebido como un sistema abierto, reconfigurable, carente de una forma definida y en permanente estado de transformación.

Asimismo la maqueta, cuidadosamente elaborada por el maquetista del estudio, Chris Windsor, constituye más que una representación de un producto acabado, una herramienta de trabajo que permitió explorar e

---

[4] Ibid., 128.

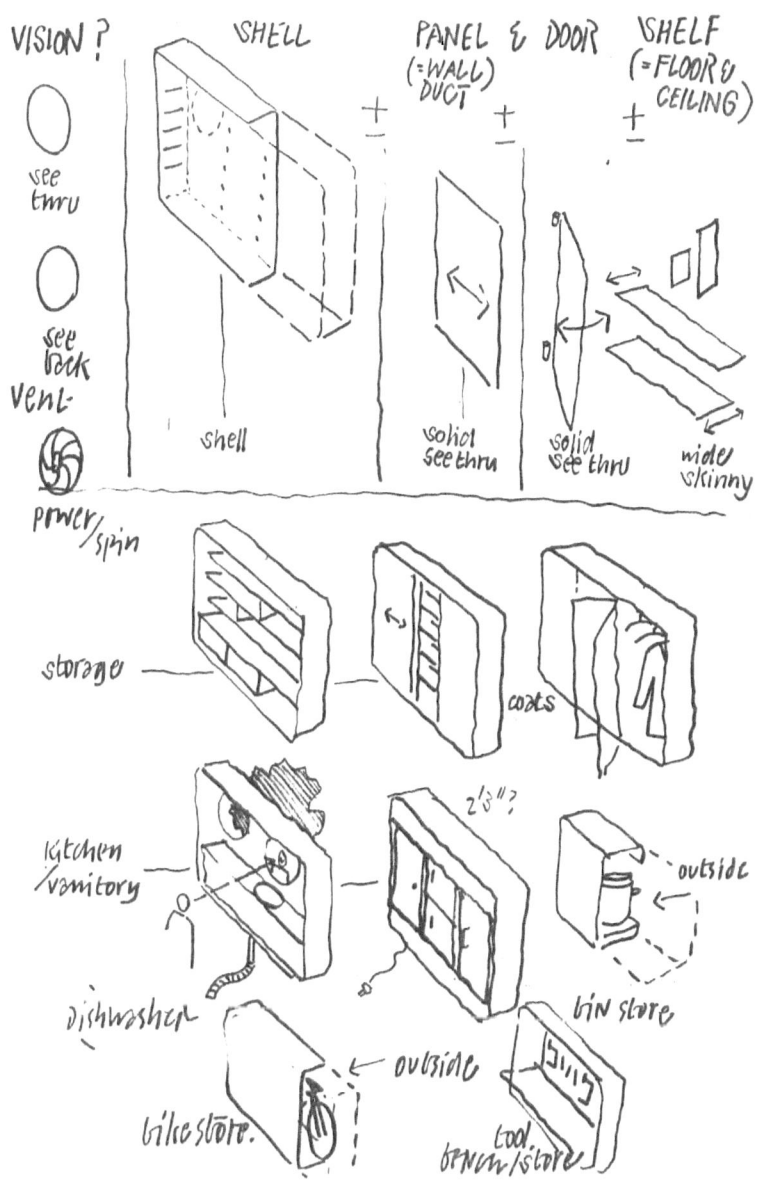

Casa Foster en Hampstead: croquis de Norman Foster para las cápsulas de servicio.
© Norman Foster Foundation Archive.

incorporar nuevas ideas al proyecto. El propio Norman Foster resumió la importante contribución de Windsor al trabajo del estudio en los siguientes términos: "los maquetistas tradicionales toman los planos del arquitecto y estiman el tiempo que les tomará traducirlos en una maqueta. Usualmente mucho tiempo. La maqueta se convertirá después en historia. Pero Chris era un individuo creativo y sus maquetas eran una extensión y una exploración del diseño del edificio".[5]

Los bocetos de Norman Foster para las cápsulas de servicio de su casa, demuestran la ambición del proyecto y el interés por llevar la externalización de los servicios hasta sus últimas consecuencias. Así, a las posibles permutaciones de paneles de cerramiento horizontales y verticales, se añade la disposición de cápsulas prefabricadas, capaces de alojar los usos más variados: inodoros, duchas, lavamanos, estanterías, armarios roperos, cocinas, papeleras y aparcamientos de bicicletas.

Cautivados por la estética industrial de las cápsulas de aseo de aviones y trenes, los Foster estaban determinados a aplicar el concepto de las cápsulas "enchufables" a su vivienda. Por este motivo, tal como recuerda el arquitecto Richard Horden, Norman Foster trasladó a su equipo, a bordo de un avión privado pilotado por él mismo, a Bérgamo, donde visitaron una fábrica de módulos sanitarios en fibra de vidrio.[6]

Tras la visita el equipo elaboró hasta cinco tipos de cápsulas estándar de estructura monocasco capaces de alojar múltiples usos. Si en la versión de la vivienda realizada en marzo dichas cápsulas sobresalían del volumen prismático de la vivienda proyectándose hacia el exterior, en la versión posteriormente desarrollada por Richard Horden, éstas se miniaturizaron para permitir su alojamiento en el interior de la estructura vertical en celosía, integrándose visualmente en el conjunto.

---

[5] Norman Foster citado en "Fosters model-making legend Chris Windsor dies, aged 50," *Building Design*, 1 abril 2005.
[6] Ver "Light Tech: una conversación con Richard Horden".

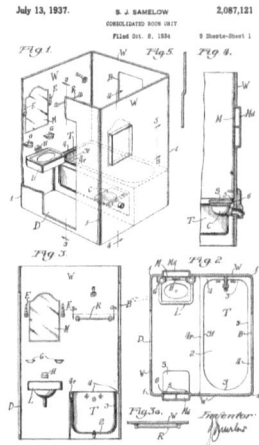

S. J. Samelow, baño prefabricado: axonometría. *U. S. Patent 2,087,121, 13* de julio de 1937, archivado en 1934.

El núcleo mecánico

Como describe Sigfried Giedion en *Mechanization Takes Command*, la progresiva mecanización y estandarización de elementos domésticos tales como baños y cocinas llevó, a partir de los años treinta, a ingenieros y fabricantes de todo el mundo a la búsqueda de la sistematización de las cada vez más complejas y voluminosas instalaciones asociadas a los mismos. Así, empezaron a proliferar las patentes de los primeros núcleos mecánicos de servicio, cuyo propósito era el de prefabricar todos los componentes e instalaciones de baños y cocinas conformando unidades autónomas, compactas, producidas y ensambladas en fábrica, y capaces de ser fácilmente transportadas.

A pesar de ello, estas iniciativas gozaro de escasa aceptación comercial, en buena parte debido a las dificultades de integración del núcleo mecánico en viviendas que seguían un esquema tradicional.

Como explica Giedion, Buckminster Fuller fue uno de los primeros en tratar de superar este obstáculo: "Buckminster Fuller fue uno de los primeros en reconocer que el baño no es una unidad aislada, sino que demanda la combinación con los demás mecanismos de la casa".[7] Así,

---

[7] Siegfried Giedion, *Mechanization Takes Command: A Contribution to Anonymous History* (Oxford: Oxford University Press, 1948), 709.

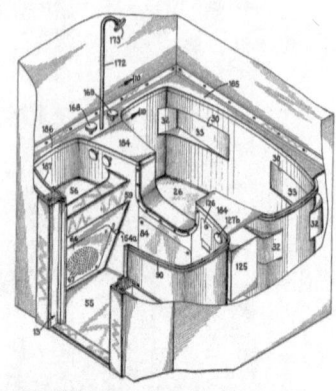

Buckminster Fuller, Dymaxion Bathroom: axonometría. *U. S. Patent 2,220,482*, 5 de noviembre 1940, archivado en 1938.

en el Dymaxion Bathrom, diseñado en 1937 para el mástil central de la casa Dymaxion, Fuller integró en una misma unidad lavamanos, inodoro, bañera y las instalaciones de iluminación, ventilación y fontanería. El uso de un limitado número de componentes hizo viable la producción en masa de esta cápsula compuesta por cuatro chapas de metal estampado atornilladas, suficientemente ligeras para permitir su transporte por un par de operarios.

El diseño del núcleo mecánico de Fuller se diferenciaba de sus competidores por cualidades como la facilidad de limpieza de la unidad —gracias a sus cantos redondeados—, la potente extracción de humos y de vapor a través de una rejilla de ventilación situada bajo el lavamanos, y el concienzudo diseño de todos sus componentes, como el espejo que nunca se empaña, el lavamanos que evita salpicaduras, el soporte de papel higiénico que permanece siempre seco y la ducha equipada con un sistema de vapor de agua caliente "Fog Gun", diseñado para ducharse con el equivalente a una taza de agua y sin necesidad de jabón.

A pesar de que no llegó a distribuirse comercialmente, la unidad fue patentada en 1938 —excluyendo la sección superior del módulo—, como una cápsula para ser insertada en estructuras existentes, llegando a fabricarse 12 prototipos por encargo de la empresa Phelps-Dodge. La industrialización del módulo mecánico requería una alta inversión inicial, que debía compensarse con la producción de un gran número de

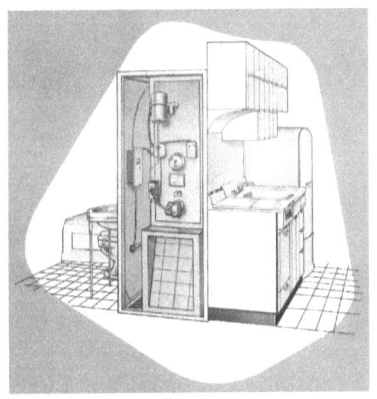 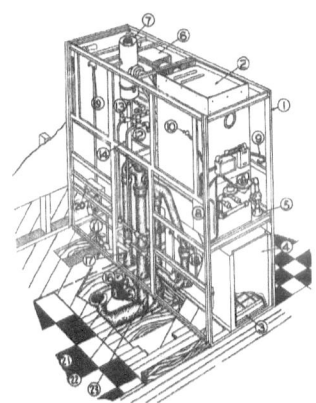

J. Fletcher Lankton, Ingersoll Utility Unit: imágenes del catálogo. *Architect's Design Data: Ingersoll Utility Unit* (Chicago: Borg-Warner Corporation).

unidades idénticas. Aunque la escasa producción hizo que el Dymaxion Bathroom fuera comercialmente inviable, en 1940 Fuller siguió elaborando este concepto en la Mobile Mechanical Wing, una unidad combinada de cocina, baño y zona de instalaciones, que nunca llegó a producirse.

Aun así, la mente inquieta de Fuller siempre iba un paso más allá: "en 1936, desarrollé una unidad substancialmente mejorada para la Phelps Dodge Corporation que pesaba menos que una bañera de la época [...] Sin embargo nunca pensé que este proyecto mereciera la pena porque existen mejores formas de lavarnos [...] Hemos descubierto que es posible solucionarlo sin recurrir a conducciones de agua mediante el uso de agua atomizada a presión".[8]

La primera experiencia en la prefabricación de núcleos mecánicos que gozó de cierto éxito comercial fue la Ingersoll Utility Unit. Diseñada por el arquitecto americano J. Fletcher Lankton en 1945 y construida por la Borg-Warner Corporation, esta unidad constituía un módulo autoportante y prefabricado destinado a aglutinar los conductos de fontanería, electricidad y todas las instalaciones mecánicas. Ocupando un reducido

---

[8] Buckminster Fuller, "Architecture Out of the Laboratory," 1955, citado en Joachim Krausse y Claude Lichtenstein, eds., *Your Private Sky: R. Buckminster Fuller: The Art of Design Science* (Zürich: Lars Müller, 1999), 205.

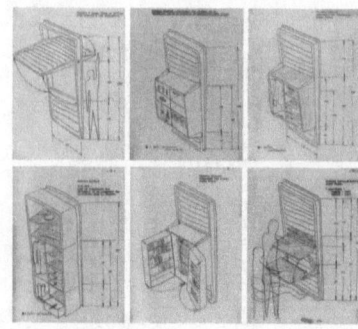

Jean Prouvé: componentes de la Maison Tropicale en Niamey: croquis de Jean Prouvé. Jean Prouvé: *La Maison Tropicale* (Paris: Centre Pompidou, 2009).

volumen prismático de 2,5 pies de ancho (0,76 metros), 7,5 pies de largo (2,29 metros) y 6,5 pies de alto (1,98 metros), este módulo, que cabía fácilmente por una puerta estándar, podía ser instalado en obra durante la construcción.

Para demostrar la utilidad del invento, la empresa Ingersoll Steel encargó a ocho arquitectos americanos —entre ellos George Fred Keck—, un total de 12 viviendas en Kalamazoo, Michigan, todas ellas construidas alrededor de este núcleo mecánico. El conjunto, conocido como Ingersoll Village, estuvo ocupado durante un año por ingenieros y expertos de la empresa Ingersoll para evaluar la funcionalidad del prototipo, antes de su venta a propietarios particulares. La iniciativa fue considerada un éxito, llegando a construirse cuarenta viviendas más en la misma localidad y más de quinientas en Seattle y en otras regiones de los Estados Unidos. Sin embargo, el programa fue abandonado en 1949 debido a la reticencia de los sindicatos a aceptar la preponderancia del trabajo en fábrica frente al trabajo a pie de obra, a la incompatibilidad de las diferentes normativas municipales, y también a la escasez de acero y cobre.

Por su parte, el arquitecto americano Carl Koch, quien cuestionaba la flexibilidad del núcleo mecánico de Fuller por ser sólo "adaptable a una limitada variedad de distribución de habitaciones",[9] concibió para su prototipo de vivienda prefabricada Acorn House, de 1945, un núcleo de

---

[9] Carl Koch, *At Home With Tomorrow* (Toronto: Clarke, Irwin & Co, 1958), 181.

servicios prefabricado "universal" que, situado entre la sala de estar y los dormitorios, centralizaba cocina, aseos y todas las instalaciones de la casa, facilitando su puesta en obra y optimizando el recorrido de las conducciones.

Pero son los prototipos de la Maison Tropicale, diseñados por Jean Prouvé en 1949, los precedentes más cercanos a las cápsulas ideadas por los Foster para su vivienda, siendo notable la similitud entre los bocetos elaborados por Norman Foster, con los de Jean Prouvé. Los componentes de la Maison Tropicale, diseñados en colaboración con Charlotte Perriand, eran capaces devincular los sistemas fachada —paneles con lamas fijas, paneles abatibles, correderos o acristalados—, con la integración de elementos accesorios y de servicio, como armarios roperos, diversas zonas de almacenaje y muebles abatibles que, como el propio Prouvé indicó en sus bocetos, fueron diseñados "con la ayuda del Modulor y de las normas del *Art d'Habiter* de Charlotte Perriand".[10]

Utopías enchufables

Los Foster deseaban materializar en su casa esa utopía propia del optimismo tecnológico de la Inglaterra de los años 60, que es la arquitectura denominada *clip-on* o también *plug-in*. En su famoso artículo "A Clip-on Architecture" Reyner Banham definió la arquitectura clip-on como "una estructura generalizada, que constituye la fuente de alimentación, servicio y soporte, y cápsulas especializadas acoplables que constituyen las unidades habitables".[11] Tal como advertía el propio autor, el concepto era indistintamente aplicable a la escala de un edificio como a la escala urbana, sin por ello perder su esencia: "un grupo de arquitectos conocidos como el grupo Archigram, utilizan el término 'plug-in' en lugar de clip-on para sus proyectos urbanos".[12]

Entre los principales exponentes de esta arquitectura, profusamente divulgada por Banham durante los años sesenta, destacaron, en Inglate-

---

[10] *Jean Prouvé: La Maison Tropicale* (Paris: Centre Pompidou, 2009), 80.
[11] Reyner Banham, "A Clip-on Architecture," *Design Quarterly* 63 (1965): 11.
[12] Ibid., 11.

rra, las propuestas utópicas de Cedric Price, como el Fun Palace (1961) y el PotteriesThinkbelt (1966), y las del grupo Archigram, como la Plug-in City (1962-64), el Plug-in University Node (1965), las Plug-in Capsule Homes (1964) y las Gasket Homes (1965).

En todos estos proyectos la tecnología constituía la herramienta capaz de responder a una nueva necesidad: la capacidad de adaptación al cambio. En este sentido, como observó Banham en *Theory and Design in the First Machine Age*, el *plug-in* partía de los principios expuestos por Antonio Sant'Elia en su Manifiesto Futurista, en el que nombraba como características fundamentales de su arquitectura "la caducidad y la transitoreidad. Las casas durarán menos que nosotros. Cada generación deberá fabricar su propia ciudad".[13]

Pero si los futuristas italianos —como los expresionistas alemanes— se dedicaron a explorar el dinamismo formal de líneas oblicuas y curvas para expresar la vocación dinámica de su arquitectura, los proyectos del *plug-in* resultaron, en el caso de Cedric Price, en una estética de lo incompleto y, en el caso de Archigram, en una fusión entre la estética maquinista de los proyectos de Buckminster Fuller, la imaginería espacial, el cómic y el arte pop.

Uno de los orígenes teóricos de esta aproximación a la arquitectura y a la ciudad, se encuentra en la denominada "modernidad crítica", es decir, en la revisión del funcionalismo de la arquitectura moderna de los años veinte y treinta, realizada por autores como Claude Parent, Ionel Schein y Paul Virilio, teóricos de la movilidad en la Francia de postguerra quienes, en los años cincuenta enunciaron el concepto de la *Architecture Spatio-dynamique*.

Los proyectos *Alpha d'Habitat*, realizados entre 1954 y 1957 por Claude Parent en colaboración con el escultor de origen húngaro Nicolas Schöeffer —pionero del arte cibernético—, representan una incipiente materialización de la ciudad dinámico-espacial: una estructura elevada sobre pilares de 15 metros de altura, extendible linealmente hasta el infinito, servida por núcleos de comunicación vertical, sobre la que se alojaban unidades residenciales prefabricadas en plástico que, según Schöffer

---

[13] Antonio Sant'Elia, *Manifesto dell'architettura futurista* (Milán: 1914).

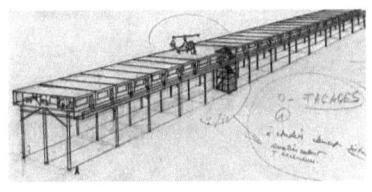
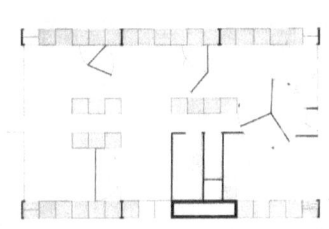

Claude Parent y Nicolas Schöeffer, Alpha d'Habitat: croquis y planta. © François Lauginie.

daban "la impresión de vivir en un avión en vuelo". La influencia de la obra de Jean Prouvé es palpable tanto en el diseño de los componentes modulares de cerramiento, como en la agrupación de los espacios de almacenaje en el perímetro del edificio.

El panfleto *Manifesto de l'Architecture Mobile*, presentado en 1956 por el arquitecto francés de origen húngaro, Yona Friedman en la décima edición del Congreso Internacional de Arquitectura Moderna en Dubrovnik, enunciaba asimismo la idea de una arquitectura para una sociedad móvil, formada por infraestructuras indeterminadas, en la que el poder de decisión recaía en el usuario.

En su proyecto utópico de La Ville Spatiale de 1958, Friedman trató de materializar su idea de ciudad móvil: una malla espacial ampliable, soportada por mástiles que integraban los sistemas de transporte vertical, en cuyos huecos se alternaban espacios vacíos y cápsulas habitables, formando una "topografía artificial" cuyos edificios debían poder ser desmantelados, trasladados y alterados por sus ocupantes según se requiriera.

Por su parte, el *Corn on the Cob*, proyectado por el arquitecto británico Arthur Quarmby en 1962, consistía en una torre hotelera formada por un poste central técnico de 160 metros de altura, sobre el que una grúa giratoria facilitaba el acoplamiento y desacoplamiento de células habitacionales

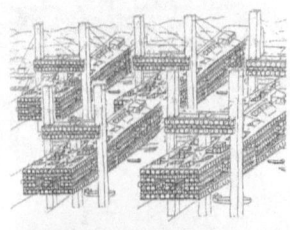

Yona Friedman, Ville Spatiale: croquis. ©Yona Friedman.

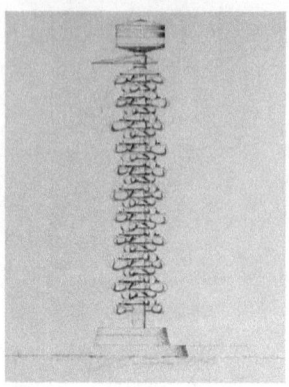

Arthur Quarmby: Corn on the Cob: alzado.
© François Lauginie.

dispuestas de forma radial alrededor de un núcleo de servicio. Este proyecto constituía por tanto una reinterpretación del mástil central fulleriano, a la vez que representaba una evolución de la arquitectura dinámico-espacial de Parent, Schein y Schöeffer, y de la ciudad espacial de Friedman.

El proyecto de Quarmby fue un claro precursor de la *Plug-in City*, publicada por Peter Cook en el tercer número del panfleto Archigram, bajo el lema de "la casa es un electrodoméstico que puedes llevar contigo y la ciudad es una megaestructura donde puedes enchufarlo". Con este proyecto Archigram parecía querer dar respuesta a la pregunta retórica formulada por Banham en relación al Fun Palace de Cedric Price: "el único elemento permanentemente visible del Fun Palace es la 'estructura viva de soporte', de la que la arquitectura efímera será parasitaria. ¿Es posible alcanzar esto con un único y grande 'Anti-edificio'? ¿Podría trasladarse esto a una ciudad entera?".[14]

---

[14] Reyner Banham, "A Clip-on Architecture," *Design Quarterly* 63 (1965): 15.

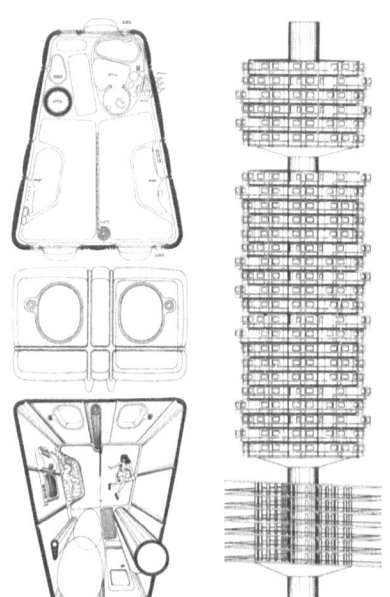

Archigram, Capsule-Homes: dibujos de Warren Chalk para las cápsulas y la torre. Peter Cook, ed., *Archigram* (New York: Princeton Architectural Press, 1999), 44--45.

En línea con las ideas de indeterminación formal, desechabilidad y obsolescencia programada promulgadas por Cedric Price, Cook definió distintos niveles de obsolescencia para las diferentes unidades que mediante grúas, se acoplan y desacoplan a la gran red estructural y de servicio que componía el edificio-ciudad. El concepto de obsolescencia no estaba exclusivamente vinculado al envejecimiento físico de los componentes sino, sobre todo, a su necesidad de adaptación a las cambiantes necesidades de sus usuarios y a la demanda de actualización de acuerdo con los avances tecnológicos. Así, Cook preveía una durabilidad que oscilaba entre los tres y los ocho años para usos como aseos, cocinas, salas de estar y dormitorios; de quince años para las unidades residenciales, y de cuarenta años para la megaestructura principal.

De este modo, sirviéndose del concepto de desechabilidad que tanto había atraído a los artistas Pop, Archigram encontró en los beneficios de la producción en masa el catalizador para una arquitectura desechable, intercambiable y personalizable: "las cualidades inherentes a la

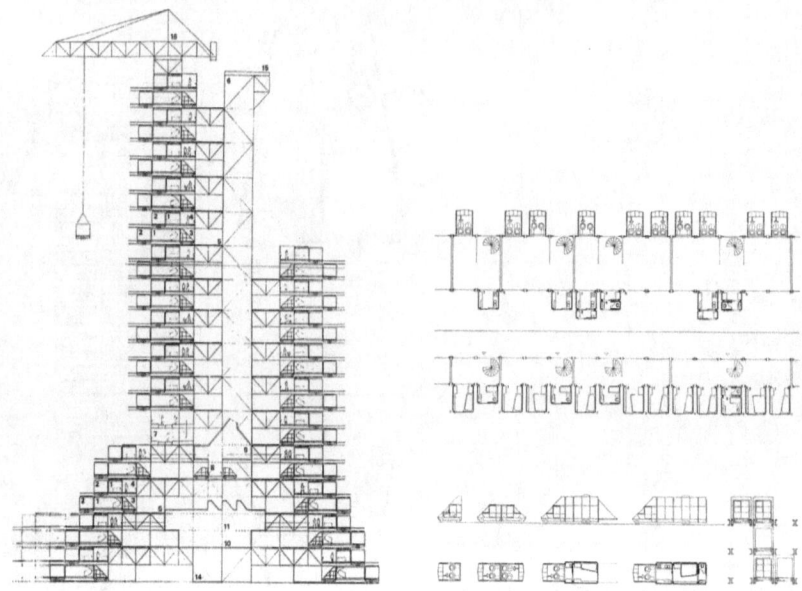

Helmut Schulitz, Mobile Housing System: sección, planta tipo y estudio de casas-automóvil. *Domus* 476 (julio 1969).

producción en masa de una sociedad orientada al consumo, son las de la repetición y la estandarización. Pero los componentes pueden ser cambiables o intercambiables, dependiendo de las necesidades y preferencias individuales".[15]

Haciéndose eco de las teorías anunciadas por Reyner Banham en *Theory and Design in the First Machine Age*, Archigram reclamaba la desechabilidad y la intercambiabilidad como una necesidad social: "es probable que bajo el impacto de la segunda era de la máquina la necesidad de una casa (en forma de continente estático permanente) tenderá a desaparecer como parte de la formación psicológica del hombre".[16]

---

[15] Warren Chalk "Housing as a Consumer Product," *Arena* (marzo 1966): 18.
[16] David Greene, "Cushicle and Auto Environment," *Architectural Design* 11 (noviembre 1966): 574-576.

La vivienda-electrodoméstico, inspirada en las cápsulas espaciales, constituía para Archigram la célula habitable elemental. Proyectos como las Capsule-Homes, diseñadas por Warren Chalk en 1964, ilustran la importancia que la ergonomía adquiría en la vivienda miniaturizada, destinada a satisfacer las necesidades básicas de dos personas: dos camas, una zona de aseo y un espacio para el almacenaje. Las cápsulas apilables y en forma de cuña permitían su acoplamiento alrededor de una estructura de núcleo central, por la que discurrían las instalaciones, los servicios y los aparatos de elevación.

Las Gasket Homes, diseñadas en 1965 por Ron Herron y Warren Chalk, eran una reformulación de la idea de la célula habitacional individual alimentada por una infraestructura comunitaria. No obstante, su formalización, que se asemejaba a la de perfiles extruidos de aluminio, obedecía más a una voluntad de expresión metafórica de los métodos de producción industrial, que a motivos funcionales. De tamaño más generoso que las Capsule-Homes, las Gasket Homes no se apilaban en altura, sino que eran cápsulas independientes que, suspendidas de una estructura básica, se agrupaban formando distintos patrones.

Los proyectos de viviendas enchufables del arquitecto americano Helmut Schulitz, constituyen un desarrollo de la arquitectura británica del *plug-in*. En el Mobile Housing System, publicado en la revista *Domus* en 1969,[17] Schulitz pretendía responder a una demanda social de movilidad, disponiendo una estantería a gran escala capaz de alojar cápsulas sobre ruedas.

Por tanto, a diferencia de los Foster, para quienes las cápsulas accesorias parecen ser un fin en sí mismas, en la arquitectura *plug-in* de Price y Archigram, la necesidad de encapsular habitáculos surge como respuesta a una supuesta demanda social y por tanto la tecnología no constituía un fin en sí mismo, sino una herramienta de liberación social, una estrategia destinada a resolver no sólo la convivencia de los permanente y lo mutable, sino también el conflicto entre los intereses colectivos y los individuales.

---

[17] Helmut Schulitz, "Mobile Housing System," Domus 476 (julio 1969).

Crecimiento orgánico

Las propuestas del grupo de los Metabolistas japonenses, encabezados por Kenzo Tange y sus discípulos Kyonori Kikutake, Kisho Kurokawa y Fumihiko Maki, constituyen otra interpretación de la idea de la gran infraestructura con unidades enchufables que, además de estar influida por la tecnología aeroespacial de la época y por las teorías marxistas, encuentra su inspiración formal en los procesos biólogicos de crecimiento orgánico observados en la naturaleza.

A pesar de que los proyectos de este grupo gozaron de una amplia difusión en el mundo occidental, gracias a la participación de Tange en el CIAM de 1959, ninguno de los miembros de Archigram mentó las propuestas de este grupo como una influencia directa.

El manifesto metabolista *Metabolism: The Proposals for New Urbanism*,[18] preparado en 1960 para la Tokyo World Design Conference, que incluía ensayos de jóvenes arquitectos como Kiyonori Kikutake —"Marine City"—, Kisho Kurokawa —"Ciudad espacial"— y Fumihiko Maki —"Hacia una forma de grupo"—, enunciaba la filosofía de este grupo, menos interesado que Archigram en la mecánica y la electrónica, y más preocupado por el impacto social de sus propuestas: "entendemos la sociedad humana como un proceso vital. Un desarrollo continuo desde el átomo hasta la nebulosa. El motivo por el que utilizamos el término biológico metabolismo, es porque creemos que el diseño y la tecnología deben ser un detonante para la sociedad humana. No vamos a aceptar el metabolismo como un proceso natural, sino que vamos a tratar de alentar el desarrollo metabólico activo de nuestra sociedad a través de nuestras propuestas".[19]

La casa que Kiyonori Kikutake proyectó para sí mismo en 1958 en Tokio, la Sky House, constituye un intento único por trasladar las ideas del grupo metabolista al ámbito doméstico. La vivienda consiste en una losa de hormigón de 10 x 10 metros elevada 4,5 metros sobre grandes pilares apantallados localizados en la parte central de cada cara del cuadrado para liberar las esquinas. Estos pilares apantallados se prolongan para sostener una cubierta de hormigón a cuatro aguas.

[18] *Metabolism: The Proposals for A New Urbanism* (Bitjutu Syuppan Sha, 1960).
[19] *Zhongjie Lin, Kenzo Tange and the Metabolist Movement: Urban Utopias of modern Japan* (London: Routledge, 2010), 24.

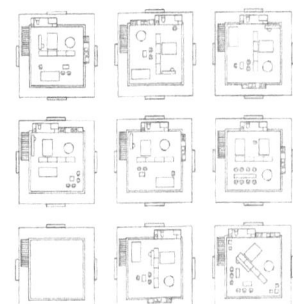
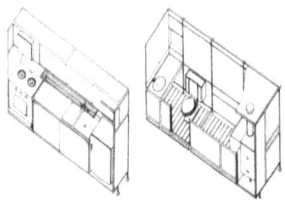

Kiyonori Kikutake, Sky house en Tokio: fotografía, evolución de la planta y módulos de servicio. "Renovation: Beyond Metabolism," JA 73 (primavera 2009): 21--22.

La configuración de la planta, abierta, flexible y rodeada por un balcón perimetral continuo, evoca un espacio interior tradicional japonés. Elevada sobre el terreno y sobre la calle, esta vivienda constituye un mirador con vistas privilegiadas sobre una ciudad de Tokio en pleno proceso de reconstrucción, a la vez que constituye en sí misma un escenario propicio para el cambio.

Para ello Kikutake diferenció "espacios permanentes" —no sujetos al cambio— y "espacios temporales" —habitación de los hijos, cocina, aseo—, con capacidad de ser desplazados, agrandados, reducidos o intercambiados, para adaptarse a las necesidades futuras. Estos espacios temporales se dispusieron a lo largo de la galería perimetral, protegidos detrás de paneles correderos de lamas de madera y rodeando el gran espacio central diáfano, que constituye el único espacio permanente de la casa.

Además, se añadieron cápsulas prefabricadas que, suspendidas desde la parte inferior de la losa, alojaban los dormitorios de los niños y otras usos que completaban el programa de la vivienda según las necesidades de sus usuarios.

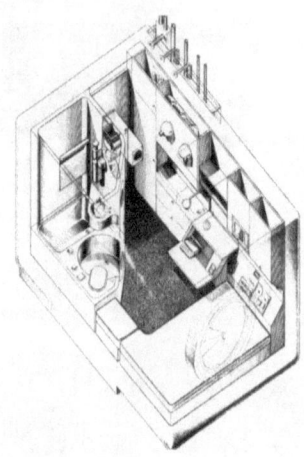

Kisho Kurokawa, Torre Nagakin en Tokio. *Kisho Kurokawa: Metabolism and Symbiosis* (Jovis, 2005).

Kisho Kurokawa, Torre Nagakin en Tokio: axonometría de una cápsula.

Otro de los escasos ejemplos construidos de arquitectura metabolista, es la Torre Nagakin de Kisho Kurokawa, construida en Tokio en 1972, integrada por dos núcleos verticales de hormigón —denominados por Kurokawa "el suelo artificial"— de once y trece pisos cada uno, a los que se acoplan un total de 140 cápsulas habitacionales prefabricadas, capaces de ser desmontadas y sustituidas sin afectar a las unidades colindantes.

La aleatoriedad de la disposición de las cápsulas alrededor del núcleo subraya el carácter efímero de las mismas y confiere al conjunto la apariencia orgánica característica de las propuestas urbanas utópicas del grupo metabolista.

Cada cápsula individual —de 2,5 metros de ancho por x 4 metros de largo y 2,5 metros de altura—, que cuenta con una única ventana circular al exterior, contiene la totalidad del equipamiento doméstico exceptuando el baño, que está contenido en un módulo específico. El reducido tamaño de las cápsulas obligó a recurrir a ingeniosas soluciones de mobiliario y al uso de electrodomésticos empotrados en las paredes. A pesar de que estaba previsto que estas cápsulas pudieran agruparse formando unidades familiares mayores, la miniaturización del espacio doméstico, convertido en un habitáculo, fue en gran parte responsable del fracaso de un proyecto que estuvo sometido a frecuentes quejas por parte de sus usuarios desde el inicio. En estado de abandono, contaminada con

Paul Rudolph, Lower Manhattan Expressway en Nueva York, en la portada del libro: Reyner Banham, *Megastructure: Urban Futures of the Recent Past* (London: Thames and Hudson, 1976).

amianto y amenazada de demolición, la Torre Nagakin, cuyas cápsulas intercambiables jamás han sido sustituidas debido a los elevados costes, representa actualmente el fracaso de la utopía del *plug-in*, una arquitectura que, paradójicamente, sufre serias dificultades para adaptarse a los nuevos tiempos.

La casa como megaestructura

En *Investigaciones sobre la forma colectiva*, de 1964, Fumihiko Maki acuñó el término "megaestructura", definido como "un gran marco en el que se alojan todas las funciones de una ciudad o de parte de la misma, que se hace posible gracias a la tecnología del momento presente".[20] Reyner Banham tomó prestado este término en su libro de 1976, *Megastructure: Urban Futures of the Recent Past*, cuya portada ilustraba con la imponente sección fugada del proyecto de Paul Rudolph para el Lower Manhattan Expressway en Nueva York. Un ambicioso proyecto que, iniciado en 1970 a partir de un encargo de la Fundación Ford, consistía en una gigantesca

---

[20] Fumihiko Maki, *Investigations in Collective Form* (St. Louis: Washington University, 1964), 8.

infraestructura que integraba autopista subterránea, redes de transporte urbano, intercambiadores modales, aparcamientos, torres residenciales, una escuela, puentes y espacios públicos. Rudolph aglutinó la compleja red de sistemas en un inmenso edificio-infraestructura, que Banham presentó como un ejemplo paradigmático de las megaestructuras.

Para ilustrar las características fundamentales de una megaestructura y, planteando un símil con la incipiente tecnología informática, Banham recurrió a la distinción entre los conceptos de "hardware": el marco que engloba tanto estructura portante como la infraestructura urbana de suministro energético, de agua y transporte—; y "software": los módulos individuales capaces de acoplarse y desacoplarse a la estructura según las necesidades. Esta distinción entre los conceptos de "hardware" y de "software", es decir, entre estructura de soporte y módulos individuales, era lo que según Banham permitía a la ciudad adaptarse sin grandes esfuerzos a los deseos individuales de sus ciudadanos y a las cambiantes condiciones sociales y económicas.

Si atendemos a la definición citada por Banham, ofrecida Ralph Wilcoxon en el prólogo de su *Council of Planning Librarians Exchange Bibliography*, publicado en 1968, una megaestructura "no es sólo una estructura de gran tamaño, sino también una estructura que está constituida por unidades modulares; es capaz de una ampliación grande y aún 'ilimitada'; es un armazón estructural en el que se pueden construir —o aun 'enchufar' o 'sujetar', tras haber sido prefabricadas en otro lugar— unidades estructurales menores, y está constituida por un armazón estructural al que se supone una vida útil mucho más larga que la de las unidades menores que podría soportar".[21]

Obviando su reducido tamaño, cabría por tanto encuadrar esta versión de la vivienda de los Foster en Hampstead dentro de las megaestructuras, si bien está más próxima al utilitarismo de las cápsulas de servicio de Buckminster Fuller, de los componentes intercambiables de Jean Prouvé e incluso heroísmo de la obra de Paul Rudolph, que del utopismo social de la arquitectura *plug-in* de Archigram y el grupo metabolista.

---

[21] Reyner Banham, *Megastructure: Urban Futures of the Recent Past* (London: Thames and Hudson, 1976), 8.

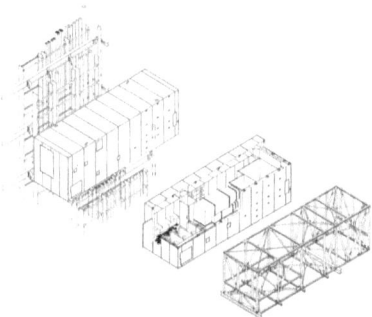

Banco de Hong Kong y Shanghai en Hong Kong: axonometrías de los módulos de servicio.
© Foster + Partners

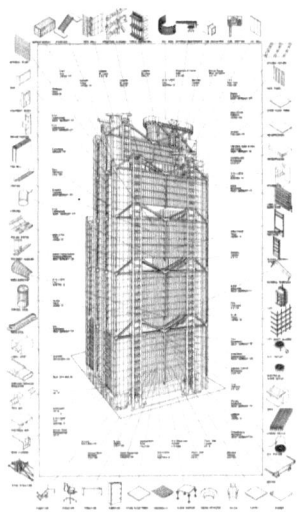

Banco de Hong Kong y Shanghai en Hong Kong: axonometría mostrando los componentes del edificio.
© Foster + Partners

Podríamos incluso afirmar que los Foster pervierten en su casa la escala de la megaestructura. Si en las primeras versiones la célula habitable elemental empieza siendo la estancia, ésta termina diluyéndose en las versiones posteriores, para constituirse en un contenedor diáfano, subdividido por una retícula modular. Así, mientras que la arquitectura del *plug-in* miniaturiza el espacio doméstico, estableciendo la vivienda-cápsula —o vivienda-electrodoméstico— como célula habitable elemental, enchufable a la gran megaestructura urbana, para los Foster, la casa, concebida a semejanza de la ciudad, es un gran contenedor diáfano al que se acoplan unidades de menor entidad.

Esto comporta una necesaria miniaturización de los elementos accesorios y en particular de los aseos. Si como escribe Giedion, "el papel que el baño desempeña en una cultura revela la actitud de ésta con respecto a la relajación humana. Es una medida de hasta qué punto el bienestar indiviudual es considerado como una parte indispensable de la vida en comunidad",[22]

---

[22] Siegfried Giedion, *Mechanization Takes Command: A Contribution to Anonymous History* (Oxford: Oxford University Press, 1948), 628.

en la segunda era de la máquina el baño queda reducido a la categoría de habitáculo sanitario, cuyo papel marginal en la vida doméstica queda patente en la casa de los Foster, por su desplazamiento a la periferia de la vivienda, donde se camufla en el espesor de la estructura-fachada.

Esta identificación de cerramiento, estructura y cápsulas de servicio, además de obligar a un artificioso esponjamiento de la estructura, resultando en una solución excesivamente compleja, ocasiona asimismo una pérdida de la pretendida flexibilidad, dado que la localización de las cápsulas no sólo debe de obedecer a las necesidades del espacio interior, sino que no debe impedir la adecuada permeabilidad de la fachada.

Por otro lado, la dualidad entre *hardware* y *software*, establecida por Banham, parece diluirse en la vivienda de los Foster, debido a la dificultad de establecer distintos grados de obsolescencia dentro del hogar. Además, si bien está constituida a partir de un módulo que se agrupa para formar unidades mayores, la capacidad de ampliación del armazón metálico está severamente limitada, no sólo por las dimensiones de la parcela que ocupa y por la disposición de los elementos fijos de la vivienda —aseos, cocinas, escaleras, etc.—, sino sobre todo por la propia configuración de la estructura que, al concentrar el armazón portante en el perímetro, impide el acoplamiento de nuevas unidades sin realizar modificaciones estructurales importantes en la vivienda.

La megaestructura de los Foster

Los Foster retomaron el concepto de cápsulas enchufables, ensayado en el proyecto de su casa, en la sede del banco de Hongkong y Shanghai, cuya estructura, como admite el teórico Chris Abel, "es próxima al espíritu de los proyectos indeterminados de megaestructuras de los metabolistas japoneses y en especial a los proyectos de Kiyonori Kikutake".[23]

Así, los Foster introdujeron en los núcleos de servicio exteriorizados del banco, unos enormes módulos metálicos prefabricados de servicio desti-

---

[23] Chris Abel, "From Hard to Soft Machines," en David Jenkins, ed., *On Foster...Foster On* (London: Prestel, 2000), 234.

Richard Rogers, edificio Lloyd's en Londres: instalación de una cápsula de aseos.
© Rogers Stirk + Partners.

nados a alojar aseos, unidades de aire acondicionado y zonas de almacenamiento. Estas cápsulas, aunque estructuralmente independientes, aportan —según reclaman sus arquitectos—, una carga muerta que contribuye a la estabilidad de la estructura, contrarrestando la deformación de la gran luz del espacio de oficinas. Este hecho contradice, sin embargo, la supuesta autonomía de estas unidades accesorias, supuestamente remplazables.

Una vez más, el empleo de estos sofisticados componentes industriales —producidos en países distintos y fabricados a medida para el edificio como si de las piezas de un avión se tratara—, no es justificable desde criterios exclusivamente racionales, de eficiencia y economía, sino que está principalmente dirigido a garantizar la calidad estética del producto final. Fabricados en aluminio y acero inoxidable, con un tamaño de 12 x 3,6 x 3,9 metros y con un peso de 30 a 55 toneladas por unidad, un total de 160 módulos fueron instalados a razón de dos unidades por día. Pero una vez agrupadas y revestidas con una piel continua de acero inoxidable, las cápsulas quedaron permanentemente fijadas a la estructura principal del edificio.

Como ha escrito Daniel Treiber, "pese a algunas referencias que llevan a considerar los módulos como unidades aisladas, estas cápsulas han asumido el aspecto de torres de servicio que subrayan mucho más la permanencia que la posibilidad de permutarlas. De hecho, no es el módulo de servicio el que está pensado como inamovible, sino todo el piso de oficinas".[24]

---

[24] Daniel Treiber, *Norman Foster* (London: Spon Press, 1995), 72.

Las dificultades en la aplicación del concepto *plug-in* en el Banco de Hong Kong resultan muy similares a las experimentadas por Richard Rogers en el edificio Lloyd's en Londres, proyectado un año antes. En el edificio Lloyd's, las 33 cápsulas de servicio de acero inoxidable con ojos de buey, apiladas como cajas de zapatos en una estantería, sugieren la posibilidad de una posible sustitución y reubicación de los núcleos de servicio. Sin embargo, el estrecho vínculo estructural de los módulos con la estructura de hormigón del edificio, dificulta extremadamente esta operación hasta el extremo de hacerla inviable.

En ambos casos, el concepto de *plug-in* representa, por tanto, un mero gesto. No nos encontramos ante megaestructuras, sino ante auténticos monumentos a la tecnología. Al servicio de las aspiraciones comerciales de las grandes corporaciones, ambos proyectos confirman las palabras de Reyner Banham cuando concluye que "en la sociedad abierta de miras, con su movilidad social e individual, su intercambiabilidad de componentes y personal, su aparataje, y su casi universal desechabilidad, la persistencia de la arquitectura como espacio monumental debe tomarse como evidencia del valor sentimental de lo perdurable".[25]

Las paradojas anteriores nos remiten al pensamiento de Alan Colquhoun quien, a diferencia de su compatriota Banham, veía con escepticismo la promesa fulleriana de un futuro tecnológico. Colquhoun advertía sobre la existencia de un dilema entre símbolo y producto industrial, enraizado en el origen mismo del Movimiento Moderno: "si los edificios deben retener su cualidad de símbolos ¿cómo pueden ser también productos finales de un sistema industrial cuyo propósito es el de proporcionar soluciones genéricas?"[26]

Pero Colquhoun fue más allá en su crítica a la arquitectura del kit de componentes al afirmar que "un simple sistema de componentes basado en módulos aditivos, intercambiables para satisfacer cualquier situación, no proporciona esta condición esencial, dado que el carácter de la forma

---

[25] Reyner Banham, "A home is not a house," *Art in America*, No. 2 (abril 1965): 118.
[26] Alan Colquhoun, "Symbolic and Literal Aspects of Technology," *Architectural Design* (noviembre 1962), citado en Alan Colquhoun, Collected Essays in Architectural Criticism (London: Black Dog Publishing, 2008), 25.

de un edificio se altera en función de su tamaño, situación y programa. Un edificio no es la mera suma de sus partes".[27] Criticando el simplismo de la definición ofrecida por Banham de las megaestructuras, Colquhoun distinguió dos tipos básicos: "aquellas en las que la estructura es meramente una especie de retícula neutral, como los proyectos de Yona Friedman y la Universidad Libre de Berlín de Shadrach Woods, y aquellas en los que la estructura portante es monumentalizada, como las de los Metabolistas y Archigram".[28]

A pesar de su pretendido funcionalismo, la vivienda de los Foster se debate, por tanto, entre la idea de la retícula neutral con componentes — que, como sostiene Colquhoun, resulta inexpresiva a no ser que el diseño de cada unidad sea capaz de anticipar el resultado global—, y la de la monumentalización de la estructura.

---

[27] Ibid.
[28] Alan Colquhoun, "Frames to Framework," *Encounter* (1977), citado en Alan Colquhoun, *Collected Essays in Architectural Criticism* (London: Black Dog Publishing, 2008), 90.

TECNOLOGÍA, MOBILIARIO Y DOMESTICIDAD

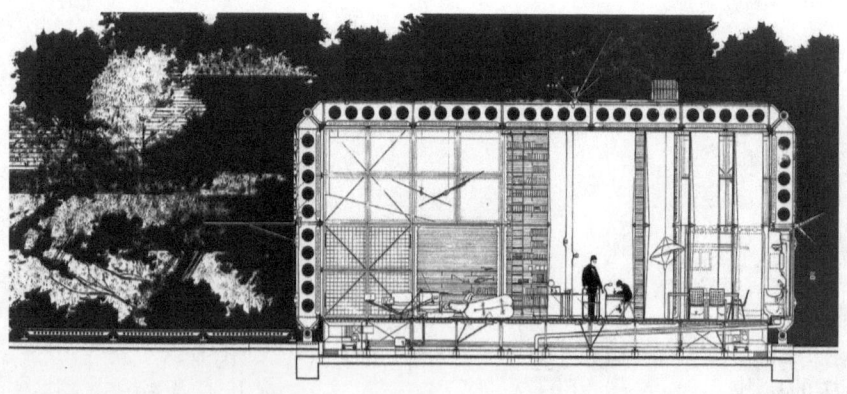

Casa Foster en Hampstead: sección transversal dibujada por Jan Kaplický.
© Norman Foster Foundation Archive.

"No hay diferencia entre la construcción de una pieza de mobiliario y la de una casa".[1]

Casa Foster en Hampstead: maqueta por Chris Windsor
fotografiada por Richard Einzig.
© Norman Foster Foundation Archive.

Versión 8 (junio de 1979)

La indefinición funcional de las estancias y la diafanidad espacial propias de las últimas versiones de la planta de la casa de los Foster, comportan que sean las particiones móviles y, sobre todo el mobiliario, los principales elementos que cualifican el espacio interior.

El poder de transformación de la vivienda y su capacidad para asumir cualquier modificación en la asignación de los usos de sus estancias depende, en gran medida, de la flexibilidad y versatilidad del mobiliario. Como se observa en la sección transversal dibujada por Richard Horden, la cuidadosa elección de muebles icónicos de los años cincuenta y sesenta, combinados con piezas diseñadas específicamente para el proyecto, está en consonancia con el carácter tecnológico y mutable de la vivienda.

---

[1] Jean Prouvé citado en Benedikt Huber y Jean-Claude Steinegger, eds., *Jean Prouvé: une architecture par l'industrie* (Zurich: Artemis, 1971), 142.

Yrjö Kukkapuro, butaca Karuselli. © Artek.   Yrjö Kukkapuro, butaca Saturn. © Macyage.

En la amplia sala de estar, que constituye el corazón de la casa, la tradicional configuración de sillones dispuestos alrededor de una mesa de café, es sustituida por un mueble-robot con brazos telescópicos articulados que contiene los equipos de música, altavoces, iluminación, pantallas y controles remotos, rodeado de confortables butacas ergonómicas que contrarrestan la crudeza de los componentes industriales metálicos de la vivienda.

Estas butacas, pertenecientes a la serie Saturn del diseñador finlandés Yrjö Kukkapuro, también utilizadas por los Foster en el Sainsbury Centre, fueron el resultado de una extensa investigación del proceso de estampación de la fibra de vidrio, iniciado en 1964 con la célebre butaca Karuselli. La butaca Saturn, comercializada en 1966, constituye el paradigma de la comodidad. Educado en el funcionalismo de los maestros escandinavos Ilmari Tapiovaara y Olli Borg, Kukkapuro puso la tecnología más avanzada al servicio de la ergonomía.

En la butaca Saturn, de líneas menos elegantes que su predecesora, Kukkapuro logró prescindir de todo componente metálico. Con el objetivo de racionalizar el proceso de fabricación y de facilitar el moldeado de las curvas ergonómicas del asiento, la estructura de la butaca está íntegramente compuesta por una cáscara de fibra de vidrio. A diferencia de la famosa silla Tulip, diseñada por Eero Saarinen en 1955, cuya base, pese aparentar ser una prolongación de la estructura del asiento, estaba fabricada en fundición de aluminio, Kukkapuro extendió la cáscara de fibra de vidrio hasta el pie, sacrificando la ligereza visual del conjunto al aumentar la base de apoyo por motivos estructurales.

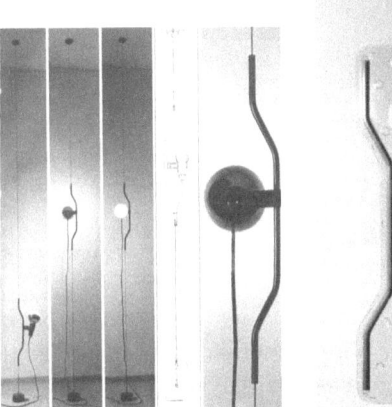

Achile Castiglioni y Pio Manzù, lámpara Paréntesi. © Flos.

Por otro lado, la ligereza esencial de los dos ejemplares de la lámpara Paréntesi —diseñada en 1970 por Achile Castiglioni y Pio Manzù—, que cuelgan de las vigas de cubierta para iluminar el comedor de la casa, contrasta con la aparatosidad de la estructura alveolada de la que penden. Esta ingeniosa lámpara consiste en un simple cable de acero inoxidable que, suspendido del techo y mantenido en tensión por un contrapeso en su base, sujeta un tubo metálico hueco en forma de paréntesis sobre el que se fija un portalámparas articulado. La tensión producida por el cable sobre el paréntesis sostiene, por fricción, el portalámparas en su sitio sin necesidad de tornillos, y permite regular fácilmente la altura de la bombilla —totalmente expuesta—, mediante el deslizamiento del conjunto a lo largo del cable. Un auténtico paradigma de ligereza y de honestidad constructiva.

Las infinitas posibilidades de regulación del portalámparas, que permiten variar la altura y la orientación del punto de luz, constituyen un reflejo de la vocación de transformación de la vivienda de los Foster. El uso de un número limitado de componentes se ajusta, asimismo, a la idea del kit de componentes que gobierna el diseño de la casa. Castiglioni llegó incluso a diseñar un estuche en acrílico transparente que permitía alojar los distintos componentes de la lámpara para facilitar su transporte.

Pero además del mencionado mobiliario exento, con el objetivo de proporcionar la mayor flexibilidad a su vivienda, los Foster favorecieron al máximo la integración de mobiliario y arquitectura. Tal es el caso de la

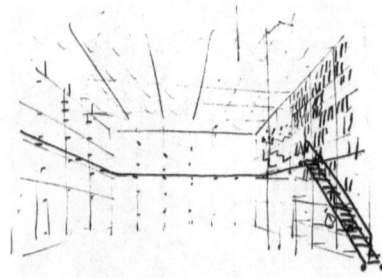

Casa Foster en Hampstead: croquis de Norman Foster.
© Norman Foster Foundation Archive.

ya mencionada librería metálica que, extendiéndose de suelo a techo y, contando con una escalera móvil suspendida desde un riel superior, se integra en el sistema de cerramiento. Más próxima a la librería diseñada por Pierre Chareau para la Maison de Verre, que a la estantería exenta de la casa de los Eames en Santa Mónica, más que una pieza de mobiliario, constiutye una auténtica pared de libros.

La casa y el mueble

En 1931, el teórico Siegfried Giedion advirtió sobre el nacimiento de una nueva forma de entender la relación entre la arquitectura y el mueble: "el decorador ha perdido todo su prestigio como diseñador de mobiliario. Casi toda la inspiración proviene de los arquitectos, que ahora sientan estándares para el futuro. Hoy cualquier pieza de mobiliario debe participar en el nuevo espíritu arquitectónico — una fusión que el arquitecto da por sentada".[2] Este nuevo espíritu, fruto de la eliminación del trabajo manual en favor de la alta mecanización propició, para Gideon, una nueva aproximación al diseño en la que "la invención de la forma toma ahora preponderancia. Los inventores ya no son anónimos, como los subscriptores del listín telefónico. Sus nombres y personalidades están claramente definidos; y frecuentemente detrás de una forma abstracta podemos percibir la contribución de un país o de un individuo".[3]

---

[2] Siegfried Giedion, *Die Bauwelt* No. 33 (Berlín, 1933), citado en Siegfried Giedion, *Mechanization Takes Command: A Contribution to Anonymous History* (Oxford: Oxford University Press, 1948), 484.
[3] Ibid., 485.

Charles y Ray Eames, *Plastic Side*.
© Herman Miller.

Jean Prouvé, *Standard Chair*.
© Vitra.

Esta "arquitecturización" del mueble, que se inició con la obra de los arquitectos-diseñadores de la Bauhaus, estaba destinada a solventar, según Gideon, la pérdida de significado de los espacios durante el siglo XIX, mediante la puesta en valor del espacio gracias al diseño de mobiliario. Las obras de Jean Prouvé, los Eames y, en cierto modo, la de Pierre Chareau, herederas de este nuevo espíritu proclamado por Giedion, constituyen los referentes más claros a la hora de analizar la vivienda de los Foster en Hampstead.

El hecho de que todos ellos iniciaran sus andaduras profesionales en el campo del diseño de mobiliario explica, en buena medida, su interés común por la movilidad, la modularidad, la ligereza, la producción en masa y la alta tecnología. Pero a pesar de las múltiples afinidades, todos ellos lograron plasmar en sus muebles, como en su arquitectura, sus particulares concepciones del diseño y de la relación entre tecnología y construcción. Por este motivo, los diseños de los Eames y Prouvé no sólo ejemplifican dos formas distintas de entender la construcción del mueble, sino también dos modos de concebir la arquitectura.

En el caso de los Eames, si el diseño de su casa en Santa Mónica se fundamenta en la inequívoca distinción entre marco estructural y paneles de cerramiento, la *Plastic Side Chair*, de 1950, incide en esta misma dualidad, expresando la autonomía del asiento y del soporte estructural. Cada uno responde a su propia lógica y por ello adoptan formas, materiales y colores muy distintos. La discreción de los delgados perfiles que conforman las patas, contrasta, tanto en sus versiones en acero como en las de madera, con el expresionismo de las formas ergonómicas de los asientos de plástico intercambiables, disponibles en variadas formas, colores y tapicerías.

Esta analogía entre arquitectura y mobiliario es igualmente evidente en las *Eames Storage Units* (ESU) de 1950, unidades de almacenamiento en las que el armazón estructural metálico constituye un soporte ordenador, compuesto por delgados perfiles de acero, capaz de alojar infinidad de componentes de contrachapado, todos ellos intercambiables, cuya diversidad de texturas, formas y colores, destaca vivamente sobre el soporte estructural monocromático.

La aproximación de Jean Prouvé al diseño responde, en cambio, a una concepción muy distinta, en la que la honestidad en la expresión de la estructura prima sobre la ergonomía. Así, en diseños como la *Standard Chair*, de 1930, aunque persiste la dualidad entre el conjunto de asiento y respaldo, por un lado, y estructura portante, por el otro, ésta última parece dictar el resultado final. En un proceso prácticamente opuesto al de los Eames, la estructura de chapa plegada, disponible en gran variedad de colores, destaca frente a la neutralidad del asiento y del respaldo que, aunque disociados, comparten el mismo acabado en madera natural.

En los muebles de Prouvé, como en la estantería diseñada junto a Charlotte Perriand para la *Maison de la Tunisie* en la *Cité Universitaire* de París en 1953, la jerarquía entre armazón y componentes se encuentra mucho más diluida, hasta el punto de que ambos elementos se confunden para formar un objeto unitario, en el que únicamente las líneas horizontales de los estantes, en madera natural, contrastan con el colorido de los componentes. Esta vinculación entre armazón y componentes queda reforzada por la variación entre las alturas de los "pisos" y por el distinto tamaño y color de los componentes, cuyo espaciado aumenta progresivamente hacia la parte superior, compensando la reducción en la altura entre estantes.

Cabe recordar que para Prouvé, "los problemas planteados por el mobiliario son tan complejos como los propios de las grandes estructuras".[4]

---

[4] Jean Prouvé citado en Benedikt Huber, Jean-Claude Steinegger (eds.), *Jean Prouvé: une architecture par l'industrie* (Zurich: Artemis, 1971), 142.

Charles y Ray Eames, Eames Storage Unit (ESU).
© Herman Miller.

Jean Prouvé, Charlotte Perriand y
Sonia Delaunay: estantería. © Artnet.

Prouvé construyó casas como muebles, trasladando el resultado de sus investigaciones con la chapa plegada, a sus proyectos de arquitectura doméstica. Así, extrapolando a la arquitectura el diseño de las patas de su mesa compás de 1955, proyectó las ya mencionadas casas de pórtico axial o *maison á portiques*, cuya estructura exenta ocupaba una posición central en el espacio doméstico, revelando la voluntad de expresión estructural que caracteriza toda la obra de Prouvé.

Peter Smithson se refirió al particular expresionismo estructural de la obra de Prouvé, afirmando que "el 'impulso ingenieril' de Prouvé no es una cuestión de funcionalismo, sino de otra obsesión. Una obsesión con hacer que la idea de 'la estructura' hable claramente de acuerdo con una imagen interior, sin importar qué dificultades hay que superar para lograrlo".[5]

Más que en la expresión de la construcción, el interés de Prouvé se centraba en algo más abstracto, como es la legibilidad de los esfuerzos físicos a los que están sometidas las chapas de espesor variable e inercia constante que componen sus estructuras. La honestidad de la estructura era para Prouvé un deber moral. Por este motivo, como observó el propio Norman Foster, "Prouvé rechazaba el mobiliario de tubo de acero producido en la Bauhaus —especialmente el sillón Wassily de Marcel Breuer—

---

[5] Peter Smithson y Karl Unglaub, *Flying Furniture* (Köln: Walther Köning, 2000), 99.

porque ponía objeciones al modo en que se usaba el material. Pensaba que era algo deshonesto —o 'antinatural'— porque no expresaba las fuerzas estructurales que fluían a través de él".[6]

Del mismo modo que la arquitectura de Jean Prouvé y la de los Eames fue, en gran medida, fruto del desarrollo de sus exploraciones en el diseño de mobiliario, podemos igualmente entender la vivienda de los Foster, a su vez fruto de la evolución de ideas ensayadas previamente en edificaciones industriales, como un gran mueble. El propio Norman Foster definió el diseño de mobiliario como "arquitectura en miniatura".[7]

Cabe por tanto entender este mueble a gran escala que es la casa de los Foster, como un intento por conjugar el expresionismo estructural de Prouvé con la intercambiabilidad del juego de componentes de los Eames.

El mueble tecnológico

A pesar de que los Foster no llegaron a elaborar ninguno de los muebles dibujados para su casa, en 1981, dos años después del abandono del proyecto, Norman Foster diseñó —junto a sus colaboradores habituales Richard Horden, Jan Kaplický y Anthony Hunt— un sistema de mobiliario destinado a expresar el espíritu de la nueva oficina de Foster Associates en Great Portland Street. Una oficina concebida como un gran escaparate a la calle, a través del que poder vislumbrar la filosofía de trabajo del estudio.

Se trataba de una mesa ajustable que, por su modularidad y por su estética futurista, estaba emparentada con la arquitectura de la casa. Los croquis preliminares de Norman Foster muestran la versatilidad del sistema, capaz de funcionar como mesa de trabajo, tablero de dibujo, mesa expositor, mesa de reuniones, pantalla de proyecciones e incluso, como mesa de café. Además, el sistema estaba diseñado para acoger componentes accesorios, como unidades de almacenamiento, cajones, instalaciones eléctricas y ordenadores.

---

[6] Norman Foster y Luis Fernández-Galiano, eds., "Jean Prouvé: 1901-1984," *AV Monografías*, 149, 2011: 112.
[7] Chris Abel, "From Hard to Soft Machines," en David Jenkins, ed., *On Foster...Foster On* (London: Prestel, 2000), 240.

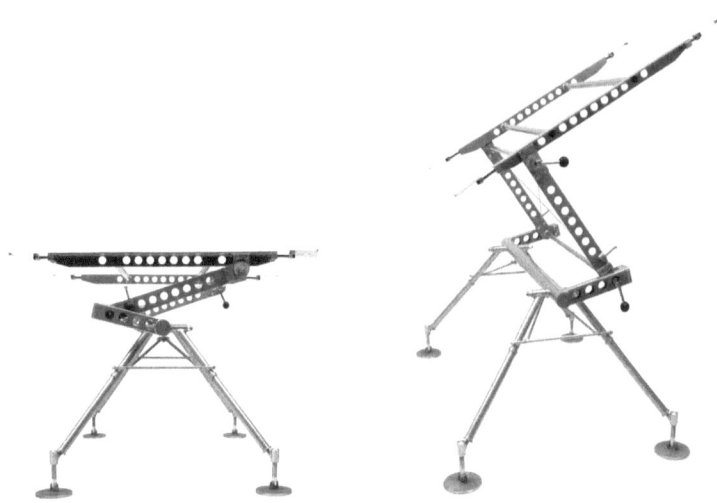

Sistema Nomos: prototipos preliminares. © Norman Foster Foundation Archive.

Como en el mobiliario de los Eames, la autonomía entre estructura y tablero favorecía la versatilidad del sistema que, no sólo posibilitaba la adopción de tableros de distintas formas y materiales, sino que era además capaz de admitir el ensamblaje de múltiples componentes y accesorios para formar agrupaciones complejas. La versatilidad de este mueble, permitió a los Foster utilizarlo en la fábrica Renault en Swindon, adaptando su diseño para obtener mesas de oficinas, de reuniones y de comedor, y mostradores de información, que se combinaban con la *Plastic Chair* y la *Office Chair* de los Eames. Cabe añadir que la estética futurista de esta mesa, estaba en consonancia con la arquitectura del edificio, caracterizado por un expresionismo estructural sin precedentes en la obra del estudio.

Esta mesa evolucionó en *Nomos*: un sistema de escritorios comercializado desde 1986 por la firma italiana Tecno —todavía en producción—, que comprende una serie de componentes modulares intercambiables que permiten obtener distintas configuraciones de escritorio adaptables a diversos usos. El diseño de la mesa *Nomos* se basa en unas patas inclinadas de acero cromado que soportan una espina tubular central, a la que se fijan una serie de costillas en voladizo sobre las que descansa el tablero.

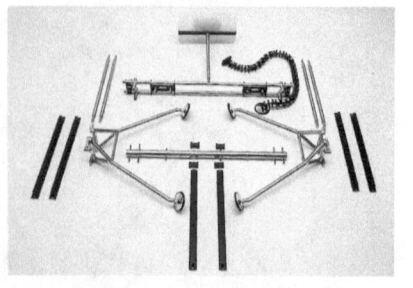 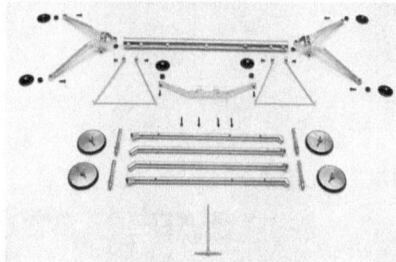

Sistema Nomos: escritorio de vidrio y componentes del sistema. © Norman Foster Foundation Archive.

Haciéndose eco del concepto *plug-in* explorado en la casa en Hampstead, la espina central de la mesa permite además el acoplamiento de unidades accesorias, como módulos de almacenamiento, armarios y cajones. Para hacer viable su producción industrial, las uniones — inicialmente soldadas— se sustituyeron por componentes de fundición de aluminio, que permitían resolver los complejos nudos entre piezas de acero.

Al igual que la casa en Hampstead, el diseño del sistema *Nomos* se caracteriza no sólo por la expresividad de su armazón estructural, sino también por la excesiva especificidad y tecnificación de todos sus componentes. Las ménsulas de canto variable, aligeradas con alveolos circulares, recuerdan a la estructura de la vivienda en Hampstead, mientras que las patas inclinadas parecen rendir homenaje a las del módulo *Apolo Lunar Lander*, cuya fotografía adornaba las paredes del estudio de Foster Associates.

La transparencia del vidrio, que enfatiza la presencia del complejo armazón estructural disponible en una amplia gama de colores, expresa el espíritu de celebración tecnológica que caracteriza a esta mesa. El propio Foster admitió el carácter escultural de su diseño, al afirmar: "además del placer de utilizarlas como piezas de mobiliario, debo confesar una más secreta e indulgente contemplación — observándola como una escultura ambigua me pregunto si realmente están influidas por las triangulaciones de los módulos lunares, las bicicletas o los saltamontes tecnológicos del nuevo siglo".[8]

Este espíritu de celebración tecnológica, en gran parte debida al uso de perfiles alveolados de chapa de acero de sección variable remite,

---

[8] Norman Foster en David Jenkins, ed., *On Foster...Foster On* (London: Prestel, 2000), 727.

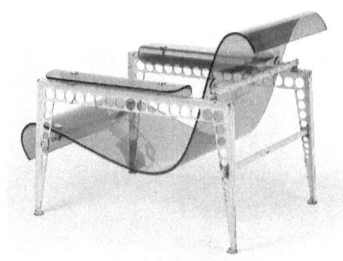

Jean Prouvé y Jacques André: *Garden Chair* para la Exposición de París de 1937. © Design Museum.

además, a la serie de muebles de acero presentados por Jean Prouvé y Jacques André en la Exposición de París de 1937. Las dificultades de producción de las superficies transparentes curvadas, cuyo objeto era el de enfatizar la preponderancia de la estructura portante, impidieron la explotación comercial de estos muebles, que resultaron demasiado complejos para la industria de la época.

Podemos, por tanto, concluir que la mesa *Nomos* se sitúa, una vez más, a medio camino entre el expresionismo estructural de Jean Prouvé y el kit de componentes de los Eames. Pero el éxito comercial de la mesa *Nomos* permitió la mecanización del complejo proceso de fabricación, gracias al uso de la robótica. En palabras del propio Foster, "el concepto de una nueva era de artesanía 'hecha a mano por robots' abre un futuro excitante en el que la tecnología puede abandonar la estandarización y producir objetos únicos altamente personalizados".[9]

Sin embargo, mientras que el mobiliario de los Eames y de Prouvé era consecuencia de la aplicación de innovaciones tecnológicas en la transformación de materiales, en un ejercicio de optimización de los procesos industriales, en la mesa Nomos la tecnología constituye, en cambio, un medio para alcanzar una forma. A diferencia de los Eames, cuyo mobiliario era fruto de innovaciones en la técnica de estampación del contrachapado de madera y de la fibra de vidrio, y de Jean Prouvé, cuyos diseños son producto de investigaciones en la técnica del plegado de la chapa de aluminio; el uso de la robótica en la mesa *Nomos* no obedece a una

---

[9] Norman Foster, "Hongkong Bank," *Architecture and Urbanism*, junio 1988.

Charles y Ray Eames enredados en las patas de la *Plywood Chair*. © Eames Office.

Norman Foster sobre la mesa *Nomos* en el jardín de su casa en Wiltshire en abril de 1988. © Richard Davies.

voluntad de ofrecer una solución técnica y económicamente eficiente, sino a posibilitar la producción de un icono tecnológico. Un sofisticado ejercicio de domesticación industrial.

Basta comparar la célebre fotografía de los Eames enredados entre las patas de su *Plywood Chair*, con la de Norman Foster erguido sobre el tablero de vidrio de la mesa Nomos en el jardín de su casa en Wiltshire, para advertir dos actitudes radicalmente opuestas: en el caso de los Eames, el diseño entendido como un juego constante que surge con la aceptación de una serie de constricciones y, en el caso de Norman Foster, la del diseñador heroico, capaz de someter a la industria a los designios de su ímpetu creador.

Pese al éxito comercial de su mobiliario, el sueño de los Eames del edificio concebido como una gran mueble, se vio truncado por las imposiciones de la lógica de los procesos de una industria para la que la estandarización y la economía son los factores que determinan la viabilidad del producto. Esto explica su resignación cuando, conscientes de su fracaso, abandonaron la arquitectura para concentrar sus esfuerzos en campos en los que, como admitía el propio Charles Eames "teníamos una relación más directa con el producto final".[10]

---

[10] Charles Eames citado en John Neuhart, Marilyn Neuhart y Ray Eames, *Eames Design: The Work of the Office of Charles and Ray Eames* (New York: Ernst & Sohn, 1989), 137.

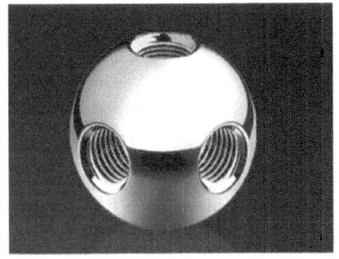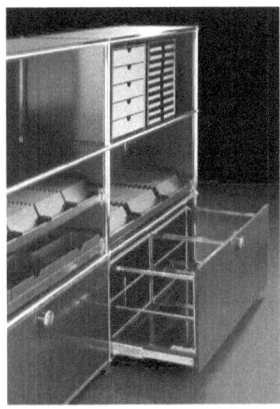

Fritz Haller y Paul Schaerer, sistema de mobiliario USM: unión esférica y módulo de estanterías. © USM.

Por otro lado, cabe señalar que uno de los sistemas de mobiliario más admirados y utilizados por Norman Foster en sus proyectos, es el sistema de almacenamiento USM, diseñado por el arquitecto suizo Fritz Haller y el ingeniero Paul Schaerer. El principal logro de Haller y Schaerer quienes, como su maestro Konrad Wachsmann, estaban obsesionados por la construcción modular y muy especialmente por la resolución de las juntas entre componentes, fue concebir un nodo "universal" capaz de resolver la unión estructural entre componentes.

Consistente en una simple esfera de acero cromado con seis orificios roscados en las tres direcciones que, por su reducido tamaño, se confunde en el espesor del armazón estructural, esta junta esférica tridimensional permite conexiones al marco estructural en los tres ejes espaciales, facilitando su ampliación tanto en planta como en altura, a partir de la adición de sucesivos módulos. El éxito de este sistema propició que, tras terminar su fábrica USM en Münsingen, y ante la dificultad de ofrecer soluciones arquitectónicas estándar comercialmente viables, Haller también abandonara progresivamente la arquitectura para concentrarse en la fabricación de su sistema USM, que acabó derivando en un sistema completo de mobiliario, todavía en producción.

El hogar despersonalizado

Para abordar la idea de domesticidad asociada a la casa tecnológica de los Foster en Hampstead resulta, por tanto, pertinente establecer una comparación con sus referentes más directos: la casa de Jean Prouvé en Nancy y, sobre todo, la de los Eames en Santa Mónica.

Tanto Prouvé como los Eames, fotografiados en sus propias casas, escenificaron dos concepciones distintas de domesticidad, ambas basadas en el uso de la tecnología: un Prouvé en zapatillas, reposaba satisfecho en uno de los sillones de su casa en Nancy. Las cortinas, la alfombra peluda, el periódico sobre la mesa y los jarrones en las estanterías, constituían elementos superpuestos a una edificación industrial disfrazada de espacio doméstico. Los Eames, por su lado, como niños sentados casi en el suelo, rodeados de sus muebles y juguetes, parecen encontrarse en la sección de "decoración del hogar" de unos grandes almacenes. Cada uno de los objetos ocupa un lugar preciso en la composición doméstica que es su casa.

La casa de los Eames tenía la clara intención de dictar el estilo de vida de la pareja americana, basado en la capacidad de personalización del hogar. Por ello, atendiendo a la máxima de Le Corbusier de "busco con verdadero afán esas casas que son 'casas de hombres' y no casas de arquitectos",[11] y emulando el modo en que éste disponía estratégicamente objetos cotidianos en las fotografías de sus interiores, siempre desocupados, los Eames llenaron su casa con objetos cotidianos, hasta el punto de convertirla en un verdadero marco para exhibir objetos o, en palabras de Beatriz Colomina, "en un hábitat idílico para el consumo de masas [...] tan rebosante de objetos que la arquitectura se disuelve en ellos".[12]

De este modo, en la casa de los Eames, los aspectos meramente utilitarios se entremezclaban con la consideración de la vivienda como producto de consumo, dando lugar a una casa concebida no sólo como una arquitectura para vivir, sino también como una arquitectura para ser mostrada.

---

[11] Le Corbusier "Prólogo americano," *Precisiones respecto a un estado actual de la arquitectura y del urbanismo* (Barcelona: Poseidón, 1978), 25. Edición original: Le Corbusier, "Prologue Américain," *Précisions sur un état présent de l'architecture et de l'urbanisme* (Paris: Éditions Crès, 1930).
[12] Beatriz Colomina, *La Domesticidad en Guerra* (Barcelona: Actar, 2007), 7.

Jean Prouvé en su casa de Nancy. © Centre Pompidou.

Charle y Ray Eames fotografiados por Julius Schulman en la sala de estar de su casa en Santa Mónica. © J. Paul Getty Trust. Getty Research Institute, Los Angeles (2004.R.10).

No obstante, la configuración de la casa de los Eames, alejada de las experimentaciones domésticas de Buckminster Fuller y Jean Prouvé, no deja de ser un desarrollo del "raumplan loosiano". Como escribe James Steele "a pesar de su admiración por Buckminster Fuller y Jean Prouvé, en 1948 los Eames no estaban todavía listos para implementar principios totalmente modernos, y un *raumplan* casi convencional es el resultado. Como Loos, quien quería preservar los mejor del pasado, haciendo uso de los avances tecnológicos, los Eames parecen haber sido inicialmente reticentes a abandonar las seductoras prerrogativas del 'diseño'".[13]

En cambio, la fotografía del interior de la maqueta de la casa de los Foster en Hampstead, con su fachada modular, su suelo técnico y su brillante falso techo metálico, revelan un espacio doméstico aséptico que, a pesar de su eficiencia y flexibilidad, resulta totalmente despersonalizado.

---

[13] James Steele, *Eames House: Charles and Ray Eames*, 18.

En un punto intermedio entre el funcionalismo de la casa de Jean Prouvé y el consumismo de la casa de los Eames, la casa de los Foster contiene la cantidad justa y necesaria de objetos. Los únicos elementos accesorios o "decorativos" —prototipos de aeroplanos suspendidos de las vigas de cubierta y maquetas de helicópteros sobre las estanterías—, constituyen referentes para una casa que pretende alzarse como un manifiesto tecnológico doméstico en el que la eficiencia, la ligereza y la flexibilidad son parámetros fundamentales.

En el polo opuesto a la hiper-personalización de la casa de los Eames, la vivienda de los Foster no fue proyectada desde el concepto de domesticidad, sino que parece destinada a un habitante estándar, a un morador del hogar tecnológico moderno por antonomasia.

Siguiendo la tradición de tantos otros ejemplos de casas particulares de arquitectos, la casa de los Foster promete constituirse en un verdadero laboratorio de ensayo, no solo de nuevos materiales y sistemas constructivos, sino también de nuevas formas de habitar. Aunque alejadas del *raumplan* escenográfico de las primeras viviendas del Team 4, las distintas versiones de la vivienda de los Foster en Hampstead, que incluyen tipos de hogar tan dispares como la sociedad de estancias, la casa-refugio y la nave diáfana, evidencian la ausencia de una idea concreta de hogar. Más allá de un ferviente deseo de expresión tecnológica y de exaltación de su capacidad de adaptación al cambio, el diseño de la casa no parece responder a una noción clara de domesticidad.

Al igual que en la obra de Prouvé —"más interesado en la sociología que en la psicología"—,[14] tampoco la integración en el entorno ni la orientación condicionaron decisivamente el diseño. La disposición de la vivienda sobre una base de hormigón a modo de pedestal, parece encaminada a enfatizar el carácter objetual de la misma. Prueba de ello es que los Foster no situaron su centro de interés en la configuración de dicho pedestal, destinado a resolver la adaptación de la vivienda al terreno y cuyo diseño permaneció invariable a lo largo de toda la evolución del proyecto, sino en la expresión del contenedor tecnológico transformable, para el cual sí exploraron multitud de versiones estructurales y de permutaciones en la combinación de componentes.

---

[14] José María de Lapuerta, "Prefabricación y vivienda: alternativas ligeras," Norman Foster y Luis Fernández-Galiano, eds., "Jean Prouvé: 1901-1984," *AV Monografías* No. 149, 2011: 80.

Estilismo industrial

El término High-Tech, popularizado en 1978 por los periodistas Joan Kron y Suzanne Slesin en su libro *High-Tech: The Industrial Style and Source Book for the Home*, y utilizado frecuentemente en alusión a la obra de los Foster y los Roger, tiene curiosamente sus orígenes en el ámbito de lo doméstico. Este libro constituye un catálogo de cientos de imágenes que ilustran la utilización de objetos industriales de diversa procedencia en la decoración de interiores domésticos, acompañadas de un extenso directorio de proveedores. Objetos que, según los autores, "vuestros padres encontrarían insultantes".[15] El éxito de esta publicación, junto con los subsiguientes artículos aparecidos en 1979 en las revistas *New Yorker* y *Esquire*, propiciaron el nacimiento de un nuevo estilo decorativo que, bajo el nombre High-Tech, se exhibió en los escaparates de las tiendas más exclusivas, como las neoyorquinas *Macy's* y *Ad Hoc Housewares*.

Herederos del más puro funcionalismo y, por tanto, reacios a admitir la pertenencia a un estilo y mucho menos a un estilo decorativo, no es de extrañar que, como advirtió Colin Davies, los denominados arquitectos High-Tech se apresuraran a repudiar dicho término: "los arquitectos High Tech coinciden en al menos una cosa: odian el término 'High Tech'".[16] Es pertinente recordar que Norman Foster afirmó que "el 'estilo' en que se resuelve un problema es mucho menos importante, y es desafortunado que a menudo este aspecto sea sobre-enfatizado".[17]

Pero, a pesar del origen doméstico del término High-Tech, fue precisamente en el campo de la vivienda unifamiliar, donde la influencia ejercida por el mismo ha resultado menor, siendo la mayor parte de los ejemplos construidos habitados por sus propios arquitectos. La idea de nave fabril diáfana envuelta en una piel sencilla encerrando un espacio indiferenciado ha sido trasladada con cierto éxito a otras tipologías: supermer-

---

[15] Joan Kon y Suzanne Slesin, *High-Tech: The Industrial-Style and Sourcebook for the Home* (New York: Clarkson Potter, 1979), 4.
[16] Colin Davies, *High Tech Architecture* (London: Thames and Hudson, 1991), 6.
[17] Norman Foster, "Design For Living, 1969," David Jenkins, ed., *On Foster...Foster On* (London: Prestel, 2000), 453.

Casa Foster en Hampstead: maqueta por Chris Windsor fotografiada por Richard Einzig. © Norman Foster Foundation Archive.

cados, centros de ocio, galerías de arte, escuelas e incluso oficinas. No obstante, por diversos motivos que abarcan desde lo económico hasta lo psicológico, esta idea no ha prosperado en el ámbito doméstico.

El desarraigo característico de esta arquitectura optimista, que confía ciegamente en la invención y el progreso, para la que el lugar carece de cualidades específicas hasta que es habitado por sus usuarios y para la que la ciudad encarna lo reaccionario, es difícilmente conciliable con la noción de domesticidad. Como escribe Colin Davies "el más puro tipo de High Tech crea un entorno duro, metálico y austero que poca gente podría calificar de doméstico".[18]

La atmósfera de fría austeridad asociada al empleo masivo de materiales como el vidrio o el acero, chocan con la idea de confort tradicionalmente asociada al hogar. Una idea de confort que, como reclama Rybcynski, no está asociada exclusivamente a parámetros científicos: "la falacia de la definición científica de confort es que solamente considera los aspectos del confort que son mensurables y, con una arrogancia que no deja de ser característica, niega la existencia del resto".[19]

---

[18] Colin Davies, *High Tech Architecture* (London: Thames and Hudson, 1991), 12.
[19] Witold Rybczynski, *Home: A Short History of an Idea* (New York: Penguin, 1986), 226-228.

En la casa de los Foster en Hampstead[20] se evidencia, por tanto, la paradoja de una arquitectura configurable, que trata de atender las necesidades de sus usuarios en todo momento, pero que a la vez resulta profundamente impersonal. Como señalaba el crítico francés François Chaslin, "la gran paradoja de la obra de Foster es esa mezcla de humanidad e inhumanidad".[21]

[20] Alastair Best, "The Four Phases of Foster," David Jenkins, ed., *On Foster...Foster On* (London: Prestel, 2000), 107.
[21] François Chaslin, "An Iron Will," David Jenkins, ed., *On Foster...Foster On* (London: Prestel, 2000), 174.

¿POR QUÉ NO CONSTRUYÓ SU CASA, SR. FOSTER?

Casa Foster en Hampstead: maqueta. © Norman Foster Foundation Archive.

"Si diseñas una casa para ti mismo es probable que se convierta en un experimento".[1]

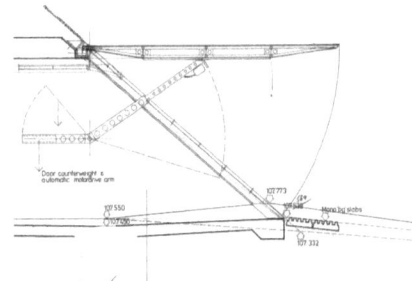

Casa Foster en Hampstead: dibujo de Richard Horden para el portón de acceso al garaje. © Norman Foster Foundation Archive.

(Julio de 1979)

Tras doce meses de intenso trabajo, el equipo de diseño había elaborado hasta ocho versiones distintas de la vivienda. Aun así, los Foster seguían debatiendo sobre el diseño del contenedor ligero.

Richard Horden ultimaba los detalles del volumen semienterrado, como los del gran portón inclinado de acceso al garaje que, dotado de una estructura liviana de aluminio y equipado con un brazo motorizado y un contrapeso, basculaba 45 grados desde su parte superior para formar un plano horizontal. Mientras tanto Peter Busby supervisaba los trabajos de construcción: la consolidación de los muros existentes de ladrillo y la estructura de cimentación.

Sin embargo, en pleno proceso de construcción, el proyecto fue misteriosamente abandonado.

Los motivos ofrecidos tanto por Norman Foster —en distintas publicaciones y entrevistas—, como por sus colaboradores, para explicar el repentino abandono del proyecto resultan inesperadamente variopintos. Éstos abarcan desde motivaciones personales hasta argumentos de carácter técnico, arquitectónico e incluso sociológico. Pero con independencia del distinto grado de credibilidad que podamos conceder a dichos argumentos, en cada uno de ellos subyace cierto atisbo de verosimilitud.

---

[1] Serge Chermayeff, *"A house is divided,"* House and Garden, mayo 1947: 96.

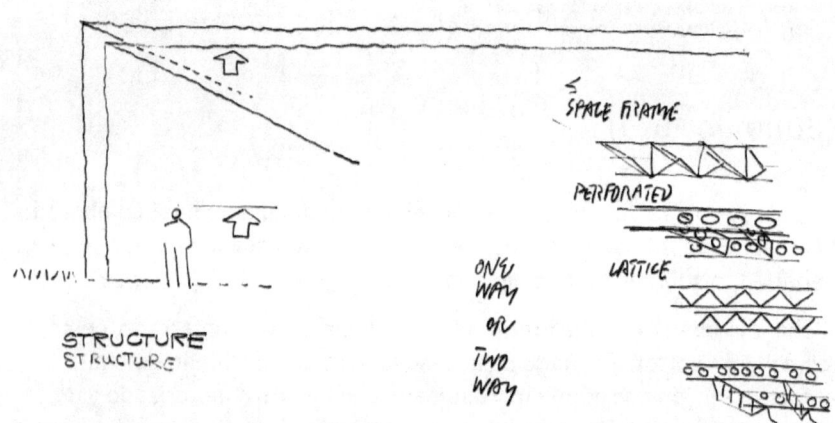

Casa Foster en Hampstead: croquis de Norman Foster mostrando distintas opciones estructurales. © Norman Foster Foundation Archive.

Casa Foster en Hampstead: maqueta.
© Norman Foster Foundation Archive.

Es más, tras las causas de la frustración del sueño de la casa tecnológica de los Foster, se esconden las contradicciones y conflictos que persistían en la arquitectura del estudio desde sus inicios.

El edificio más caro del mundo

El texto de la monografía de Foster Associates, publicado diez años después del abandono del proyecto, atribuye este hecho a "la fuerte carga de trabajo que supuso el inicio del Banco de Hong Kong".[22] Teniendo en cuenta el espíritu incansable de Norman Foster y su férrea disciplina de trabajo, resulta difícil dar crédito a este argumento.

Ciertamente, el encargo del banco de Hong Kong, fruto de un importante concurso internacional, marcó un punto de inflexión en la producción de Foster Associates, que hasta la fecha no había construido edificios de

---

[2] Ian Lambot, ed., *Foster Associates Buildings and Projects Volume 2: 1971-1978* (Surrey: Watermark, 1989), 128.

Norman Foster en la revista *Vanity Fair*, en diciembre de 1985. © Joseph Astor.

más de tres plantas. La magnitud y la complejidad de este ambicioso proyecto nacido bajo el eslogan de "el mejor edificio bancario del mundo", precipitaron la repentina internacionalización y crecimiento del estudio, cuya plantilla creció de 25 a 160 empleados en apenas dos años.

Por otro lado, la magnitud y la complejidad del proyecto, propiciaron que los Foster prescindieran de sus habituales colaboradores, como el ingeniero de estructuras Anthony Hunt, para quien la casa en Hampstead representó el último trabajo con Foster Associates.

En el banco de Hong Kong, los Foster iniciaron una fructífera y dilatada colaboración con la ingeniería internacional de Arup Associates. La externalización de la ingeniería comportó, no obstante, un cierto distanciamiento entre arquitectura e ingeniería, cuya estrecha vinculación había sido crucial en el desarrollo de la arquitectura de la "nave bien servida". Este tuvo, sin duda, importantes consecuencias en la producción posterior del estudio.

Siguiendo el camino iniciado en las últimas versiones de la casa, el deseo de expresión tecnológica, esta vez en consonancia con las aspiraciones político-comerciales de una gran corporación como el banco de Hong Kong, propició que muchas de las decisiones de diseño no respondieran a consideraciones de eficiencia y economía, sino a la consecución de un verdadero monumento tecnológico. A pesar de que las ideas de la "nave bien servida" y la integración de sistemas persistieron en la arquitectura del Banco de Hong Kong, éstas estuvieron en gran medida subordinadas a una voluntad de monumentalización tecnológica.

Así, aun siendo el resultado de la aplicación de algunas de las ideas exploradas por los Foster en su vivienda, el banco de Hong Kong dista mucho de constituir una verdadera megaestructura. La aplicación de la estrategia del *plug-in* obedece más a un capricho formal, que a la voluntad de dar respuesta a una necesidad de adaptación al cambio. Por otro lado, la aplicación de la idea del kit de componentes tampoco encuentra justificación en la búsqueda de la estandarización y de la racionalización de las soluciones constructivas. Dada la enorme variedad y complejidad de las piezas que lo integran, este kit de componentes industrializados no está dirigido a obtener una solución eficiente, económica y aplicable a otros proyectos, sino a garantizar la calidad constructiva de sus componentes, fabricados especialmente para el edificio en sofisticadas cadenas de producción robotizadas, en distintos países del mundo.

La retórica tecnológica del banco de Hong Kong propició que el "mejor edificio bancario del mundo", con un coste aproximado de 1.000 millones de dólares y, triplicando el presupuesto inicial, resultara ser también el edificio más caro del mundo. Es posible que la importancia simbólica, política y comercial de un edificio como el Banco de Hong Kong, símbolo del poder económico de la antigua colonia británica antes de su anexión a China, justificara este esfuerzo económico; si bien, con toda probabilidad, tal esfuerzo resultaba difícilmente asumible en una simple vivienda de unifamiliar.

Un vecino entrometido

Interrogado acerca de las razones por las que no construyó su casa, Norman Foster recuerda sus problemas con el vecino: "siempre tuvimos el problema del vecino. El vecino era una persona difícil. Nunca nos sentimos realmente cómodos con el vecino".[3]

---

[3] Ver "Airships: una conversación con Norman Foster".

A pesar de que, debido al fuerte desnivel del terreno, la vivienda de los Foster era escasamente visible por el vecino, no es de extrañar la perplejidad del Sr. Greenway ante la presencia de tan extraño artefacto junto a su jardín. Un edificio cuya apariencia industrial bien pudo ser percibida como una provocación a la arquitectura victoriana del tranquilo barrio de Hampstead.

Como narra el propio Norman Foster, los mencionados problemas con el vecino empujaron a la pareja de arquitectos a abandonar el proyecto y a trasladarse a una antigua vivienda unifamiliar aislada que adquirieron en el condado de Wiltshire. Resulta, por tanto, paradójico observar como los Foster se convirtieron en víctimas de un fenómeno que su admirado Chermayeff identificó como propio de la casa suburbana: "la pseudo-casa de campo, mal ubicada dentro de un conjunto mal organizado, no está en íntimo contacto con la del vecino, ni tampoco lo bastante alejada de ella; sus flancos están desprotegidos contra las miradas curiosas y contra los ruidos molestos [...] El vecino continua siendo un extraño y los verdaderos amigos, con frecuencia, viven lejos [...] El vecino de al lado, con gustos distintos de los nuestros que se expresan a menudo mediante sonidos estridentes, se ha transformado repentinamente de un vecino indeseado, en un extraño entrometido".[4]

Pero los problemas de los Foster con el vecino manifiestan, ante todo, las dificultades de adaptación de una arquitectura de la pura objetividad, despojada de cualquier simbología distinta a la de la estética de lo funcional y cuyo principal significado es su propia justificación. Una arquitectura que, citando a Peter Buchanan, "no es nada más que el intento más extremo de la arquitectura moderna para trascender la historia, para escapar de la cultura y de todos sus rituales irracionales, de sus innecesarias formalidades".[5]

Conviene recordar que el desarraigo de una arquitectura que reduce el edificio a puro equipamiento y para la que lo único permanente son la estructura y las instalaciones, está en el origen de la resistencia que

---

[4] Serge Chermayeff and Christopher Alexander, *Community and Privacy: Toward a New Architecture of Humanism* (London: Anchor Books, 1965), 62-64.
[5] Peter Buchanan, "High-Tech: Another British Thoroughbred," *The Architectural Review* (julio 1983): 15-19.

los centros urbanos y, en especial la conservadora ciudad de Londres, ofrecieron a la arquitectura de los Foster quienes, hasta mediados de los años ochenta, no vieron sus primeros proyectos construidos en el centro de la ciudad.

Esta fue una de las causas de que, como admite el propio Norman Foster, la pareja de arquitectos considerara trasladarse a los Estados Unidos: "Wendy y yo —con dos hijos muy pequeños— llegamos a considerar emigrar a una sociedad más receptiva y abierta".[6]

Wendy Foster

Richard Horden alude al diagnóstico de la enfermedad terminal de Wendy Foster como una posible causa del abandono de la vivienda.[7] Sin embargo, esta teoría no resulta del todo plausible dado que, como menciona Deyan Sujdic en su biografía de Norman Foster, Wendy no desarrolló la enfermedad hasta 1988, falleciendo en menos de un año.

Conviene mencionar la decisiva aportación de Wendy Foster al estudio, que el propio Norman Foster expresó en los siguientes términos: "las sucintas intervenciones de Wendy siempre aportaban claridad a nuestro pensamiento [...] su papel en el estudio abarcaba mucho más que el trabajo en proyectos concretos. Reticentemente, en un segundo plano, ella fue un fuerte impulso creativo en las más importantes etapas de la evolución del estudio [...] Sin Wendy, nunca habría existido Foster Associates".[8]

A pesar de ello, poco se sabe sobre del papel concreto desempeñado por Wendy Foster no sólo en el diseño de la vivienda en Hampstead sino en el estudio. Graduada por el Regent Street Polytechnic de Londres, Wendy Cheesman destacó por la elegancia de sus dibujos a lápiz y por su sofisticada aproximación al diseño, cualidades que propiciaron que, en 1963,

---

[6] Norman Foster "With Wendy," David Jenkins, ed., *Norman Foster: Works 1* (London: Prestel, 2002), 422.
[7] Ver "LightTech: una conversación con Richard Horden".
[8] Norman Foster, "With Wendy," David Jenkins, ed., *On Foster...Foster On* (London: Prestel, 2000), 548-549.

Norman y Wendy Foster en el estudio de Foster Associates en Fitzroy Street, Londres.
© Norman Foster Foundation Archive.

su amigo Richard Rogers propusiera a Norman Foster incorporarla al equipo. Hija de un antiguo director de Lloyds, la familia de Wendy ofreció al Team 4 el pequeño apartamento en Hampstead en el que instalaron su oficina, y también algunos de sus primeros encargos, como la ampliación de la casa de la madre de Wendy en Surrey.

Pese a que su figura permaneció ensombrecida tras la presencia dominante de su marido, todos sus antiguos colaboradores del estudio coinciden en subrayar la importancia de Wendy Foster, quien siempre estuvo presente en cada reunión del equipo de diseño, participando activamente junto a su marido en la toma final de decisiones y en la organización del estudio.

Arquitectura del riesgo

El arquitecto Peter Busby, quien colaboró en la elaboración de las últimas versiones de la casa y supervisó los inicios de la construcción, sugiere que detrás de la cancelación del proyecto subyacían problemas de índole técnica.[9] La complejidad de las conexiones estructurales y la dificultad en la resolución de la estanqueidad de las juntas entre módulos de fachada precipitaron, según Busby, el abandono del proyecto.

[9] Ver "La junta imposible: una conversación con Peter Busby".

La determinación y la capacidad de los Foster y su equipo para afrontar exitosamente cualquier dificultad técnica hacen, de nuevo, que esta tesis resulte difícilmente creíble. Sin embargo, es interesante observar cómo, debido a la creciente complejidad de las soluciones técnicas desarrolladas por el estudio y, en especial, la de las juntas entre componentes de fachada, los Foster se vieron obligados, a partir de ese momento, a recurrir a consultores especialistas en sistemas de fachadas. El riesgo de fallos en la estanqueidad de las fachadas era del todo inasumible para una arquitectura que se presentaba como paradigma de la eficiencia.

El teórico Colin Davies señaló las crecientes dificultades técnicas que padeció la arquitectura High-Tech. Con un punto de ironía, Davies vinculó el final de la arquitectura High-Tech con el estallido del transbordador espacial Challenger "los historiadores de arquitectura en el futuro, tratando de establecer la fecha precisa de la muerte del estilo High Tech, podrían escoger el 28 de enero de 1986, el día en que el transbordador espacial Challenger estalló frente a millones de espectadores. Ahora sabemos que el motivo de la tragedia fue el fallo de una junta de neopreno".[10]

A consecuencia de su afan de innovación tecnológica, los Foster tuvieron que asumir importantes errores técnicos en muchos de sus proyectos, siendo el más conocido el caso de los paneles sándwich de la envolvente del Saisnbury Centre que, debido a una inesperada reacción química entre el aluminio y el aislamiento interior, sufrieron un proceso imparable de oxidación. Esto obligó a su sustitución por paneles de acero, lo que ocasionó numerosas denuncias en la prensa especializada. Reyner Banham saldría en defensa de la pareja de arquitectos sentenciando: "construir arquitectura moderna es practicar la arquitectura del riesgo [...] los riesgos de una 'arquitectura del riesgo', son fundamentalmente distintos de los asumidos por la Era Heroica del Movimiento Moderno. Ya no se trata de Lucifer tratando de alcanzar las estrellas seguido de su precipitación a las profundidades infernales, sino el menos miltoniano riesgo de litigación, denuncia y persecución".[11]

---

[10] Colin Davies, *High Tech Architecture* (London: Thames and Hudson, 1991), 20.
[11] Reyner Banham, introducción a *Foster Associates* (London: RIBA Publications, 1979), 4.

El propio Norman Foster se jactaba del carácter heroico de su arquitectura recordando las palabras de Wendy Foster alabando su propio trabajo: "eres un malabarista: arrojas las bolas más alto que nadie y las dejas caer más abajo que nadie antes de cogerlas".[12] Cabría pues interpretar el abandono del proyecto como una renuncia de la pareja de arquitectos a asumir dicho riesgo en su propio hogar.

Un debate irresoluto

Richard Horden atribuye, en cambio, la cancelación del proyecto a la persistencia en el estudio de un intenso debate, recurrente desde los tiempos del Team 4: expresar o no expresar los sistemas (estructura e instalaciones).[13] Un debate entre el expresionismo del helicóptero Bell 47 D1, preferido por Richard Rogers, en el que se exhiben cada una de las piezas del conjunto y sus conexiones; frente a la envolvente aerodinámica del Bell 206 Jet Ranger de Norman Foster, en el que la complejidad de los sistemas se encapsula en una forma escultural optimizada.

Este dilema, que a priori puede parecer meramente formal, entre la despreocupación formal de Richard Rogers y su interés por la capacidad expresiva del drama del armazón estructural y de las instalaciones, frente al rigor y la contención formal de Norman Foster revela, además, dos formas distintas de abordar la complejidad de un edificio mediante la integración de sistemas: mientras que en la arquitectura de Richard Rogers la integración de sistemas no impide la expresión autónoma e individualizada de los mismos, en la obra de Norman Foster la integración visual está subordinada a la expresión del contenedor neutro. Como escribe Dejan Sujdic, "en contraste con Richard Rogers, cuya obra es una elaboración y una celebración de estructura y conexiones, Foster está más por el refinamiento, la omisión de lo inesencial, pieles delicadas y paletas de colores más comedidas".[14]

---

[12] Norman Foster "With Wendy," David Jenkins, ed., *Norman Foster: Works 1* (London: Prestel, 2002), 423.
[13] Ver "LightTech: una conversación con Richard Horden".
[14] Deyan Sudjic, "Foster Mark Three," David Jenkins, ed., *On Foster...Foster On* (London: Prestel, 2000), 327.

Sin embargo, este análisis resulta difícilmente aplicable a las últimas versiones del proyecto de los Foster en Hampstead que, por su expresionismo estructural y por el exhibicionismo de los componentes que lo integran —antenas, aparatos de aire acondicionado, etc.—, resultan más próximas a la obra de Richard Rogers que a la del propio Foster.

Como observa Kenneth Frampton, "durante un tiempo, esta diferenciación [entre piel y esqueleto] permitió distinguir entre las actitudes retóricas adoptadas respectivamente por los estudios de Foster y de Rogers: el primero prefería fundamentalmente la piel y el segundo situaba la carga expresiva primordial en la estructura. Sin embargo, más adelante Foster Associates modificó su planteamiento, orientándose cada vez más hacia la expresión extrínseca de la estructura".[15] Frampton cita el centro de distribución de Renault y el banco de Hong Kong como paradigmas de este cambio de orientación, cuya gestación, entre 1978 y 1979, coincide con el período de elaboración de la casa en Hampstead.

La casa urbana

La serie de planos realizados entre febrero de 1982 y julio de 1984 muestran como los Foster, ya instalados en sus nuevas oficinas de Portland Street, retomaron el proyecto de su vivienda en Hampstead tres años después del abandono del mismo.

Tras la separación del ingeniero de estructuras Anthony Hunt, el equipo de diseño contó con la colaboración de la ingeniería de Ove Arup. Sin embargo, la intensidad del trabajo realizado distaba mucho de la de versiones anteriores de la casa. Aunque el planteamiento del proyecto partía de la misma idea básica, su materialización era completamente distinta.

Abandonando la compacidad de versiones anteriores, el tamaño de la planta se aumentó hasta ocupar prácticamente toda la parcela, dando lugar a amplias zonas de estar, espacios a doble altura, dormitorios de servicio y una cubierta ajardinada con piscina. La distribución interior

---

[15] Kenneth Frampton, *Modern Architecture: A Critical History* (London: Thames and Hudson, 1980), 307.

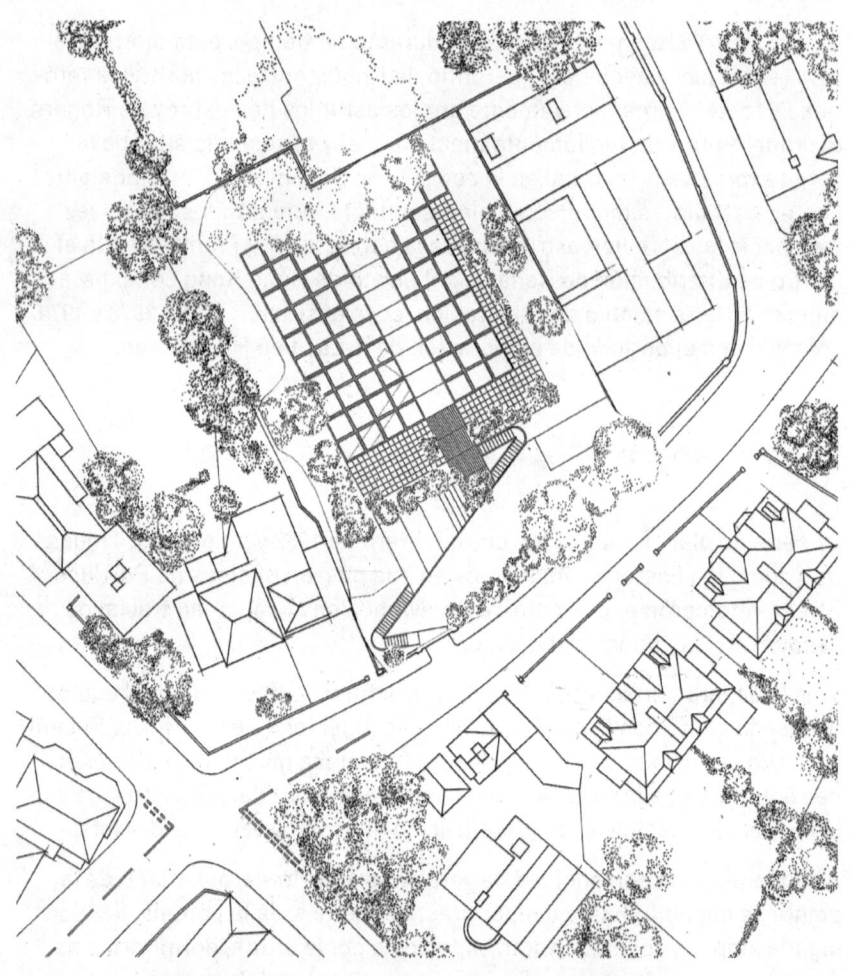

Casa Foster en Hampstead: planta de cubiertas. © Norman Foster Foundation Archive.

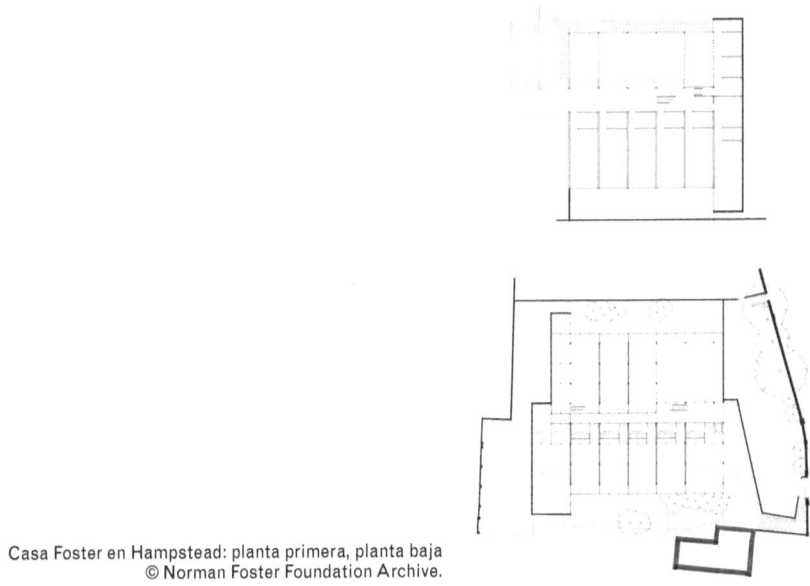

Casa Foster en Hampstead: planta primera, planta baja
© Norman Foster Foundation Archive.

se articuló a partir de una galería central de circulación que segregaba claramente las zonas de día y noche. Los Foster mantuvieron la idea de la concentración de las instalaciones y de las zonas de servicio dispuestas a lo largo de un eje central, pero renunciaron definitivamente a la idea de las cápsulas enchufables intercambiables, recurrente en todas las versiones anteriores de la vivienda.

La serie de bocetos realizados por Norman Foster muestran su interés por resolver adecuadamente la relación entre el volumen de los dormitorios y el de la sala de estar —entre un ámbito doméstico y un espacio casi monumental—, mediante soluciones con un marcado carácter escenográfico: cambios de nivel y escalinatas. Por otro lado, las extensas superficies acristaladas, con carpinterías reducidas a la mínima expresión, denotan la voluntad de disolver los límites entre espacio interior y exterior, y de magnificar el tamaño de la vivienda.

La frontalidad del acceso remite a la Umbrella House en Lido Shores de Paul Rudolph, de 1953, en la que la cubierta de la vivienda se extendía sobre el acceso y sobre la piscina, formando un majestuoso porche cere-

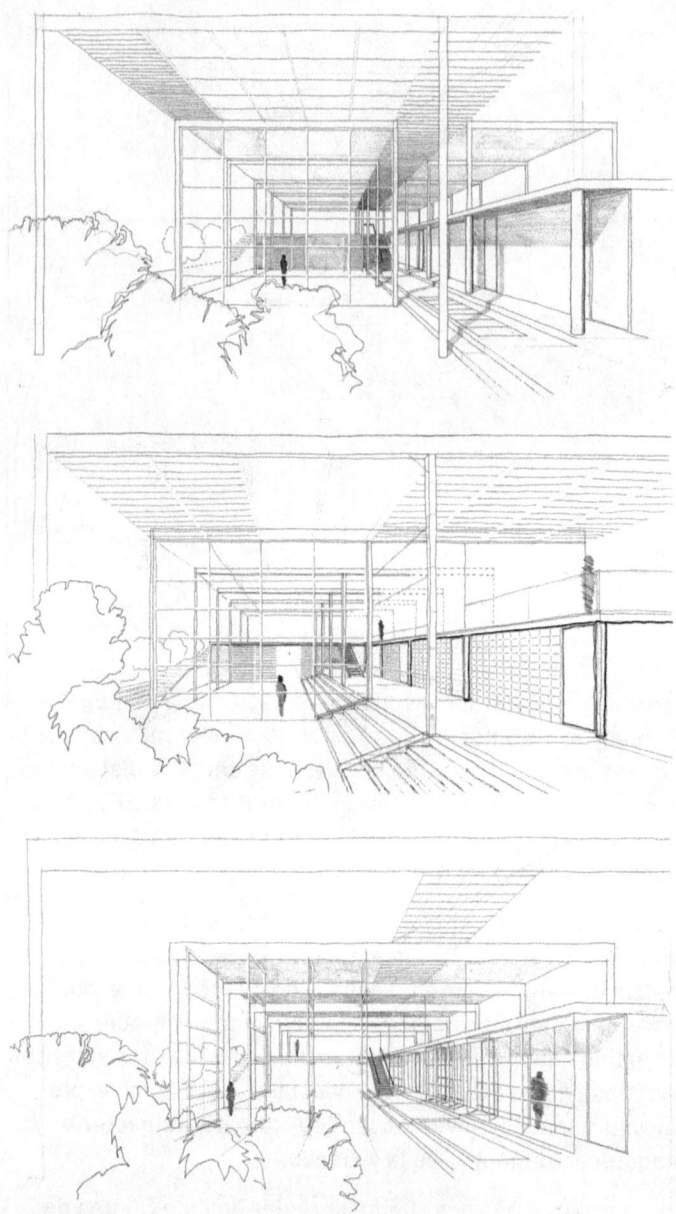

Casa Foster en Hampstead: perspectivas. © Norman Foster Foundation Archive.

Paul Rudolph, Umbrella House en Lido Shores, Sarasota, Florida. © Ezra Stoller.

monial. La prolongación del plano de cubierta hacia el acceso formando un imponente porche, la solemnidad de la gran sala de estar a doble altura y la presencia del gran eje axial que recorre toda la casa, confieren a la vivienda un carácter monumental, ausente en todas las versiones anteriores.

Aunque en esta versión la estructura metálica sigue exhibiéndose al exterior, ésta está formada por secciones tubulares soldadas y carece de cualquier elemento diagonal que perturbe la ortogonalidad del conjunto, resultando un volumen contenido, alejado del expresionismo estructural y tecnológico de antaño.

Así pues, en un último intento por ver construida su vivienda, los Foster parecían resignados a renunciar al sueño de la casa tecnológica. Tal vez en un esfuerzo por superar las diferencias con el vecino, decidieron relajar la retórica tecnológica y el expresionismo estructural, adoptando una especie de clasicismo tecnológico, no exento de cierta monumentalidad.

Los Foster ya no eran, en muchos sentidos, los mismos arquitectos que a finales de los años setenta soñaban construir su casa tecnológica. Tras el éxito del banco de Hong Kong y tras pasar de la fama al estrellato internacional, tal vez se sintieran más atraídos por la opulencia que por la experimentación tecnológica.

No obstante, una vez más, el proyecto más personal de los Foster, pese a no verse realizado, constituyó un campo de pruebas para la aplicación de sus ideas en proyectos de mayor escala. Así, esta versión de la vivienda parece anticipar el vocabulario utilizado en los proyectos en centros urbanos realizados por los Foster durante los años ochenta.

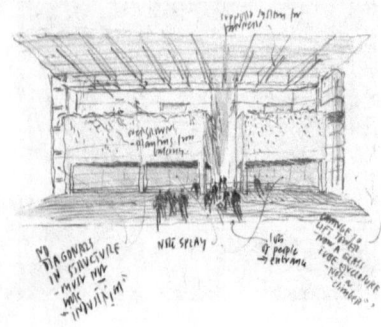

Carré D'Art en Nimes, Francia: croquis de Norman Foster en la portada de *Architectural Review* (mayo 1985). © Norman Foster Foundation Archive

Tal ese el caso de la mediateca Carré d'Art en Nimes, de 1984, con la que los Foster lograron intervenir por primera vez en un centro urbano histórico. Relajando la expresión tecnológica de su arquitectura y recurriendo al clasicismo tecnológico explorado en las últimas versiones de su casa, el edificio se adecúa a un complejo contexto urbano, marcado por la proximidad de la Maison Carrée. La estructura ortogonal exteriorizada, el porche monumental de acceso y la escalinata, constituyen elementos con los que el edificio alude al clasicismo y a la frontalidad del templo romano, pero también a las últimas versiones de su propia casa en Hampstead. También en la organización espacial del edificio es posible reconocer la configuración de esta versión de la vivienda de los Foster. En particular, en el modo como el vestíbulo central axial organiza las circulaciones y articula los distintos usos del edificio.

Muestra de este deseo por abandonar la crudeza tecnológica de sus anteriores edificios, son las anotaciones que acompañan al croquis de Norman Foster para el alzado de la mediateca, publicado en la portada de la revista *Architectural Review*: "sin diagonales en la estructura. No debe parecer industrial".[16] En gran medida, este cambio de orientación hacia una arquitectura de menor expresionismo tecnológico y de mayor sensibilidad hacia el contexto urbano, propició que los Foster vieran realizados, durante los años ochenta, sus primeros proyectos urbanos en Londres, como las Sackler Galleries de la Royal Academy (1985-1991), la

---

[16] *Architectural Review* (mayo 1985).

sede de la cadena de televisión ITN en Gray's Inn Road (1987-1990) y el edificio de viviendas de lujo Chelsea Reach, en Battersea (1986-1990). En las tres primeras plantas de este último edificio, consistente en una caja de cristal de nueve plantas a orillas del Támesis, los Foster instalaron su propio estudio y, en la última planta dispusieron la que fue su primera vivienda diseñada por y para sí mismos, caracterizada por su espacio diáfano totalmente acristalado y de dimensiones monumentales.

Esteta de la máquina

El proyecto refleja, por tanto, un conflicto entre dos ideas antagónicas, ambas originadas en el campo del diseño industrial: el kit de componentes de los Eames y la artesanía industrial de Pierre Chareau. Un conflicto cuya resolución obligó a los Foster a un esforzado ejercicio de domesticación tecnológica difícilmente justificable en el proyecto de una pequeña vivienda unifamiliar. Un ejercicio que, dadas las ingentes cantidades de dinero y de tiempo requeridos, tan sólo sería económicamente viable para producciones extensivas, de miles de unidades.

Ya en los años treinta, en *Technics and Civilization*, Lewis Mumford sostenía que la expresión de la máquina implica el reconocimiento de ciertos principios estéticos: "precisión, cálculo, perfección, simplicidad y economía".[17] Mumford resaltó además la importancia de este último: "la clave de esta novedosa apreciación de la máquina como origen de una nueva forma estética ha llegado a través de la formulación de su principio estético capital: el principio de la economía".[18] En este sentido, la evolución del proyecto en Hampstead, ilustra la transición desde una arquitectura eficiente y económica hacia una glorificación tecnológica que resultó en algunos de los edificios más caros de su tiempo.

Convertida en un objeto de celebración tecnológica, la casa en Hampstead evidencia la contradicción entre dos formas de entender la

---

[17] Deyan Sudjic, *Norman Foster: A Life in Architecture* (London: Weidenfeld & Nicolson, 2010), 251.
[18] Lewis Mumford, *Technics and Civilization* (New York: Harcourt, Brace & Co., 1934), 350.

tecnología: la tecnología al servicio de la eficiencia, y la tecnología como una forma de expresión arquitectónica.

En este sentido, el proyecto en Hampstead constituye una respuesta literal a la idea teorizada por Le Corbusier en los años veinte, de la casa concebida como una máquina de habitar, "construida como se construye un avión, con los mismos métodos estructurales: armadura ligera, tirantes metálicos y soportes tubulares".[19]

Pero mientras que, a pesar de su manifiesto, Le Corbusier construyó viviendas tecnológicamente primitivas, muy alejadas de la estética de la máquina, para los Foster la máquina no constituye una mera metáfora: la vivienda misma está destinada a adquirir la apariencia de una máquina. Por ello, aunque no pretende ser producida en serie, ni siquiera ser fabricada a partir de componentes estándar, ofrece el aspecto de un producto industrial susceptible de ser repetido. Aunque con toda probabilidad sus componentes nunca serán sustituidos ni reubicados en el transcurso de su vida útil, la configuración de la casa obedece a esta remota posibilidad de transformación. No es posible su crecimiento sin alterar severamente la estructura portante y, sin embargo, su aspecto celular sugiere la futura adición de nuevos módulos. Además, la casa no está concebida para ser transportada a otro lugar, ni siquiera para ser repetida en otro emplazamiento; pese a ello, simula levantarse levemente sobre el suelo, como esperando el día en que será desmontada y trasladada pieza por pieza a otro lugar.

Además, los conceptos de eficiencia, integración de sistemas y la exagerada capacidad de transformación que gobierna el diseño de la casa, heredados de la arquitectura fabril de la "nave bien servida", resultan poco relevantes en su aplicación a un ámbito como el doméstico, tradicionalmente asociado a consideraciones no cuantificables, como son las nociones de arraigo, estabilidad y confort.

También la obsesión por la ligereza, tanto visual como material, parece responder a una voluntad expresiva más que a una legítima necesidad funcional. Ante la famosa pregunta retórica de Buckminster Fuller de "¿cuánto pesa su edificio, Sr. Foster?" —a la que los Foster respondieron

---

[19] Ibid., 352.

diligentemente ofreciendo un desglose del peso del Sainsbury Centre—, cabría reflexionar sobre la relativa importancia del peso de un edificio, cuya finalidad última es, obviamente, muy distinta a la de un aeroplano. Como observaba Siegfried Giedion: "una casa no es ni un automóvil ni un remolque. Las casas no se mueven. Las casas se quedan en un lugar específico y deben adaptarse a ese entorno".[20]

La evolución del proyecto muestra como éste fue progresivamente impregnándose de un exhibicionismo tecnológico difícilmente justificable bajo parámetros estrictamente funcionales. Llegando a soluciones que contravienen el concepto de "tecnología apropiada", que Reyner Banham identificaba como el principal motivo impulsor de la obra de Foster Associates: "indiferente ante la desastrosa precipitación de teóricos y moralistas, desde la 'alta' tecnología hasta la 'baja', Foster ha tomado el menos fácil camino de la 'tecnología apropiada'".[21]

La casa de los Foster en Hampstead se debate, por tanto, entre dos modos de entender la relación entre arquitectura y tecnología: la tecnología entendida como un medio y la tecnología entendida como un fin en sí mismo. O lo que es lo mismo: entre el funcionalismo de la "nave bien servida", fuertemente enraizado en el primer Movimiento Moderno, y el estilismo tecnológico que se ha dado en denominar High-Tech.

Ajenas a la máxima expresada por el propio Norman Foster de "el uso de la tecnología es un medio para alcanzar objetivos y no puede constituir un objetivo en sí mismo",[22] las últimas versiones de la casa reflejan una transición desde la poética de lo necesario predicada por Banham, hacia el expresionismo tecnológico que los Foster trasladarían a obras posteriores.

A pesar de la reticencia de Norman Foster a ser encuadrado en una determinada corriente estética, y a pesar de su manifiesta desafección hacia la propia noción de estilo —"el estilo en que un problema se soluciona no es lo importante, y es una lástima que este aspecto esté usual-

---

[20] Le Corbusier, "Les Maisons Voisín," *L'Esprit Nouveau*, 2 (noviembre 1920): 214.
[21] Siegfried Giedion, *Mechanization Takes Command: A Contribution to Anonymous History* (Oxford: Oxford University Press, 1948), 711.
[22] Reyner Banham, introducción a *Foster Associates* (London: RIBA Publications, 1979), 5.

mente sobrevalorado"—,[23] el expresionismo de las últimas versiones de la vivienda denota una actitud frente a la tecnología opuesta a la aparente despreocupación formal de sus primeros contenedores diáfanos de los años sesenta y principios de los setenta, caracterizados por la integración entre arquitectura e ingeniería y por la consiguiente disolución de la tecnología en aras de la eficiencia.

Si bien en las primeras obras del estudio —como en la fábrica Reliance y su redundante estructura exteriorizada— encontrammos la semilla del expresionismo tecnológico de obras posteriores, la creciente carga expresiva en la obra posterior de los Foster induce a interpretar el proyecto en Hampstead, no sólo como la culminación de sus exploraciones en el campo de la integración de sistemas, sino también como el último eslabón en la evolución de una búsqueda formal. Como señala Deyan Sudjic, "Foster es principalmente un arquitecto instintivo, más que un intelectual: su arquitectura se nutre de un uso optimista del potencial de la tecnología, una visión espacial pero, sobre todo, por un sentido de la estética".[24]

Si, parafraseando a Deyan Sujdic,[25] la casa en Hampstead estaba encaminada a mostrar el tipo de arquitecto que Norman Foster quería ser en un momento particular de su carrera, ésta constiutye, ante todo, una exploración formal dirigida a emular la estética de lo necesario propia de los productos tecnológicos más avanzados de su tiempo, tan admirados por los Foster, no sólo como paradigmas de eficiencia, sino también como expresiones puras del espíritu de su época. Es por ello que cabe entender el sueño truncado de la casa tecnólogica de los Foster en Hampstead, totalmente flexible, transformable y reconfigurable, como el proyecto de hogar de un auténtico esteta de la máquina.

---

[23] Norman Foster entrevistado por Marc Emery en "Norman Foster: Projets: Réalisations: 1980-1986," *L'Architecture D'Aujourd'Hui*, 243 (febrero 1986): LVIII.
[24] Norman Foster citado en David Jenkins, ed., *On Foster...Foster On* (London: Prestel, 2000), 453.
[25] Deyan Sujdic, "Foster Mark Three," en *On Foster... Foster On*, ed. David Jenkins (London: Prestel, 2000), 327.

CONVERSACIONES ENTORNO A UNA CASA

Casa Foster en Hampstead. Croquis de Norman Foster dibujado durante la presente entrevista. Cortesía del autor.

Airships: una conversación con Norman Foster
(Madrid, 27 de enero de 2012)

Me encuentro con Norman Foster en el despacho de Foster and Partners en Madrid. En la misma sala sobre cuyas paredes blancas magnetizadas antaño discutimos algunos proyectos en curso. Con acceso directo desde el vestíbulo, conectada con el resto del espacio de oficinas mediante amplias puertas correderas y con un balcón sobre el Paseo de la Castellana, la sala está presidida por una mesa Nomos de vidrio, acompañada por seis Aluminum Chairs de los Eames tapizadas en cuero blanco, y por cuatro unidades modulares de almacenamiento USM, diseñadas por el arquitecto suizo Fritz Haller.

A sus 78 años hace gala de una memoria excepcional. Habla pausadamente, midiendo cada palabra. Responde a mis preguntas con precisión y elocuencia. Provisto de su inseparable lápiz Pentel 0,9 mm de mina blanda, acompaña sus explicaciones con anotaciones y dibujos.

Resisto mi impulso inicial por colgar los planos en las paredes. Pero mientras esparzo la documentación de la casa en Hampstead sobre el frío cristal, intuyo que mi pretendida entrevista va a ser, en realidad, una sesión más de trabajo, en la que uno corre el riesgo de convertirse en el interrogado.

Norman Foster: (irrumpe precipitadamente en la sala) Entonces cuéntame, ¿qué es lo que quieres saber sobre el proyecto de la casa en Hampstead?

Carlos Solé: Estudiando tus primeras obras, desde la época del Team 4 hasta finales de los años 70, he dado con el proyecto de la casa que diseñaste con Wendy en Hampstead. Un proyecto bastante desconocido que sospecho que ocurrió en un momento muy importante en la evolución del estudio. Además del interés de esta obra en cuanto a que supone un intento por trasladar ideas como la integración de sistemas y el edificio concebido como kit de componentes al campo de la arquitectura doméstica, esta casa pone de relieve muchas de las influencias presentes en tu trabajo.

Dirigible USS Macon ZRS-5: proa de la cabina de control. Naval History & Heritage Command. NavSource Online: Rigid Airships Photo Archive.

NF: Es cierto. Podrías utilizar esta casa como un vehículo para explorar proyectos relacionados e influencias. ¿Qué referencias has descubierto respecto a la casa?

CS: Las más conocidas son las Case Study Houses, en particular la casa de los Eames y los prototipos residenciales de Jean Prouvé, así como su propia casa en Nancy. También veo vínculos con algunas de las casas de los que fueron tus tutores en Yale: Paul Rudolph y Serge Chermayeff. Creo que la casa Walker de Paul Rudolph podría ser un claro referente.

NF: También deberías tener en cuenta la casa que Serge Chermayeff construyó en New Haven, Connecticut. Es una casa con patio que Chermayeff construyó para sí mismo. Nunca llegué a verla. Al igual que la casa en Hampstead, está estrechamente relacionada con *Community and Privacy*, el libro que escribió con Christopher Alexander.

CS: También he encontrado relaciones entre la planta de la casa en Hampstead y la serie de viviendas diseñadas por Louis Kahn en los años 50. La idea de Louis Kahn de la planta entendida como una sociedad de habitaciones parece perfectamente aplicable a este proyecto. Pero no sé hasta qué punto puedo considerar a Louis Kahn como una influencia en tu obra...

NF: Cuando estuve en Yale fuimos a Filadelfia con el grupo de la universidad y allí conocimos a Louis Kahn. Creo que todos estábamos muy al corriente de las cosas que Kahn estaba haciendo. Aunque en aquella época era profesor en la Universidad de Pensilvania, su influencia en la Universidad de Yale, en la que también había ejercido como profesor, era enorme. Además, fue el arquitecto de la Galería de Arte de Yale.

CS: Otro de los aspectos interesantes de esta casa es el papel que juega el mobiliario, así como su relación con la mesa Nomos —frente a la que transcurre nuestra conversación— diseñada un año después.

NF: Efectivamente. Es un punto de vista muy interesante. Pero también deberías estudiar otras referencias más alejadas del campo de la arquitectura. Como los dirigibles. En particular la manera en la que las góndolas cuelgan de la estructura en búsqueda de la máxima ligereza. Son unas estructuras extraordinarias que permiten a sus ocupantes mirar hacia abajo. También es muy interesante la estética del mobiliario y del equipamiento interior. En algunos dirigibles más que en otros.

—Esboza una fachada acristalada con pilares inclinados alveolados—

¿Conoces la Crystal House?, apuesto a que no…

CS: Pues no.

NF: Entonces creo que deberías añadir dos nuevas referencias a tu trabajo: una es la unidad de aseo Dymaxion de Buckminster Fuller, con sus remaches y todo, fue una gran influencia para algunas de estas cápsulas enchufables en las que, por ejemplo, tendrías los lavabos más pequeños posibles. También influyeron los aseos de los aviones de la época.

Cuando diseñas un lavabo como una cápsula, incluso si estás concediéndole espacio a un aseo dentro de un módulo o de una habitación, cuando tratas de fabricar el lavamanos, el inodoro o cualquier otra parte, estás tratando de miniaturizarlo. Tratas de mecanizarlo, prefabricarlo. Los aviones son claramente una influencia en esta forma de proceder.

Pero deberías investigar también a un arquitecto llamado Keck. Seguramente nunca habrás oído hablar de él. Él fue quien hizo la Crystal House, hacia 1935, para la Exposición de Chicago.

CS: ¿Se trata de una casa prototipo?

NF: Sí, era una casa prototipo que se construyó. Bucky fotografió su coche Dymaxion frente a ella. Y curiosamente, aunque no tenía una estructura perforada como la de la casa en Hampstead, sí mostraba la estructura al exterior. Descubrí esta casa después. No la conocía en aquella época. De hecho, la descubrí el año pasado investigando sobre

Casa Foster en Hampstead: prototipo estructural expuesto en la Riba Heinz Gallery de Londres en 1979. © Norman Foster Foundation Archive.

Bucky.[1] Es muy anterior a las Case Study Houses. Y sospecho que ejerció una influencia en estas casas californianas.

CS: También me interesa el proceso de diseño de la casa. Las imágenes publicadas parecen corresponder a distintas versiones del proyecto. Deduzco que existen al menos dos opciones principales: una opción en forma de caja y con una estructura de gran luz, y una versión más articulada con una estructura bidireccional.

NF: Efectivamente, había dos versiones: una con módulos individuales y paredes divisorias deslizantes que disolvían la estructura. Estaba muy influenciada por la arquitectura japonesa. La otra opción era claramente una caja. Creo que ambas corrientes se desarrollaron simultáneamente, pero la que logró mayor atención fue, probablemente, la caja compacta.

Estaba situada en Hampstead, en un emplazamiento bastante complicado. Y al final tuvimos que disponer el garaje debajo de la casa. La planta baja estaba elevada respecto a la calle.

CS: En 1979, con motivo de la exposición de Foster Associates, uno de los prototipos estructurales de la casa fue expuesto en la fachada de la

---

[1] Buckminster Fuller exhibió su coche Dymaxion #3 frente a la Crystal House de Keck & Keck durante la Exposición Mundial de Chicago de 1934. Norman Foster publicó estas fotografías en su libro: Norman Foster, *Dymaxion Car: Buckminster Fuller*, eds., Jonathan Glancey, David Jenkins, Hsiao-Yun Chu (Madrid: Ivorypress, 2010), 108, 200. Además, en 2010, Norman Foster comisarió la exposición "Bucky Fuller & Spaceship Earth," en la galería de Ivorypress en Madrid, en la que exhibió una réplica del Dymaxion Car #4.

Riba Heinz Gallery. Además de anunciar la exposición, ¿cuál era el propósito de este gesto, que casi se podría entender como una provocación?

NF: Hay un arquitecto muy exitoso en Vancouver llamado Peter Busby. En aquella época Busby era un joven arquitecto del estudio. Estuvo algún tiempo trabajando en el proyecto y ayudó a llevar el prototipo a la exposición de la Heinz Gallery. Estuvo ayudando con el prototipo, que estaba hecho con algunos materiales auténticos y también con auténtica chatarra. Era un simulacro de la estructura de la casa a escala real, que se construyó en el jardín de la propiedad que por aquel entonces teníamos en Wiltshire.

Creo que fue idea de Busby, quien pensó que sería fantástico instalarlo en el exterior de la galería a modo de anuncio. La gente veía ese objeto extraño colgado de la fachada del edificio neoclásico que alojaba la exposición.

CS: Te he traído algunas de las imágenes del proyecto que he encontrado en el archivo de Foster + Partners en Londres.

NF: Aquí puedes ver claramente el garaje, la sección del terreno... Esta es la casa del vecino de atrás, también construida por su dueño, que es arquitecto. Estoy intentando recordar su nombre...

CS: ¿Sabes si existen más dibujos?

NF: Le pediré a Katy[2] que busque mejor en el archivo.

CS: No sé si la maqueta del proyecto habrá sobrevivido...

NF: Tampoco lo sé, pero lo averiguaré.

CS: También he encontrado estos dibujos de los años ochenta para una casa en el mismo emplazamiento. Aunque también dispone de un aparcamiento semienterrado la idea es muy distinta. Creo que se aparta completamente del concepto original del proyecto. ¿Recuerdas estos dibujos?

---

[2] Katy Harris es directora del Departamento de Comunicaciones de Foster + Partners.

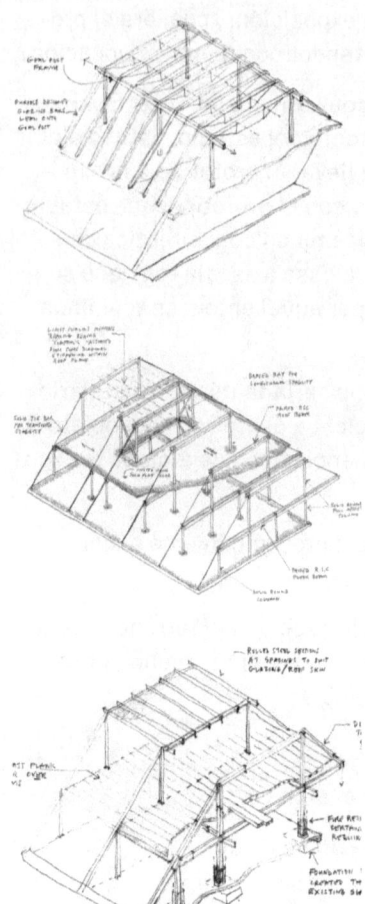

Casa Foster en Hampstead: esquemas estructurales para la versión de 1983. © Foster+Partners.

NF: Los recuerdo vagamente. Sospecho que lo que ocurrió es que hubo numerosos estudios. Y este es uno de ellos.

Creo que la diferencia aquí es el hecho de que probablemente le pedí a alguien que explorara esta idea. Pero no es la línea principal del proyecto. Casi ni me acuerdo de estos dibujos. Pero me imagino que serían útiles en algún momento. Así que, aunque creo que es interesante y es parte de la historia del proyecto, no es una parte importante. Ésta es la línea principal —Norman Foster señala la foto de la maqueta—.

Casa Foster en Hampstead: maqueta mostrando el sillón Saturn de Yriö Kukkapuro.

Creo que este es un proyecto muy interesante para reunir una serie de influencias y que, si estudias las fuentes adicionales que te he dado, verás cómo se te amplía mucho más el campo de exploración, que si te limitas a las Case Study Houses que, al fin y al cabo, eran todas muy distintas.

También fue muy influyente para mí el SCSD (School Construction Systems Development) de Ezra Ehrenkrantz, particularmente el prototipo que se construyó y que tuve ocasión de visitar.

Debería haber fotografías del interior de la casa.

CS: Sólo he conseguido esta fotografía del interior de la maqueta.

NF: Creo que se puede apreciar cierta calma en su interior. Y creo que también se percibe la idea de un espacio, de algún modo, monumental. Tal vez monumental no sea la palabra. Digamos que es un espacio interior generoso.

CS: El mobiliario juega un papel importante en la definición de los espacios de la casa. Reconozco las sillas de oficina de los Eames, la lámpara Paréntesi de Achile Castiglioni pero, ¿quién diseñó estos sillones?

NF: Sí. Estos muebles son del diseñador finlandés Yriö Kukkapuro. Es el mismo mobiliario que utilizamos en el Sainsbury Center.

Anotaciones realizadas por Norman Foster durante la presente entrevista. Cortesía del autor.

CS: Analizando este proyecto en el contexto de tu obra parece que se trata del último proyecto de su especie. Tus proyectos posteriores, incluyendo la casa que construiste en St Jean Cap Ferrat en 1999, parten de un concepto muy distinto.

NF: En la casa en Cap Ferrat no pudimos demoler el edificio y construirlo de nuevo. La casa debía ser necesariamente la conversión de un edificio existente. Por supuesto fue transformada hasta el punto de que el edificio original es difícilmente reconocible, pero técnicamente se trata de una conversión. Ahora está habitada por un nuevo dueño.

CS: Hay una gran cantidad de trabajo detrás del proyecto de la casa en Hampstead, ¿por qué no se construyó?

NF: Creo que no se construyó porque nos encontramos completamente sobrepasados por la carga de trabajo del Hong Kong and Shanghai Bank, por las exigencias del banco. Acabamos viviendo más tiempo en el campo y menos en Londres. Y después por circunstancias familiares. Finalmente vendimos el terreno. Además, siempre tuvimos el problema del vecino. El vecino era una persona difícil. Nunca nos sentimos realmente cómodos con el vecino.

CS: Te lo pregunto porque creo que habría sido muy interesante vivir en una casa así. Experimentarla. Comprobar el grado de flexibilidad que ofrece. Ver cómo es capaz de cambiar y de adaptarse a las necesidades de sus ocupantes.

NF: Desde luego. Además de ofrecer espacios generosos...

CS: ¿Crees que sigue teniendo sentido hoy en día construir una casa como esta?

NF: Sí. Pero creo que si uno fuera a construirla probablemente habría que simplificarla mucho. Creo que hay mucho expresionismo estructural.

—Norman Foster me desea buena suerte con mi investigación y muy amablemente se ofrece a prestarme su colaboración, gracias a la cual conseguí acceder hasta el último rincón del archivo de Foster + Partners en Londres, donde descubrimos la documentación completa del proyecto, incluyendo abundantes negativos de fotografías de maquetas y planos originales, nunca antes publicados—.

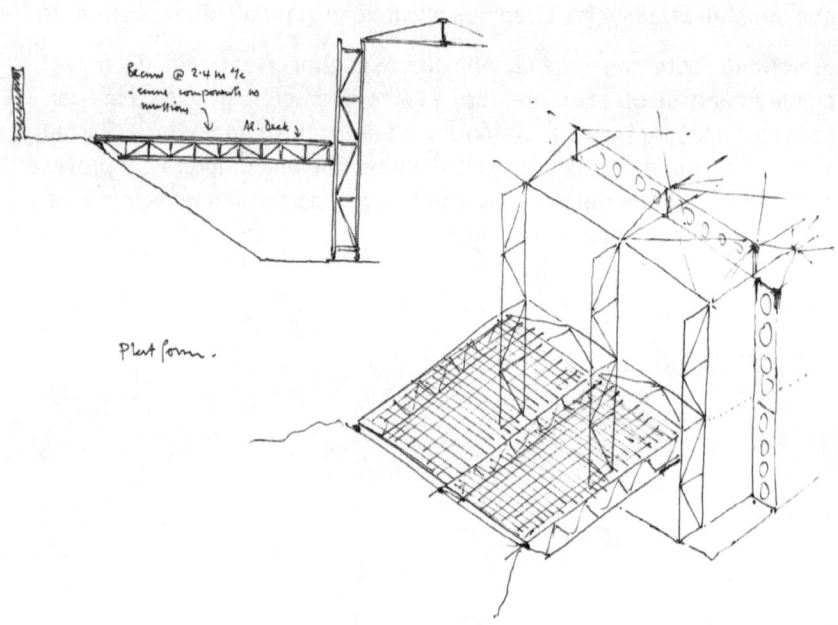

Casa Foster en Hampstead: croquis estructurales de Tony Hunt para la plataforma de acceso. ©Tony Hunt.

Meccano Man: una conversación con Tony Hunt
(Painswick, 5 de febrero de 2013)

No ha sido fácil dar con Anthony Hunt quien, jubilado desde el año 2002 y alejado de su antiguo entorno profesional, a sus 81 años, reside junto a su actual pareja, Hélène Moore, en Painswick, una pequeña localidad del condado de Gloucestershire.

En 1951, tras graduarse en ingeniería por el Westminster Technical College de Londres, Hunt entró a trabajar en el prestigioso estudio del ingeniero de estructuras Felix James Samuely, que contaba con Frank Newby como uno de sus socios.[3] En 1962, después de un breve paso por los estudios de Terence Conran y Hancock Associates, Hunt fundó su propio estudio: Anthony Hunt Associates (AHA).

A partir de ese momento su colaboración con el Team 4 y, tras la disolución de mismo, con los estudios de Foster Associates, Richard Rogers and Partners, y Hopkins Architects, fue determinante en la evolución de la arquitectura británica de la "nave bien servida" de los años sesenta y setenta.[4] Una arquitectura caracterizada por la reemergencia de la estructura como elemento preponderante en el vocabulario arquitectónico.

Las estructuras ligeras de Anthony Hunt, concebidas como un kit de componentes, optimizadas para erigirse en el mínimo tiempo y con el menor coste, le valieron el sobrenombre de "Meccano Man". Un apodo concedido por Peter Cook, miembro destacado del grupo Archigram.

---

[3] Frank Newby fue uno de los ingenieros más prestigiosos de su generación. Desde 1956 fue socio del estudio de Felix Samuely y, tras el fallecimiento de éste en 1959, se convirtió en director. Entre sus proyectos más destacados se encuentran la Embajada Americana en Londres, de Eero Saarinen, el aviario del Zoo de Londres, de Cedric Price y Lord Snowdon, y el edificio de ingeniería de la Universidad de Leicester, de James Stirling y James Gowan.
[4] Anthony Hunt fue el ingeniero de estructuras de obras como el edificio de Reliance Controls en Swindon (1967), del Team 4; las oficinas piloto de IBM en Cosham (1970-71), la sede de Willis Faber and Dumas en Ipswich (1971-75), el Sainsbury Centre for Visual Arts en Norwich (1974-78), de Foster Associates; las casas Spender en Essex y Rogers en Wimbledon (1968-69), la fábrica de Universal Oil Products, de Richard Rogers and Partners; y la casa Hopkins en Hampstead, de Michael y Patty Hopkins.

Norman Foster, quien siempre ha abogado por una arquitectura basada en una estrecha colaboración pluridisciplinar, destacó la importancia del trabajo de Hunt declarando que "no abundan, en cualquier profesión, los individuos capaces de compartir el espíritu de esta labor. Tony Hunt, ingeniero de estructuras por excelencia, es uno de ellos. Este es el principal motivo por el que ha cosechado un abanico tan amplio de estructuras impresionantes. Uno de sus más grandes méritos es que no atiende a ninguna sesión de diseño con ideas preconcebidas — está abierto a considerar opciones".[5]

Autores como Nigel Dale y Angus Macdonald han reivindicado la importancia de Anthony Hunt, junto a los ingenieros como Frank Newby, Peter Rice y Ted Happold, en el establecimiento de una colaboración pluridisciplinar basada en un diálogo fluido entre arquitectura e ingeniería.[6]

El teórico Reyner Banham —ingeniero de formación— escribía: "las estructuras expuestas preferidas por los arquitectos, y los modos en que éstos las detallan, serían muy distintas si se hubieran dejado exclusivamente en manos de ingenieros, 'solucionadores de problemas'". A lo que añadía: "ciertamente, hay ingenieros de estructuras como Peter Rice y Tony Hunt, que parecen disfrutar con su complicidad en los proyectos de los arquitectos".[7]

Hunt ha combinado su ejercicio profesional con la actividad docente, tanto en el campo de las estructuras —en la Architectural Association de Londres—, como en el diseño industrial —en el Royal College of Art—. La lectura de los libros *Tony Hunt's Sketchbook*,[8] *Tony Hunt's Second Sketchbook*[9] y *Tony Hunt's Structures Notebook*,[10] destinados a divulgar nociones básicas de estructuras prescindiendo de cálculos, ponen de relieve su faceta pedagógica y su voluntad de comunicación,

---

[5] Norman Foster, introducción a Tony Hunt, *Tony Hunt's Sketchbook* (Oxford: Architectural Press, 1999), V.
[6] Nigel Dale, *Connexions: The Unseen Hand of Tony Hunt* (Dunbeath: Whittles Publishing, 2012), IX. MacDonald, The Engineer's Contribution to Contemporary Architecture, 12-15.
[7] Reyner Banham, "A Black Box: The Secret Profession of Architecture," New Statesman and Society No 12 (octubre): 22-25.
[8] Tony Hunt, *Tony Hunt's Sketchbook* (Oxford: Architectural Press, 1999).
[9] Tony Hunt, *Tony Hunt's Second Sketchbook* (Oxford: Architectural Press, 2003).
[10] T Tony Hunt, *Tony Hunt's Structures Notebook* (Oxford: Architectural Press, 1997).

especialmente con los arquitectos. Norman Foster se refirió a esta faceta del ingeniero observando que "la comunicación es una parte esencial del proceso creativo y Tony Hunt es un maestro del croquis sintético".[11]

Sin embargo, el proyecto de la casa de los Foster en Hampstead marcó el final de su colaboración con el estudio de Norman y Wendy Foster, así como con el de Richard y Su Rogers quienes, en sus más importantes realizaciones internacionales, en pleno auge del movimiento High-Tech, prescindieron de sus servicios en favor de la firma Arup Associates, cuyo socio estrella, Peter Rice, se convirtió en el ingeniero High-Tech por antonomasia. El exhibicionismo estructural de edificios como el Hong Kong and Shanghai Bank o el Centro Pompidou, poco tenían ya que ver con el compromiso con la eficacia, la economía y la ligereza de las estructuras de Hunt.

Cuando a través de Andrea Swain, antigua colaboradora de Hunt en el estudio Sinclair Knight Merz, he logrado hablar con Anthony Hunt, éste se ha mostrado entusiasmado por conversar sobre el proyecto de los Foster en Hampstead y me ha emplazado a encontrarme con él en su casa, donde conserva algunos de sus bocetos para el diseño de la estructura.

Hunt me recibe en el andén de la estación de Stroud. Con aire afable y relajado me estrecha la mano y se presenta como Tony. Hélène nos espera en el coche que nos llevará a Painswick. Mientras Hélène conduce, iniciamos nuestra conversación:

Carlos Solé: Tal como te comentaba por teléfono estoy investigando el proyecto de la casa de los Foster en Hampstead, seguramente el proyecto de vivienda unifamiliar, de los varios en los que has colaborado, con un mayor grado de sofisticación tecnológica. Tony Hunt: Sí, iba a ser bastante sofisticada al final. Estuve trabajando con Norman y Wendy en esta casa durante nada menos que 12 meses. Entre 1978 y 1979. Lo sé porque conservo muchos dibujos y todos están fechados. Por aquel entonces yo tenía un estudio en Londres, compartido con el de los Foster, al que solía acudir una vez por semana.

---

[11] Norman Foster, introducción a Tony Hunt, *Tony Hunt's Sketchbook*, V.

De derecha a izquierda: Norman Foster, John Walker y Tony Hunt, durante una reunión de diseño en 1971. © Norman Foster Foundation Archive.

Los Foster compraron el solar pero, por algún motivo, decidieron abandonar el proyecto y comprarse una casa antigua en Wiltshire. Es una lástima porque habría sido una muy buena casa. Se hicieron montones de dibujos y se desarrollaron multitud de opciones y variantes.

Este es el problema cuando construyes una casa para ti mismo. Cambias constantemente de opinión. Es la cosa más complicada del mundo.

Particularmente Norman era muy difícil cuando se trataba de su propia casa. Anteriormente adquirieron una casa en Hampstead en la que creo que realizaron hasta tres reformas distintas. La última de las cuales fue integral. Siempre estaba cambiando, pero era un lugar muy bonito.

CS: Has mencionado a ambos: Norman y Wendy. Pero se habla muy poco de Wendy y de la importancia de su aportación al estudio hasta su fallecimiento en 1989.

TH: En efecto, no se habla nunca de Wendy. De hecho, conocí a Wendy antes que a Norman, cuando trabajaba para otros arquitectos en un proyecto residencial en Paddington. Con el tiempo, llegué a conocer muy bien a Norman, a Wendy y también a sus hijos Cal y Ti, pues yo tenía hijos de la misma edad. Pasábamos juntos las vacaciones...

En los primeros tiempos de Foster Associates su oficina era una sociedad claramente integrada por dos arquitectos: Norman y Wendy. Wendy estaba presente en cada reunión. No sólo en la casa de Hampstead, sino que estaba involucrada en todos los proyectos del estudio. Ella siempre estaba allí. Aunque siempre a la sombra de Norman.

CS: La casa en Hampstead fue tu último proyecto con Foster Associates...

TH: Efectivamente, la casa fue el último proyecto. Tras Reliance Controls, IBM y Willis Faber, el último gran proyecto que hicimos juntos fue el Sainsbury Centre. No conseguí que me encargaran el edificio para Renault en Swindon, que fue la primera obra de los Foster con Arup.

—Llegados al aparcamiento de su casa en Painswick, Hélène me explica que las casas tradicionales del lugar son muy pequeñas, pero que lograron adquirir tres viviendas colindantes que han reconvertido en una sola. El interior de la casa está formado por una serie de estancias que, como si de compartimentos de tren se tratara, van sucediéndose. No hay pasillos. Es un hogar agradable, aunque sorprendentemente convencional, tratándose de la casa del ingeniero de algunas de las casas más atrevidas de su generación.

Mientras Tony me acompaña a su pequeño estudio, donde conserva los bocetos para la casa de los Foster, observo que los cuadros que decoran las paredes del recibidor llevan su firma. Entre los libros que ocupan las estanterías distingo la monografía completa de Foster Associates—.

CS: El libro de Nigel Dale da cuenta de la importancia de tu contribución a la arquitectura de la "nave bien servida". Tu "mano oculta" está detrás de todas sus realizaciones. Aunque la integración de sistemas es una estrategia común a todos estos proyectos, el sistema estructural juega un papel preponderante. ¿Cómo era la relación entre arquitectura, ingeniería e industria en aquellos tiempos?

TH: En aquellos días arquitectos e ingenieros trabajábamos muy estrechamente. Cada uno aportábamos nuestras ideas con total libertad. Manteníamos reuniones casi diariamente. Los ingenieros, como parte del equipo de diseño, trabajaban desde los inicios del proyecto y a lo largo de todo su desarrollo hasta su proceso de construcción. Nos sentábamos en la mesa antes de que hubiera dibujos sobre los que hablar.

El papel de Loren Butt,[12] ingeniero de instalaciones de Foster Associates fue, en este sentido, muy importante para el estudio. Su papel en

---

[12] Ingeniero de instalaciones de Foster Associates hasta 1979, Loren Butt lideró la política de ahorro energético del estudio. Al igual que ocurriera con Tony Hunt, la colaboración de Butt con Norman Foster concluyó con el proyecto de la casa de los Foster en Hampstead.

la integración de sistemas fue fundamental. También los industriales, procedentes de las dos empresas principales de fabricación de estructuras metálicas de la época, participaban en muchas de las reuniones del equipo de diseño.

CS: ¿Conocías la obra de Ezra Ehrenkrantz antes de trabajar con el Team 4?

TH: No. Conocí la obra de Ehrenkrantz y su integración de sistemas a través de Norman Foster y Richard Rogers, quienes lo descubrieron durante su estancia en Yale. Nuestro proyecto para el concurso de la Escuela en Newport estaba fuertemente influido por el prototipo del SCSD que Ehrenkrantz construyó en California en 1964.

Posteriormente trabajé con la arquitecta ganadora del concurso, Eldred Evans,[13] en el proyecto ganador, finalmente construido. Es un edificio muy interesante, totalmente distinto, de estilo brutalista, con estructura de hormigón, pero también con espacios pensados para ser flexibles y adaptables.

CS: En mi conversación con Norman Foster sobre la casa hablamos de las influencias detrás del proyecto, principalmente de origen americano: las Case Study Houses, Ezra Ehrenkrantz, Buckminster Fuller, Louis Kahn, Paul Rudolph, etc. Tus influencias, sin embargo, parecen estar más arraigadas en Inglaterra y en Europa.

TH: Empecé a trabajar con Felix Samuely. Todavía recuerdo mi fascinación por la arquitectura del Festival de Gran Bretaña de 1951. Recuerdo como a los estudiantes de mi generación nos impresionó la elegancia de la estructura del Skylon: un mástil de unos 90 metros de altura suspendido mediante una estructura postensada. El edificio no tenía ninguna funcionalidad más que actuar como referencia visual del Festival.

A pesar de que estuve involucrado en el diseño de la estructura de hormigón de la Embajada de los Estados Unidos en Londres de Eero Saarinen, con Samuely nació mi interés por las estructuras ligeras. También

---

[13] Eldred Evans, fundadora del estudio Evans & Shalev, fue compañera de estudios de Norman y Richard Rogers en Yale donde, según cuenta Richard Rogers, fue la estudiante más brillante. Fue novia de James Stirling durante principios de los años 60 y, al igual que la de éste, su obra evolucionó hacia el postmodernismo en los años 80. Mark Girouard, *Big Jim: The Life and Work of James Stirling* (London: Chatto & Windus, 1998).

aprendí junto a Samuely y su socio Frank Newby una forma de trabajar en la que arquitectos e ingenieros colaboraban para determinar la forma del edificio. Así, trabajamos con Neave Brown, Israel y Ellis, Tom Hancock y tantos otros.

CS: Me llaman mucho la atención las similitudes entre los primeros proyectos de Norman Foster y la obra de Fritz Haller. ¿Hasta qué punto influyó la obra del arquitecto suizo en proyectos como Reliance Controls?

TH: Efectivamente, la similitud es sorprendente. Especialmente su proyecto más conocido, la fábrica USM en Münsingen tiene muchísima relación con el proyecto de IBM en Cosham.

Los de Fritz Haller eran edificios baratos, basados en la repetición, pero que muestran el aspecto más elegante del edificio concebido como kit de componentes.

Conocí a Fritz Haller en 2001 en una conferencia en Gratz, Austria, por invitación del arquitecto austríaco Konrad Frey. Y Haller me regaló una monografía sobre su obra.

—Tony me muestra orgulloso el libro monográfico de Fritz Haller.[14] El diseño de la publicación, de gran formato, es exquisito. Desde la paginación hasta el diseño de la portada. Las fotografías muestran una serie de edificios de gran contención formal, a medio camino entre la obra de Mies van der Rohe y la de Norman Foster. La publicación incluye diagramas con un cuidado diseño gráfico, así como referencias a las mallas, los nudos y los patrones geométricos de Konrad Wachsmann—.

Ignoro si por aquel entonces Norman Foster conocía la obra de Haller. No me atrevería a decir que fuera una influencia directa en sus primeros proyectos. Personalmente siempre he compartido el interés de Haller por el uso de mallas estructurales basadas en patrones geométricos y por el cuidado en la resolución de las conexiones estructurales.

CS: El proyecto de la casa en Hampstead es el último proyecto en una larga serie de estructuras ligeras para viviendas unifamiliares —una es-

---

[14] *Kunstverein Solothurn, Bauen und Fosrschen* (Solothurn: Kunstverein Solothurn im Kunstmuseum, 1988). Se trata de una primera edición, de tirada limitada, del libro Fritz Haller, *System-Design Fritz Haller: Bauten - Möbel – Forschung*, Hans Wichmann ed. (Basel: Birkhäuser, 1989).

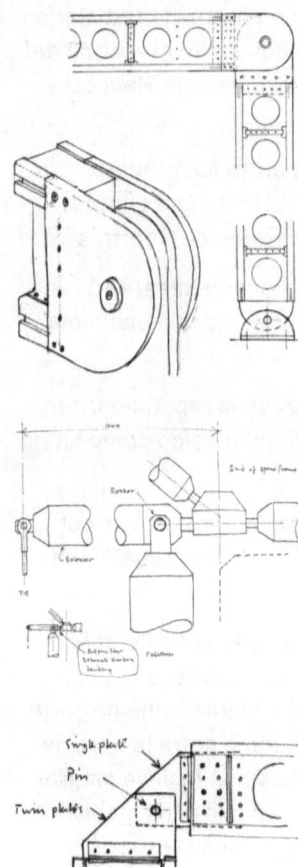

Casa Foster en Hampstead: nudos estructurales por Tony Hunt.
©Tony Hunt.

pecie de versión británica de las Case Study Houses— que se inicia con las dos casas en las que colaboras con Richard Rogers. ¿Qué cambios supusieron estos proyectos respecto a tus experiencias previas con el Team 4 en el campo de la vivienda?

TH: Las Casas Spender y Rogers, realizadas con Richard y Su Rogers, supusieron un cambio importante respecto a Creek Vean o las casas en Murray Mews. Se trataba de evitar el uso de albañilería favoreciendo la utilización de componentes industriales.

La casa Spender es una traducción directa del edificio de Reliance Controls. La estructura metálica, formada por pórticos de 14 metros de luz, queda expuesta al exterior, resultando un interior libre de obstáculos. La casa Rogers en Wimbledon, aunque similar a la casa Spender, es más sofisticada. Con paneles de aluminio y juntas de neopreno. La estructura queda oculta detrás de la fachada para evitar los puentes térmicos. En la casa Spender tuvimos serios problemas con los puentes térmicos.

CS: Posteriormente trabajaste con Michael y Patty Hopkins en el diseño de su casa, también en el barrio de Hampstead. ¿Podríamos considerar esta obra como precursora de la casa de los Foster?

TH: En la casa Hopkins conseguimos un nivel considerable de estandarización, por lo que se pudo construir con rapidez y a un coste relativamente barato. Las luces son pequeñas. Todas las columnas son idénticas y no existe estructura secundaria. El suelo, la cubierta y también las paredes exteriores se anclan directamente al entramado estructural principal. Las vigas en celosía se sueldan en obra para formar cerchas horizontales en forma de viga continua.

Desde el punto de vista de la estructura, la casa de los Foster es una versión refinada del SSSALU (Short Span Structures in Aluminio), un proyecto que realicé junto con Ian Ritchie y Michael y Patty Hopkins. Se trataba de un sistema estructural compuesto exclusivamente por extrusiones de aluminio. Muchos de los componentes que utilizamos provenían directamente de la industria náutica. El proyecto fracasó principalmente debido a la complejidad de las uniones entre vigas y pilares de aluminio.

CS: Me comentaste por teléfono que conservas varios de tus bocetos para la estructura de la casa de los Foster en Hampstead. ¿Podríamos verlos?

—Tony Hunt me indica el camino hacia el último compartimento de la casa, un amplio salón sobre cuya mesa desplegamos los dibujos—.

TH: Como puedes ver la estructura empezó siendo de acero, con vigas en celosía. Para los elementos verticales se exploraron distintas opciones que permitían la integración de elementos de protección solar: desde elementos triangulados, como en el Sainsbury Center, hasta soluciones

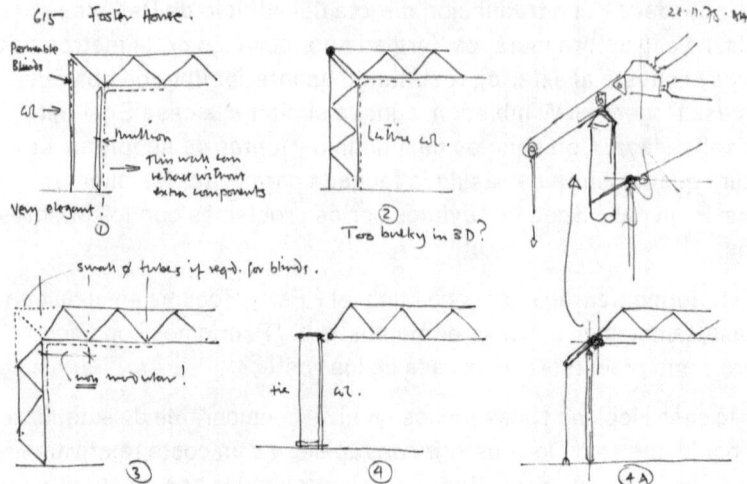

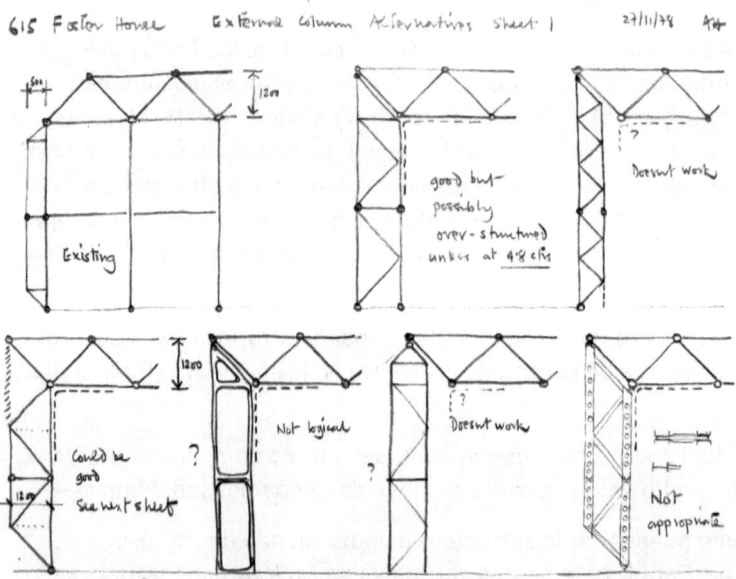

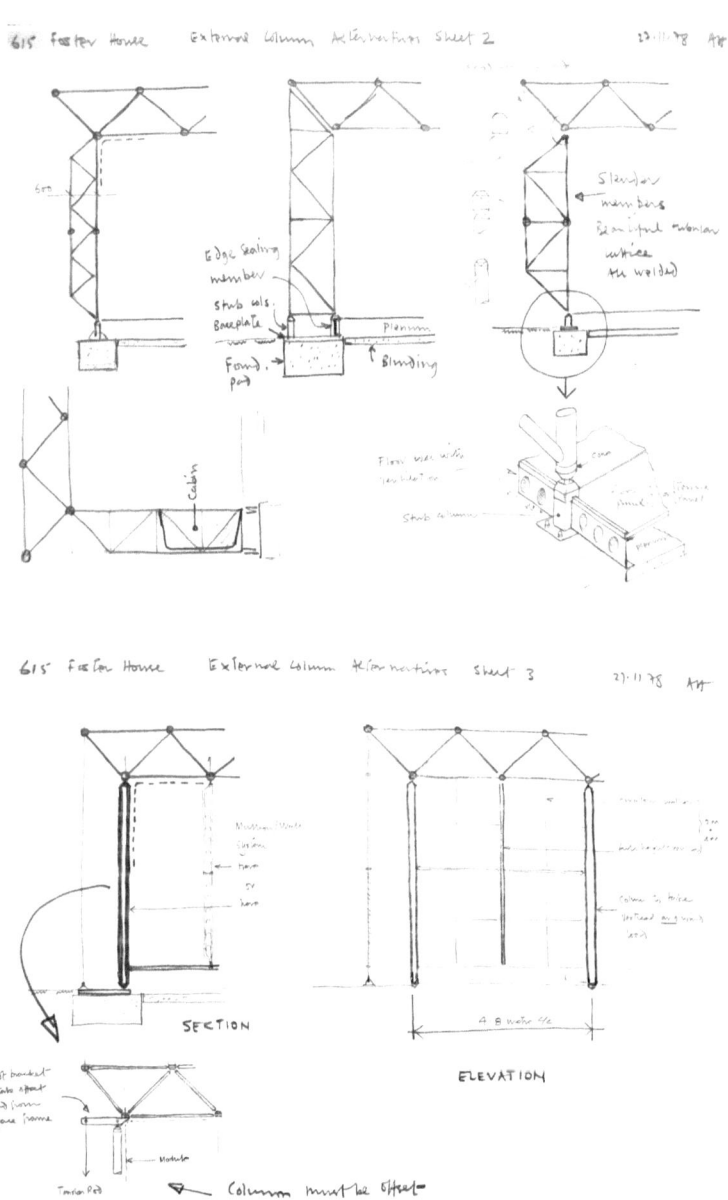

Casa Foster en Hampstead: bocetos estructurales dibujados por Tony Hunt en noviembre de 1978. ©Tony Hunt.

atirantadas en las que los perfiles tubulares interiores actúan de montantes de la fachada. Ambas soluciones debían permitir la integración de elementos de protección solar, bien en la cara exterior de la estructura o en la interior, así como la conexión de la cavidad de la fachada con el suelo técnico.

Sin embargo, desde mi punto de vista la mejor solución pasaba por utilizar pórticos en celosía dispuestos cada 4,8 metros, formados por perfiles tubulares estándar de acero soldados, con delgados montantes intermedios cada 1,2 metros para sujetar la fachada. Esta solución requería el uso de cruces de San Andrés, la adición de elementos horizontales entre pilares, o la utilización del plano de cubierta como elemento de arriostramiento.

Desaconsejé expresamente el uso de perfiles de aluminio por su elevado coste, por la imposibilidad de utilizar perfiles estándar y, sobre todo, por la dificultad en la ejecución de las uniones. Sin embargo, Norman prefirió seguir explorando este camino.

Así, las soluciones se fueron complicando hasta llegar a plantear una solución en aluminio con una estructura principal formada por vigas y pilares alveolados y, en la dirección perpendicular, por una estructura de arriostramiento triangulada de perfiles tubulares de aluminio. Todos los elementos debían fabricarse expresamente para el proyecto. Los cantos redondeados de los perfiles permitían la fijación de elementos de protección solar. Para resolver las uniones tuve que recurrir a una solución bastante compleja consistente en pletinas de acero insertadas entre los perfiles de aluminio.

También planteamos un sistema alternativo formado por perfiles alveolares en "C" que, siguiendo un módulo de 2,4 metros, formaban entramados rígidos de 4,8 x 4,8 metros. El mismo sistema permitía conformar la estructura de la cubierta y la de la fachada, pero requería pilares cruciformes dispuestos cada 4,8 metros. Este tipo de estructura permitía obtener cajas rígidas cuadradas que se podían ensamblar en función de las necesidades funcionales permitiendo, asimismo, la adición de nuevas unidades en el futuro.

CS: ¿Pudiste aplicar este sistema en algún proyecto posterior?

TH: Algunos años después trabajé con Michael Hopkins en el edificio Patera, una versión a escala mayor del SSSALU pero esta vez en acero.

La idea era suministrar naves industriales estándar de 18 x 12 metros, listas para ser ensambladas en el emplazamiento deseado. Los paneles de revestimiento de cubierta y fachada eran idénticos, facilitando considerablemente la ejecución. La estructura con uniones atornilladas se fijaba mediante unos anclajes especiales de fundición a una losa de cimentación de hormigón armado, de modo que pocos hombres podían montarla, en cuestión de días, con la ayuda de una carretilla elevadora. Con este sistema instalamos una nave en Suffolk y, años después, Michael Hopkins construyó sus oficinas en Broadley Terrace en Londres adaptando componentes del edificio Patera. El edificio incluía grandes paños de vidrio que seguían la misma modulación que los paneles metálicos de cerramiento.

Al igual que el SSSALU, la Casa Patera era una versión simplificada de la estructura de la casa de los Foster en Hampstead.

CS: Por lo que se puede leer en los libros de Nigel Dale y Angus Macdonald siempre te ha interesado el diseño industrial. La mayor parte de los arquitectos e ingenieros que pueden citarse como principales influencias en tu obra, están fuertemente vinculados a esta disciplina. ¿Hasta qué punto podemos entender esta casa como una gran pieza de mobiliario?

TH: Me gusta esta pregunta porque realmente creo que se trata de una gran pieza de mobiliario. La mayor parte del trabajo que he hecho lo es. Estoy muy interesado en el diseño de mobiliario. He diseñado algunos muebles. Como una serie de muebles de aluminio basados en el uso del sistema Alucobond. Lamentablemente nunca han llegado a producirse.

Cuando daba clases de diseño de mobiliario en el Royal College of Arts siempre explicaba a mis alumnos que una silla debe ser estable, ligera y además debe ser capaz de aguantar el peso de alguien apoyándose sobre sus dos patas traseras. Esto es muy importante. Siempre hay que conceder libertad al usuario para utilizar los muebles de un modo, a veces, inesperado. Creo que lo mismo es extrapolable a la arquitectura.

—En ese momento le llamo la atención sobre la chaise longue que preside el comedor en el que nos encontramos. Se trata de un ejemplar de la célebre Long Chair de Marcel Breuer, diseñada en 1932 y producida a partir de 1935 por la empresa británica The Isokon Company—.

TH: Esta silla fue precisamente un regalo de Wendy Foster.

-Entonces Tony pide a Hélène, quien ya se encuentra preparando nuestra comida, que retire el almohadón que estropea la elegante silueta de madera curvada de la silla. Hélène comenta lo incómoda que resulta esta silla sin un buen almohadón y, retirándolo, pone al descubierto una tapicería color rosa que, como se apresura a observar Tony, no es la original-.

CS: Norman Foster mencionó la influencia de la industria aeronáutica en el diseño de la casa, especialmente en lo que se refiere al diseño de los módulos de aseo. ¿Existe alguna relación entre la estructura de la casa y la industria aeronáutica?

TH: La principal relación en cuanto a la estructura es que siempre intentamos optimizar la cantidad de material, algo que aprendí con Felix Samuely y Frank Newby. Por razones económicas buscábamos siempre la solución más ligera, la estructura mínima. Algo que en el diseño de aviones es de vital importancia. El uso del aluminio en la casa deriva en parte de la influencia de la estructura de los aviones.

—Tony Hunt regresa a las estanterías de su estudio para volver con tres libros antiguos: el primero de ellos es una historia de la evolución de las máquinas voladoras, desde los insólitos artefactos de los primeros aeronautas, hasta la aparición de los vuelos comerciales:[15] una clara manifestación del triunfo de la tecnología en la consecución de uno de los grandes retos del hombre. Un triunfalismo tecnológico que, en gran medida, perduró en la obra de los arquitectos e ingenieros del movimiento High-Tech.

El segundo libro se centra en la historia de los dos grandes dirigibles —Akron y Macon— de la Marina de los Estados Unidos.[16] Se trata de uno de los capítulos más heroicos de la historia de la aviación. Además de su novedoso sistema de sustentación con helio, la principal innovación introducida por estos artefactos es su gran armazón estructural rígido, compuesto por anillos paralelos formados por pletinas alveoladas y delgados elementos metálicos longitudinales, dando lugar a una estructura que, pese a sus colosales dimensiones, es extraordinariamente ligera.

---

[15] Allen Andrews, *Back to the Drawing Board: The Evolution of Flying Machines* (Devon: David & Charles Publishers, 1977).
[16] Richard K. Smith, *The Airships Akron & Macon: Flying Aircraft Carriers of the United States Navy* (Naval Institute Press, 1965).

Dirigible Macon en construcción en el hangar Goodyear-Zeppelin Corporation en Akron, Ohio, 1931-33. Naval History & Heritage Command.

Por último, el libro de Christopher Dean, *Housing the Airship*,[17] que incluye impresionantes imágenes de los enormes hangares construidos para alojar a la flota de dirigibles ingleses durante la Primera Guerra Mundial. El repertorio de elementos estructurales ligeros constituye un claro precedente del vocabulario formal de las estructuras de Tony Hunt—.

CS: Coincidiendo con la interrupción del proyecto de la casa de los Foster, en 1979, la arquitectura de las estructuras ligeras expuestas al exterior parece caer en desuso. ¿Cuáles crees que son los motivos?

TH: Es una pregunta difícil de responder. El campo de aplicación de este tipo de estructuras siempre fue limitado. Las normativas contra incendios obligaban a proteger la estructura e impedían construir edificios con estructuras vistas de más de una planta, por lo que la mayoría de los edificios eran naves industriales o viviendas unifamiliares. En muchos casos, como en la casa Hopkins, utilizábamos argucias como plantas semienterradas que se consideraban como sótano o la inclusión de altillos que no computaban como planta. Además, en los años 80 se produjo un

---

[17] Christopher Dean, ed., *Housing the Airship* (London: Architectural Association, 1989).

Dirigible Macon en hangar en 1933. Naval History & Heritage Command.

cambio en el clima social que favoreció el auge de ideas conservadoras en el campo de la arquitectura. Muchos de los arquitectos del High Tech, como Terry Farrel, se pasaron al Postmodern. Desconozco los motivos. Habría que preguntarle a Charles Jencks. —Sonríe—.

CS: Para concluir te hago la misma pregunta que le hice a Norman Foster: ¿crees que tendría sentido construir una casa como ésta hoy en día?

TH: Pues creo que sí. Aunque hay mucho expresionismo en la estructura.

Las primeras versiones del proyecto, en acero, son mucho más eficientes, ya que están basadas en sistemas estándar. Pueden ser repetidas. Son baratas.

Pero el proyecto fue demasiado lejos. Las últimas versiones son demasiado complejas y requieren mucha mano de obra. Son extremadamente laboriosas e incluso me atrevería a decir que son manieristas.

En general la arquitectura del estudio fue haciéndose progresivamente más compleja y apartándose de la realidad. Edificios como la fábrica de Renault parten de una idea distinta. No son realmente sistemas, sino que lo que se impone es el expresionismo de la estructura.

Habría que volver a las primeras opciones.

¡Ni que fuéramos a construir un avión! —Sonríe—.

La junta imposible: una breve conversación con Peter Busby

(Londres, 17 de mayo de 2013)

Reproduzco a continuación la breve conversación telefónica mantenida con el arquitecto canadiense Peter Busby, miembro del equipo de diseño de la casa en Hampstead.

Tras graduarse en la universidad de British Columbia en 1977, Busby trabajó en Foster Associates, en las oficinas de Londres y Hong Kong, hasta que en 1984 regresó a Vancouver para fundar su propio estudio: Busby + Associate Architects. Empresa que en 2004 se unió a la firma americana Perkins & Will.

En la actualidad Busby es Director Ejecutivo de Perkins + Will en San Francisco. Busby ha impartido numerosas conferencias sobre diseño ecológico y sostenibilidad, siendo además autor del libro *Busby: Learning Sustainable Design*.[18]

Debido a que en los inicios del proyecto de la casa en Hampstead tenía tan sólo 26 años, Busby parece incurrir en numerosas contradicciones. No obstante, su testimonio resulta valioso por cuanto experimentó en primera persona el cambio de orientación del estudio de Foster Associates que, gracias al concurso del banco de Hong Kong, se convirtió en una gran empresa con sedes en Londres y en Hong Kong.

Carlos Solé: Conversando con Norman Foster sobre el proyecto de su casa en Hampstead me comentó que estuviste involucrado en el desarrollo de los prototipos estructurales. También mencionó que tuviste la idea de exponer uno de los prototipos en la fachada de la Riba Heinz Gallery con motivo de la exposición de Foster Associates entre 1978 y 1979.

---

[18] Peter Busby, *Busby: Learning Sustainable Design* (Quebec: Janam, 2007).

Peter Busby: Guardo muy gratos recuerdos de aquellos tiempos. Es cierto, estuve involucrado en el proyecto. Pero fue Richard Horden —5 años mayor que yo—[19] quien dirigió el proceso de delineación del proyecto. Podría decirse que él fue mi jefe en aquel proyecto.

Estuve ayudando con el prototipo estructural que se instaló en Wiltshire. Lo que instalamos en la Riba Heinz Gallery era en realidad una copia en plástico que pintamos en color plata para imitar el color del aluminio.

CS: ¿Llegaste a ver el emplazamiento de la casa en Hampstead?

PB: Sí. De hecho, recuerdo que lo único que se llegó a construir fue un agujero en la pared existente. La pared del garaje. ¡Conseguimos permiso del Ayuntamiento![20]

Yo me encargué de hacer las especificaciones técnicas para que el muro pareciera antiguo. Había que aplicarle varios tratamientos.

CS: Según he comprobado se desarrollaron hasta ocho opciones distintas del proyecto. ¿En cuáles de ellas estuviste involucrado?

PB: Creo que en todas. Pero recuerdo especialmente la versión preferida por Richard Horden. Era la versión compuesta por cajas cuadradas. Siempre discutía con Norman para convencerlo de que esa era la mejor opción. Pero Norman no cedía.

CS: ¿Recuerdas el momento en que se abandonó el proyecto?

PB: Sí. Había problemas para solucionar la estanqueidad de las juntas entre los módulos. Los sellados suponían una dificultad enorme y el proyecto fue abandonado. Norman Foster se compró una casa muy bonita en Chelsea.

CS: ¿Y en qué trabajaste después?

---

[19] Richard Horden, nacido en 1944, y Peter Busby, nacido en 1952, se llevan 8 años.
[20] De acuerdo al testimonio de Anthony Hunt y Richard Horden, los Foster llegaron a iniciar también los trabajos de cimentación de la casa.

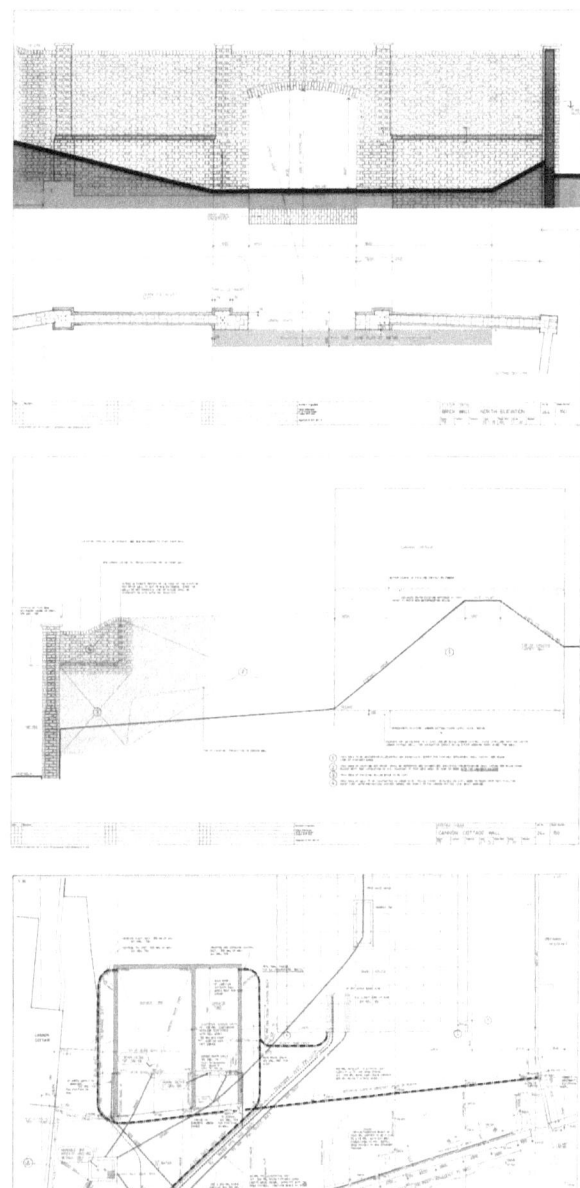

Casa Foster en Hampstead: planos de ejecución delineados por Peter Busby. © Norman Foster Foundation Archive.

PB: Cuando ganamos el concurso del Banco de Hong Kong me trasladé a Hong Kong para abrir una oficina de obra junto a Spencer de Grey. Diseñé el edificio temporal para alojar a los trabajadores del banco. El edificio fue demolido posteriormente porque el proyecto del banco creció tanto sobre lo inicialmente previsto que finalmente necesitaron ocupar todo el solar.

CS: Norman Foster también me comentó que tuvo que abandonar el proyecto de la casa debido a la carga de trabajo que supuso el proyecto del banco de Hong Kong.

PB: El banco era un encargo impresionante. Lo más grande que había construido la oficina hasta el momento era el Sainsbury Centre. La oficina creció de 25 a 160 empleados en apenas dos años.

El banco nos impuso que colaboráramos con Arup Associates. Era una empresa muy potente, con muchísima experiencia y una capacidad asombrosa. De repente nos encontramos jugando en otra liga.

CS: Con Norman Foster también hemos discutido sobre las influencias que se esconden detrás del proyecto. ¿Cuál fue, en tu opinión, el principal referente para la casa en Hampstead?

PB: Creo que la casa de los Eames fue en cierto modo la fuerza impulsora de este proyecto. Recuerdo que por aquella época los Eames vinieron a Londres para recibir la Medalla de Oro del Riba. Dieron un discurso y después Norman los llevó a la oficina de Foster Associates. Recuerdo como los Eames visitaron la oficina de Fitzroy Street en al menos dos ocasiones distintas.[21]

Recuerdo que Buckminster Fuller también estaba en la oficina por aquel entonces.

CS: ¿Y cuál era el papel de Wendy en el proyecto?

PB: Wendy estaba presente en todas las discusiones. Siempre daba sus opiniones.

---

[21] Ray Eames asistió al acto de recepción de la Medalla de Oro del RIBA en junio de 1979, y visitó la oficina de los Foster. Charles Eames había fallecido el año anterior.

CS: ¿Intervino Jan Kaplický en el diseño de la casa?

PB: No. Kaplický no estuvo involucrado.[22]

CS: Sin embargo, se le atribuyen dos de los dibujos realizados. En particular una axonometría explotada que resume la configuración de la casa.

PB: No. Lo recuerdo perfectamente. Esta axonometría explotada la dibujé yo mismo. Guardo el dibujo original en mi apartamento de Vancouver.

---

[22] Esto contradice el testimonio de Richard Horden y los créditos de las ilustraciones del libro *Foster Associates: Introduction by Reyner Banham* (London: RIBA, 1979), 72. Además, Kaplický realizó axonometrías explotadas muy similares para proyectos como el Sainsbury Centre. Sin embargo el nombre de Kaplický no aparece relacionado con el proyecto de los Foster en Hampstead en ninguna de las monografías posteriores.

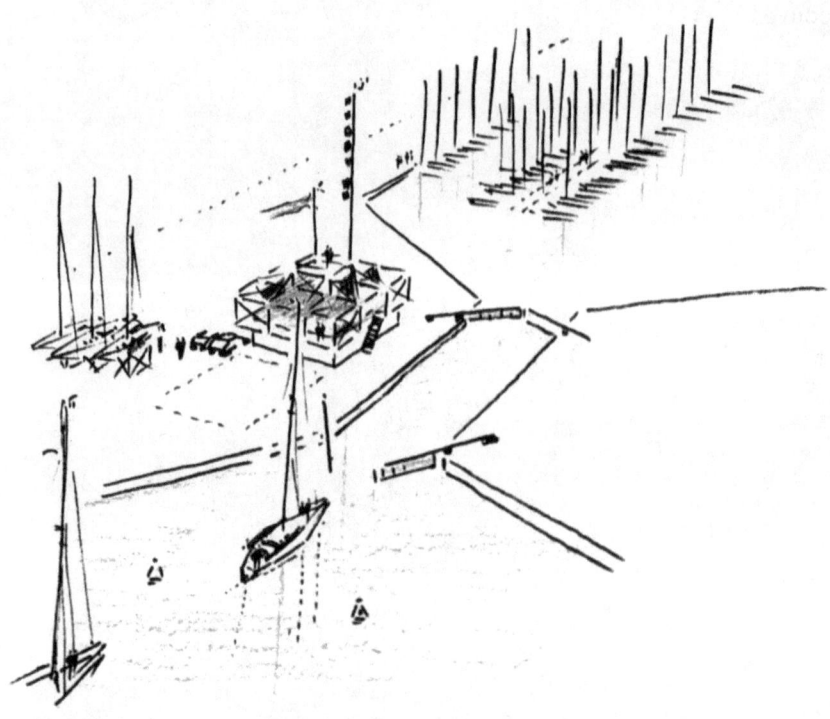

Yacht House: croquis de Richard Horden. © Horden Cherry Lee.

Light-Tech: una conversación con Richard Horden
(Londres, 27 de junio de 2013)

Formado en la Architectural Association en Londres y tras un breve período en el estudio de Nicholas Grimshaw,[23] Richard Horden entró a formar parte de Foster Associates en 1975, estudio en el que permaneció durante diez años, participando de forma muy activa en los proyectos más emblemáticos de la firma. Entre los proyectos en los que colaboró destacan el edificio de oficinas Willis Faber, el Sainsbury Centre for Visual Arts, el banco de Hong Kong, el aeropuerto de Stansted, el Carré d'Art en Nimes y el sistema de mobiliario Nomos.

Su participación en el proyecto de la casa en Hampstead fue decisiva, siendo uno de los principales artífices de las opciones finales de la vivienda que, tras el abandono del proyecto, tuvo oportunidad de desarrollar en su Yacht House, construida en 1983 en la localidad inglesa de New Forest.

La dilatada experiencia de Horden como miembro del equipo de diseño en una etapa tan trascendente en la evolución de Foster Associates, y su estrecha relación con Norman y Wendy Foster, lo convierten en un testimonio excepcional para comprender no sólo el proyecto en Hampstead y el método de trabajo de los Foster, sino también para profundizar en los conflictos presentes en un período de profundos cambios.

Como hiciera su compañero Jan Kaplický, fundador de Future Systems, tras abandonar Foster Associates, Horden fundó en Londres su propia firma de arquitectura: Horden Cherry Lee, todavía en activo.

En la actualidad Richard Horden ejerce además una intensa actividad docente a través de sus programas de "micro-arquitectura" en las universidades de Zúrich, Múnich y Viena.

---

[23] Nicholas Grimshaw, uno de los arquitectos del denominado movimiento High-Tech, se graduó en la Architectural Association, en 1965, y tras trabajar durante 15 años junto a Terry Farrell, fundó su propio estudio, Nicholas Grimshaw & Partners, en activo desde 1980.

El término LightTech, título de la publicación monográfica dedicada a la obra de Horden,[24] sintetiza a la perfección el carácter de una obra que —fuertemente influenciada por su interés por la navegación, los aviones y los helicópteros— explora las posibilidades de aplicación a la arquitectura de la tecnología aeronaval.

La ligereza alcanza en la obra de Richard Horden una dimensión casi filosófica, que trasciende la optimización del uso del material: "la ligereza es la primera dimensión de la arquitectura. En inglés hay una palabra para 'luz' —que significa tanto iluminación como ligereza... Nosotros interpretamos la arquitectura a través de la frase 'tocar la tierra ligeramente'. Esto tiene muchos significados, desde la ligereza física hasta el efecto de la luz sobre la forma, la estética del color y de la luz, la ligereza al tacto, la ligereza respecto a la energía y al ambiente y, sobre todo, una 'ligereza social'. La arquitectura debe ser una experiencia que eleva el espíritu, que aporta ligereza y apertura a nuestros hogares y nuestras ciudades — es un 'regalo' esencial para las generaciones del nuevo milenio".[25]

Desde un principio Richard Horden se muestra entusiasmado con la idea de compartir sus recuerdos del proyecto de la casa en Hampstead. En nuestra conversación se extiende en las respuestas y aporta datos con una precisión casi obsesiva facilitando, además, muchas de las imágenes que acompañan a estas líneas.

Carlos Solé: Investigando la casa de los Foster en Hampstead he mantenido conversaciones con Norman Foster, Tony Hunt y Peter Busby. Éste último subrayó la importancia de tu labor en el proyecto, llegando incluso a afirmar que, tras abandonar el estudio de los Foster, diseñaste una casa para tu hermana desarrollando ideas muy similares a las de la casa en Hampstead.

Richard Horden: Efectivamente. Jan Kaplický y yo hicimos, por ejemplo, las secciones y alzados de presentación a los que posteriormente Birkin Haward añadió el fondo negro.[26]

---

[24] Richard Horden, *Light Tech: Towards a Light Architecture*, ed. Werner Blaser (Basel: Birkhauser, 1995).
[25] Ibid., 5.
[26] Birkin Haward, arquitecto e ilustrador, colaboró con Foster Associates desde 1969, en proyectos como el edificio Willis Faber en Ipswich y el Sainsbury Centre for Visual Arts.

Norman y Wendy Foster, y Roy Fleetwood junto a un helicóptero en un hangar en Le Bourget, París.
Cortesía de Richard Horden.

Roy Feetwood estuvo involucrado en la fase de estudio de los aseos prefabricados.[27] Norman y Wendy Foster, Roy Fleetwood y yo viajamos en una avioneta privada a París para visitar la Maison de Verre, como viaje de investigación para el proyecto de la casa. Aquella tarde volamos sobre el Mont Blanc a Milán y Bérgamo para visitar la fábrica de módulos de aseos de fibra de vidrio. Recuerdo a Norman pilotando sobre el Mont Blanc y la aproximación a la pista de aterrizaje en Milán. Todos llevábamos máscaras de oxígeno ya que la altitud estaba muy por encima de los 10.000 pies, sobrepasando la normativa para aviones no presurizados.

En esta foto, tomada en el aeropuerto de Le Bourget, puedes ver a Norman y Wendy el mismo día en que volamos a Milán en la época del proyecto de la casa de los Foster. Roy Fleetwood está tomando notas o haciendo croquis del helicóptero. Norman Foster está a la izquierda. En ese momento debían estar debatiendo sobre el diseño.

CS: Entiendo entonces que tanto tú como Jan Kaplický estuvisteis involucrados no sólo en el proceso de delineación de los planos sino también en el diseño de la casa.

RH: Sí, Kaplický hizo el dibujo bonito. Me temo que he olvidado cuál fue su aportación al proyecto. Pero estoy seguro de que fue muy buena. Nos hicimos muy amigos cuando años después ambos fundamos nuestros propios estudios.

---

[27] Roy Fleetwood colaboró en Foster Associates entre 1973 y 1986, trabajando en los proyectos del Sainsbury Centre for Visual Arts, la fábrica Renault y el banco de Hong Kong.

En las primeras etapas de diseño propuse a Norman y Wendy Foster un sistema de construcción modular utilizando un entramado de aluminio sobre columnas circulares también de aluminio.

CS: Según Tony Hunt y Peter Busby la construcción de la casa llegó a iniciarse. ¿Seguiste de cerca la puesta en obra?

RH: Sí, estuve también involucrado en la construcción de los garajes en el emplazamiento de Hampstead, así como en la construcción de la losa de hormigón que quedó lista para recibir el entramado de aluminio diseñado por Tony Hunt, antes de que el proyecto fuera cancelado y el solar vendido.

Mantuve muchas reuniones con Norman y Wendy en su apartamento en Hampstead durante el proyecto.

CS: Años después construiste la Yacht House en New Forest, diseñada junto al ingeniero de estructuras Frank Newby, antiguo mentor de Tony Hunt. ¿Cuál es la relación entre la Yatch House y la casa de los Foster en Hampstead?

RH: Después de que el proyecto de la casa de los Foster fuera cancelado diseñé y construí un edificio que bauticé con el nombre de Yacht House, utilizando secciones de mástil de aluminio como vigas, sostenidas por columnas de 8 centímetros de diámetro. Esto se dispuso siguiendo una modesta malla de 3,7 metros, que permitía utilizar componentes estándar de pared y fachada acristalada de 1,2 metros que se insertaban entre las columnas.

Efectivamente, el ingeniero del entramado de aluminio fue Frank Newby, pero yo desarrollé el detalle de conexión entre mástil y viga de aluminio sirviéndome de los diseños de Rafael Soriano y Craig Ellwood, dos de los arquitectos de las Case Study Houses en California en los años 40.[28] El entramado de aluminio fue fabricado y cuidadosamente embalado por Proctor Masts, cerca de The Hamble, para ser entregado en obra.

La casa fue en gran parte autoconstruida por los miembros de la familia en New Forest, Inglaterra, en 1982. Tan solo tomó 5 horas, 6 minutos y 11 segundos instalar el entramado de aleación ligera en obra. Los Foster la visitaron justo en el momento de su terminación en 1982.

---

[28] Richard Horden se refiere a la unión estructural entre pilares de acero y vigas de madera diseñada por Craig Ellwood para la Case Study House No. 18 en Beverly Hills en 1958, también conocida como casa Fields.

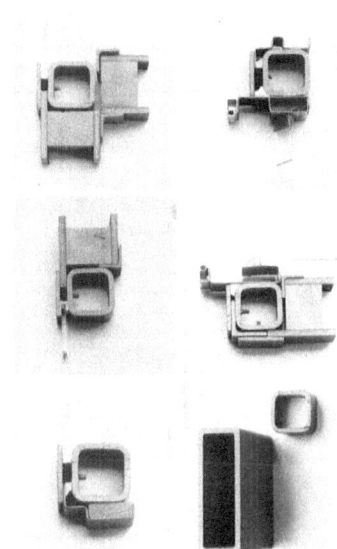

Craig Ellwood, Case Study House No. 18 en Beverly Hills: detalles de conexión. © Marvin Rand.

Por supuesto, el trabajo en la casa de los Foster en Hampstead informó mi diseño para la Yacht House y, posteriormente, para el detalle de unión entre columnas y vigas de aluminio que utilicé en la SkiHaus, cerca de Zermatt en Suiza, Point Lookout y muchos otros proyectos para mis estudiantes y sus diseños de micro-arquitectura en Munich, Viena y Zurich.

CS: Háblame de la SkiHaus. ¿Cómo influyó Norman Foster en el diseño de este pequeño refugio?

El diseño de la SkiHaus es el resultado de mi experiencia con Norman y nuestros vuelos en helicóptero, así como de los comentarios que Bucky Fuller hacía siempre en el estudio. El peso era, por supuesto, fundamental para el éxito de este proyecto. El helicóptero Lama puede sólo levantar 700 kilogramos a 4.000 metros de altura. Por tanto, el SkiHaus fue construido para pesar 300 kilos, permitiendo el transporte del mobiliario interior y de todo el equipamiento.

CS: Michael Hopkins y Tony Hunt tuvieron una experiencia previa en el uso de estructuras de aluminio con el sistema SSSALU que, según Tony Hunt, fracasó debido a la dificultad de resolver las conexiones

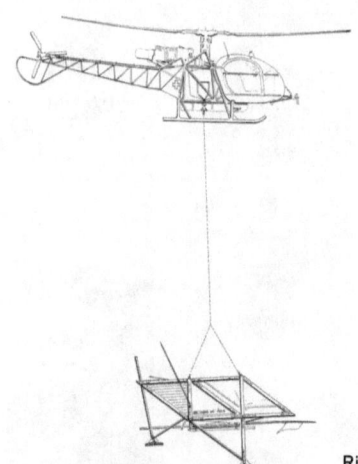

Richard Horden, SkiHaus en Suiza. © Richard Horden.

estructurales. En la casa en Hampstead éstas se resolvieron mediante complicadas inserciones de acero. Sin embargo, el nudo estructural que diseñaste para la Yacht House, totalmente en aluminio, parece mucho más simple.

RH: Efectivamente. Como te comentaba, le propuse a los Foster una solución modular con esbeltas columnas circulares. Exactamente la misma solución que adopté después en la Yacht House. Asimismo, muchos de los proyectos de micro-arquitectura realizados por mis estudiantes están construidos con uniones estructurales de aluminio.

CS: Peter Busby, quien también participó en el proyecto, cita la casa de los Eames como el principal referente para la casa en Hampstead. Comentó incluso que los Eames visitaron la oficina de Foster Associates en distintas ocasiones durante su viaje a Londres en 1979, con motivo de la entrega de la Riba Gold Medal. Sin embargo, sólo pudo haber sido Ray Eames, puesto que Charles murió el año anterior. ¿Recuerdas algo de esto?

RH: Sí. Tengo un maravilloso recuerdo de Ray Eames llegando a la oficina por su cuenta, en Charlotte Street... Ray era un personaje tan vital y deliciosamente encantador. Y lucía uno de sus vestidos de muñeca... falda larga de caída ancha ceñida a la cintura... fue absolutamente encan-

Richard Horden, SkiHaus en Suiza: fotografía interior.
© Richard Horden.

tadora durante el almuerzo que tuvimos juntos... Creo que Spencer de Grey se acordará de esto también.[29]

CS: Norman también mencionó las góndolas de los dirigibles, con sus increíbles estructuras ligeras, como una referencia para su casa. ¿Recuerdas haber visitado algún dirigible? De hecho, creo que tu SkiHaus guarda un mayor parecido con estas estructuras.

RH: No recuerdo si visitaron algún dirigible... pero el libro azul titulado Airships estaba en la oficina como referencia... todavía conservo una copia.[30]

CS: Deduzco de tus palabras que las obras de construcción de la casa ya se habían iniciado en el momento de cancelar el proyecto. Debió existir una muy buena razón para parar la obra. ¿Sabes cuál es el motivo por el que el proyecto fue abandonado tan repentinamente?

---

[29] Spencer de Grey es en la actualidad Senior Partner en el estudio de Foster + Partners, en el que trabaja desde 1973. Ha sido responsable de la oficina en Hong Kong para construir el banco de Hong Kong y director del proyecto del aeropuerto de Stansted.

[30] Richard K. Smith, *The Airships Akron & Macon: Flying Aircraft Carriers of the United States Navy* (Annapolis, MD: Naval Institute, 1965).

RH: No puedo responder a tu pregunta con certeza, pues desconozco el motivo. Mi opinión es que debió tratarse de motivos intensamente personales...que probablemente tengan que ver con Wendy y el diagnóstico de su cáncer por aquella época. No estoy completamente seguro, pero podría ser.

Otro posible motivo, concerniente al diseño, es el hecho que en aquella época surgió una especie de dilema estético en la oficina. Yo había trabajado en el Sainsbury Centre for visual Arts, cuyo diseño traté de "calmar" para hacerlo menos expresionista. Creo que por ello es un proyecto mucho más exitoso que por ejemplo la fábrica Renault, con su exagerado expresionismo.

La del edificio Renault siempre me pareció una aproximación demasiado "gótica" y por eso siempre traté de calmar las cosas. Estoy contento de no haber trabajado en el proyecto de Renault. No me gustaba y sigue sin gustarme.

Creo que esta dualidad en la oficina explica bien el problema.

Esto también guarda relación con el hecho de que Norman y Richard debieron debatir a menudo estos asuntos. En la oficina utilizábamos el ejemplo del debate acerca de dos helicópteros, los dos son bonitos, pero por motivos muy distintos: el Bell Jet Ranger resumía la filosofía de diseño de Norman Foster: suaves formas aerodinámicas, sistemas integrados, diseño tranquilo y con una paleta limitada de colores. El Aerospaciale Lama, en cambio, estaba más próximo a la arquitectura de Richard Rogers. Con todo colgando por fuera, sin control sobre la forma y con colores intensos.

Este último es el helicótpero que utilizamos para instalar la SkiHaus sobre Zermatt. Con bellos grafismos suizos. Si la aerolínea Air Zermatt hubiera utilizado un Jet Ranger entonces habría diseñado el SkiHaus para encajar con su estética. Yo estaba interesado en crear una estrecha relación entre el diseño del habitáculo y el del medio de transporte. Como ocurre entre mi casa micro-compacta y el coche Smart.

Afortunadamente la preferencia de Norman por el refinamiento de los Porsche y los Jet Ranger acabó imponiéndose. ¡Gracias a Dios!

Helicóptero Aérospatiale SA 315B Lama tras instalar la SkiHaus en los Alpes suizos. Cortesía de Richard Horden.

Helicóptero Aerospaciale Lama junto a la SkiHaus instalada en Eigerjoch, Suiza. © Richard Horden.

Yo siempre estaba a favor de calmar las cosas. Y por eso también hice el diseño modular para su casa. Sustituí la gran luz y las pesadas vigas aluminio por un diseño más delicado. Poco después el proyecto empezó a desaparecer. Tal vez hubo acaloradas discusiones de alcoba...

A menudo desayunaba con los Foster, pero me temo que no recuerdo el motivo final por el que el proyecto fue abandonado.

CS: Cuando le pregunté a Norman si creía que tendría sentido construir una casa como esta hoy en día respondió que sí. Aunque admitió que la estructura debería simplificarse. "Había demasiado expresionismo estructural", dijo. Tony Hunt también opina que el proyecto fue demasiado lejos. Y que la estructura se volvió demasiado compleja y su montaje excesivamente laborioso. En mi opinión las obras posteriores a la casa denotan este acusado expresionismo estructural: el banco de Hong Kong, la fábrica Renault, etc. ¿Compartes este punto de vista?

RH: Estoy de acuerdo con los comentarios de Tony Hunt sobre la casa. Aunque es interesante, creo que no era la manera más refinada de utilizar un material tan bello y ligero como el aluminio.

Norman Foster a los mandos del helicóptero Bell 206 JetRanger. Cortesía de Richard Horden.

El Sainsbury Centre es como el Jet Ranger: suave, estilizado y refinado. Lo mismo opino del aeropuerto de Stansted. En este proyecto desarrollé una opción, que puedes ver en los informes iniciales para BAA, en la que traté de inclinar el vidrio siguiendo la alineación del patrón triangular del acristalamiento.

En mi opinión el proyecto de Renault es el menos exitoso de todos los proyectos de Foster, en el sentido de que no da muestras de una visión innovadora, de futuro. Es demasiado gótico. Ningún edificio fabril de hoy en día tendría este aspecto. La obra posterior de Norman se vuelve mucho menos "high-tech", más refinada y "mainstream" pero más innovadora y pionera. Tal vez el proyecto de la casa en Hampstead se vio atrapado en este dilema: "¿deberíamos o no ser más expresivos con la estructura?"

BIBLIOGRAFÍA

Bibliografía sobre la Casa Foster en Hampstead

Benedetti, Aldo. *Norman Foster*. Barcelona: Gustavo Gili, 1994: 141.

Dale, Nigel. *Connexions: The Unseen Hand of Tony Hunt*. Dunbeath, UK: Whittles Publishing, 2012: 52, 77.

Foster Associates: Introduction by Reyner Banham. London: RIBA Publications Ltd, 1979: 68--69.

"Foster at Home." *Architect's Journal* 31 (octubre 1979): 910--911.

Horden, Richard. *Light Tech: Towards a Light Architecture*. Editado por Werner Blaser. Basel: Birkhauser, 1995: 162.

Jenkins, David, ed. *Foster 40 Themes*. London: Prestel, 2007: 127.

Jenkins, David, ed. *Norman Foster: Works 1*. London: Prestel, 2002: 482---485.

Lambot, Ian, ed. *Foster Associates Buildings and Projects Volume 2: 1971-1978*. Surrey: Watermark, 1989: 126--131.

"Maison Test Rig." *L'Architecture d'Aujourd'hui* 212 (diciembre 1980): 72--73.

Pearce, David. "A Cautious Practice." *Building Design* (octubre 1979): 15--18.

Sudjic, Deyan. *Norman Foster: A Life in Architecture*. London: Weidenfeld & Nicolson, 2010: 237---238.

"Test Rig House Re-Explores Panelization, Energy Use." *Architectural Record* (agosto 1979): 64--65.

Bibliografía específica

Bachman, Leonard R. *Integrated Buildings: The Systems Basis of Architecture*. Hoboken: John Wiley & Sons, 2003.

Banham, Reyner. *The Architecture of the Well-Tempered Environment*. Chicago: The University of Chicago, 1969.

Banham, Reyner. *Theory and Design in the First Machine Age*. Cambridge, MA: MIT Press, 1980. 1ª ed. London: The Architectural Press, 1960.

Buchanan, Peter. "High-Tech: Another British Thoroughbred." *The Architectural Review* (julio 1983): 15--19.

Chermayeff, Serge, y Christopher Alexander. *Community and Privacy: Toward a New Architecture of Humanism*. Garden City, N.Y.: Doubleday, 1963.

Colquhoun, Alan. "Symbolic and Literal Aspects of Technology." *Architectural Design* (noviembre 1962).

Davies, Colin. *High Tech Architecture*. London: Thames and Hudson, 1991.

Ehrenkrantz, Ezra D. *Architectural Systems. A Needs, Resources, and Design Approach*. New York: Mc Graw-Hill, 1989.

Kron, Joan, y Suzanne Slesin. *High-Tech: The Industrial-Style and Sourcebook for the Home*. London: Penguin, 1978.

Rush, Richard D, ed. *The Building Systems Integration Handbook*. New York: John Wiley & Sons, 1986.

Bibliografía general

Aicher, Otl. *The world as design*. Berlin: Ernst & Sohn, 2015. Originalmente publicado como *Die welt als entwurf*. Berlin: Ernst & Sohn, 1991.

Albrecht, Donald, Beatriz Colomina, Joseph Giovaninni, Alan P. Lightman, Hélène Lipstadt, Phylis Morrison, y Philip Morrison. *The Work of Charles and Ray Eames: A Legacy of Invention*. New York: Harry N. Abrams, 1997.

Amery, Colin. *Architecture, Industry and Innovation: The Early Work of Nicholas Grimshaw and Partners*. London: Phaidon, 1995.

Andrews, Allen. *Back to the Drawing Board: The Evolution of Flying Machines*. Devon: David & Charles Publishers, 1977.

Arnell, Peter, y Ted Bickford, eds. *James Stirling: Obras y proyectos*. Barcelona: Gustavo Gili, 1985.

Bachelard, Gastón. *The Poetics of Space*. Traducido por Maria Jolas. Boston: Beacon Press, 1994. Originalmente publicado como *La poétique de l'espace*. Paris: Presses Universitaires de France, 1958.

Banham, Reyner. "A Clip-on Architecture." *Design Quarterly* 63 (noviembre 1965).

Banham, Reyner. "A Home Is Not a House." *Art in America* 2 (abril 1965): 109--118.

Banham, Reyner. *Megastructure: Urban Futures of the Recent Past*. London: Thames and Hudson, 1976.

Banham, Reyner. "Pompodolium." *Architectural Review* (mayo 1977).

Banham, Reyner. *Theory and Design in the First Machine Age*. London: Architectural Press, 1960.

Barry, Russell. *Building Systems Industrialization and Architecture*. John Wiley & Sons, 1981.

Bender, Richard, y Forrest Wilson(con prólogo de Ezra Ehrenkrantz). *A Crack in the Rearview Mirror: a View of Industrialized Buildings*. Van Nostrand, New York, 1973.

Boyce, Robert. *Keck and Keck*. Princeton: Princeton Architectural Press, 1996.

Buchanan, Peter. "*High-Tech: Another British Thoroughbred.*" *The Architectural Review* (julio 1983): 15--19.

Buchanan, Peter. *Renzo Piano Building Workshop: Complete Works Volume one*. London: Phaidon, 1993.

Campbell Cole, Barbie, y Ruth Elias Rogers, eds. *Architectural Monographs: Richard Rogers + Architects*. London: Academy, 1985.

Choisy, Auguste. *Histoire de l'Architecture*. Paris: G. Baranger, 1899.

Colomina, Beatriz. *La Domesticidad en Guerra*. Barcelona: Actar, 2007.

Colquhoun, Alan. *Collected Essays in Architectural Criticism: Introduction by Kenneth Frampton*. London: Black Dog Publishing, 2008.

Cook, Peter, ed. *Archigram*. New York: Princeton Architectural Press, 1999.

Crompton, Dennis, ed. *Archigram: Experimental architecture 1961-74*. Taiwan: Kevin Chen, Garden City, 2003.

Crompton, Dennis, ed. *Concerning Archigram*. London: Archigram Archives, 1999.

Davies, Colin. *Hopkins: The Work of Michael Hopkins and Partners*. London: Phaidon, 1993.

Dean, Christopher, ed. *Housing the Airship*. London: Architectural Association, 1989.

Demetrios, Eames. *An Eames Primer*. New York: Universe, 2001.

Driller, Joachim. *Breuer Houses*. London: Phaidon, 2000.

Foster Associates, Constructional Steel Research and Development Organisation: Industrial Buildings: A Client's Guide. Croydon: Constrado, 1977.

Foster, Norman. *Dymaxion Car: Buckminster Fuller*. Editado por Jonathan Glancey, David Jenkins, y Hsiao-Yun Chu. Madrid: Architecture IvoryPress, 2010.

Foster, Norman, y Luis Fernández-Galiano, eds. "Buckminster Fuller: 1895-1983." *AV Monografías* 143, 2010.

Foster, Norman, y Luis Fernández-Galiano, eds. "Jean Prouvé: 1901-1984." *AV Monografías* 149, 2011.

Frampton, Kenneth. *Modern Architecture: A Critical History*. London: Thames and Hudson, 1980.

Frampton, Kenneth. *Studies in Tectonic Culture: The Poetics of Construction in Nineteenth and Twentieth Century Architecture*. Editado por John Cava. Cambridge, MA: The MIT Press, 1995.

Fuller, Richard Buckminster. *Buckminster Fuller Reader*. London: Jonathan Cape, 1970.

Fuller, Richard Buckminster. *Ideas and Integrities: A Spontaneous Autobiographical Disclosure*. London: The Macmillan Company, 1969.

Giedion, Siegfried. *Mechanization Takes Command: A Contribution to Anonymous History*. Oxford: Oxford University Press, 1948.

Gropius, Walter. *The Scope of Total Architecture*. New York: Collier, 1962.

Herbert, Gilbert. *The Dream of the Factory Made House: Walter Gropius and Konrad Wachsmann*. Boston: MIT Press, 1985.

Hitchcock, Henry-Russell. *In the Nature of Materials: The Buildings of Frank Lloyd Wright 1887-1941*. Ann Arbor, MI: Da Capo Press, 1942.

Hopkins, Michael. "SSSALU (Short Span Structures in Aluminium) Prototype." *The Architectural Review* (diciembre 1980).

Horden, Richard. *Light Architecture: the 1996 John Dinkeloo Memorial Lecture*. Editado por Annette W. LeCuyer. Ann Arbor, MI: The University of Michigan, 2000.

Huber, Benedikt, y Jean-Claude Steinegger, eds. *Jean Prouvé: une architecture par l'industrie*. Zurich: Artemis, 1971.

Hunt, Tony. *Tony Hunt's Second Sketchbook*. Oxford: Architectural Press, 2003.

Hunt, Tony. *Tony Hunt's Sketchbook*. Oxford: Architectural Press, 1999.

Hunt, Tony. *Tony Hunt's Structures Notebook*. Oxford: Architectural Press, 1997.

Jean Prouvé: La Maison Tropicale. Paris: Centre Pompidou, 2009.

Jenkins, David, ed. *Norman Foster: Works 2*. London: Prestel, 2005.

Jenkins, David, ed. *Norman Foster: Works 3*. London: Prestel, 2007.

Jenkins, David, ed. *On Foster...Foster On*. London: Prestel, 2000.

King, Joseph, y Christopher Domin. *Paul Rudolph: The Florida Houses*. New York: Princeton Architectural Press, 2005.

Koch, Carl. *At Home With Tomorrow*. Toronto: Clarke, Irwin & Co, 1958.

Komendant, Auguste. *18 Yers with Architect Louis I. Kahn*. Ann Arbor: Aloray, 1975.

Krausse, Joachim, y Claude Lichtenstein, eds. *Your Private Sky: R. Buckminster Fuller: The Art of Design Science*. Zürich: Lars Müller Publishers, 1999.

Landau, Royston. *New Directions in British Architecture*. London: Studio Vista, 1968.

Le Corbusier. *Toward a New Architecture*. New York: Dover Publications, 1985. Originalmente publicado como *Vers une architecture*. Paris: G. Crès & Cie, 1923.

MacDonald, Angus. *The Engineer's Contribution to Contemporary Architecture: Anthony Hunt*. London: Thomas Telford, 2000.

Masuda, Tomoya. *Living Architecture: Japanese*. London: Macdonald & Co, 1971.

Mathews, Stanley. *From Agit-prop to Free Space: The Architecture of Cedric Price*. London: Black Dog Publishing, 2007.

Mc Coy, Esther. *Case Study Houses 1945-1962*. Los Ángeles: Hennessey & Ingalls, 1977.

McKean, John. *Pioneering British High-Tech: by Stirling & Gowan, Foster Associates and Richard Rogers Partnership*. London: Phaidon, 1999.

Monk, Tony. *The Art and Architecture of Paul Rudolph*. John Wiley & Sons, 1999.

Moore, Charles, Gerald Allen, y Donlyn Lyndon. *The Place of Houses*. New York: Henry Holt & Co, 1979.

Mumford, Lewis. *Technics and Civilization*. New York: Harcourt, Brace & Company, 1934.

Mumford, Lewis. *The City in History: Its Origins, Its Transformations, and Its Prospects*. New York: Harcourt, Brace & World, 1961.

Muthesius, Hermann. *The English House*. London: Crosby Lockwood Staples, 1979.

Neil, Jackson. *Craig Ellwood*. London: King, 2002.

Neil, Jackson. *The Modern Steel House*. London: Spon, 1996.

Nerdinger, Winfried. *Walter Gropius 1883-1969*. Milano: Electa, 1988.

Neuhart, John, Marilyn Neuhart, y Ray Eames. *Eames Design: The Work of the Office of Charles and Ray Eames*. New York: Ernst & Sohn, 1989.

Norgerg-Schulz, Christian. *Intentions in Architecture*. Cambridge, MA: MIT Press, 1965.

"Norman Foster: In the 21st Century." *AV Monografías* 163-164, 2013.

"Norman Foster: Projets: Réalisations: 1980-1986." *L'Architecture D'Aujourd'hui* 243 (febrero 1986).

Pereira da Silva, Ana Sofía. *La intimidad de la casa. El espacio individual en la arquitectura doméstica en el siglo XX*. Buenos Aires: Diseño, 2015.

Perriccioli, Massimo. *Richard Horden: Through Space*. Roma: Kappa, 2003.

Pevsner, Nikolaus. *An Outline of European Architecture*. London: Penguin, 1943.

Powers, Alan. *Serge Chermayeff: Designer, Architect, Teacher*. London: Riba Publications, 2001.

Price, Cedric. *The Square Book*. London: Wiley-Academy, 1984.

Price, Cedric, y Hans Ulrich Obrist, eds. *Re: CP*. Basel: Birkhäuser, 2003.

Quantrill, Malcolm. *The Norman Foster Studio: Consistency Through Diversity*. London: E & FN Spon, 1999.

Rand, George, y Chris Arnold. "Evaluation: A Look at the '60's' Sexiest System. SCSD and Two of its End Products." *AIA Journal* 4 (abril 1979): 52--57.

Rice, Peter. *An Engineer Imagines*. London: Ellipsis, 1996.

Ronner, Heinz, y Sharad Jhaveri. *Louis I. Kahn: Complete Work 1935-1974*. Basel: Birkhäuser, 1987.

Rudolph, Paul. *Writings on Architecture: Foreword by Robert A. M. Stern*. New Haven: Yale School of Architecture, 2008.

Rybczynski, Witold. *Home: A Short History of an Idea*. London: Penguin, 1987.

Saito, Yutaka. *Louis I. Kahn Houses*. Tokyo: Toto, 2004.

Schulitz, Helmut C., Werner Sobek, y Karl J. Habermann. *Steel Construction Manual*. Munich: Birkhäuser, 2000.

Smith, Elizateth A. T, ed. *Blueprints for Modern Living: History and Legacy of the Case Study Houses*. Cambridge, MA: the MIT Press, 1990.

Smith, Richard K. *The Airships Akron & Macon: Flying Aircraft Carriers of the United States Navy*. Annapolis, MD: Naval Institute Press, 1965.

"Speaking of the Sainsbury Centre: Critics' Chorus." *Architectural Design* (agosto 1978).

Staib, Gerald, Andreas Dörrhöfer, y Markus Rosenthal. *Components and Systems: Modular construction: Design Structure New Technologies*. München: Birkhäuser, 2008.

Steele, James. *Eames House: Charles and Ray Eames*. London: Phaidon Press, 1994.

Sudjic, Deyan. *Norman Foster, Richard Rogers, James Stirling: New Directions in British Architecture*. London: Thames and Hudson, 1986.

"The Patera Building, Prototype Units." *The Architects' Journal* (septiembre 1982): 39--54.

Treiber, Daniel. *Norman Foster*. London: Spon Press, 1995.

Vellay, Marc, y Kenneth Frampton. *Piere Chareau: Architect and craftsman 1883-1950*. New York: Thames and Hudson, 1985.

Wachsmann, Konrad. *Turning Point of Building: Structure and Design*. New York: Reinhold, 1961.

Whitby, Mark. "The Patera Building System." *Building with Steel*, volumen IX, número 3 (junio 1983).

Wichmann, Hans. *System-Design: Fritz Haller Bauten, Möbel, Forschung*. Berlin: Birkhäuser, 1989.

Winter, John. "Hopkins House". *The Archtiectural Review*, volumen CLXII, número 970 (diciembre 1977).

AGRADECIMIENTOS

Gracias a Norman Foster, Tony Hunt, Richard Horden, Luis Moreno Mansilla, Emilio Tuñón, Luis Fernández-Galiano y a todas las personas que me han apoyado e inspirado durante la elaboración de la tesis doctoral que origina el presente libro. También a Elia y a mis padres.

www.ingramcontent.com/pod-product-compliance
Lightning Source LLC
Chambersburg PA
CBHW031756220426
43662CB00007B/427